あるくみるきく双書

田村善次郎・宮本千晴【監修】

宮本常一とあるいた昭和の日本

9

東海北陸①

農文協

はじめに

——そこはぼくらの「発見」の場であった——

「私にとって旅は発見であった。私自身の発見であり、日本の発見であった。書物の中で得られないものを得た。歩いてみると、その印象は実にひろく深いものであり、体験はまた多くのことを反省させてくれる。」これは『私の日本地図』の第一巻「天竜川にそって」の付録に書かれた宮本常一の「旅に学ぶ」という文章の一節である。これは宮本先生の持論でもあった。近畿日本ツーリスト・日本観光文化研究所に集まる若者の誰もが幾度となく聞かされ、旅ゆくことを奨められた。そして「どうじゃー、面白かったろうが」というのが旅から帰った者への先生の第一声であった。一生を旅に過ごしたといっても過言ではないほど、旅を続けた宮本先生にとって、旅は面白いものに決まっていた。それは発見があるからであった。発見は人を昂奮させ、魅了する。

　この双書に収録された文章の多くは宮本常一に魅せられ、けしかけられて旅に出、旅に学ぶ楽しみと、発見の喜びを知った若者達の旅の記録である。一編一編は限られた村や町の紀行文であるが、こうして地域ごとに集めてみると、期せずして「昭和の風土記日本」と言ってもよいものになっている。

　日本観光文化研究所は、宮本常一の私的な大学院みたいなものだといった人がいるが、この大学院は学歴も職歴も年齢も一切を問わない、皆平等で来るものを拒まないところであった。それだけに旺盛な好奇心と情熱をもった多様な性向の若者が出入りしていた。『あるく　みる　きく』は、この研究所の機関誌的な性格を持った月刊誌であり、所員、同人が写真を撮り、原稿を書き、レイアウトも編集もすることを原則としていた。編集者もデザイナーも筆者もカメラマンも、当時は皆まだ若かったし、素人であった。公刊が前提の原稿を書くのは初めてという人も少なくなかった。発見の喜び、感激を素直に表現し、紙面に定着させるのは容易なことではない。何回も写真を選び直し、原稿を書き改め、練り直す。徹夜は日常であった。素人の手作りからの出発であったが、この初心、発見の喜びと感激を素直に表現しようという姿勢、は最後まで貫かれていた。

　月刊誌であるから毎月の刊行は義務である。多少のずれは許されても、欠号は許されない。特集の幾つかに宮本先生の古くからのお仲間や友人の執筆があるし、宮本先生も特集の何本かを執筆されているが、これらは欠号を出さず月刊を維持する苦心を物語るものである。

『あるく　みる　きく』の各号には、いま改めて読み返してみて、瑞々しい情熱と問題意識を感ずるものが多い。それは、私の贔屓目だけではなく、最後まで持ち続けられた初心、の故であるに違いない。

田村善次郎　宮本千晴

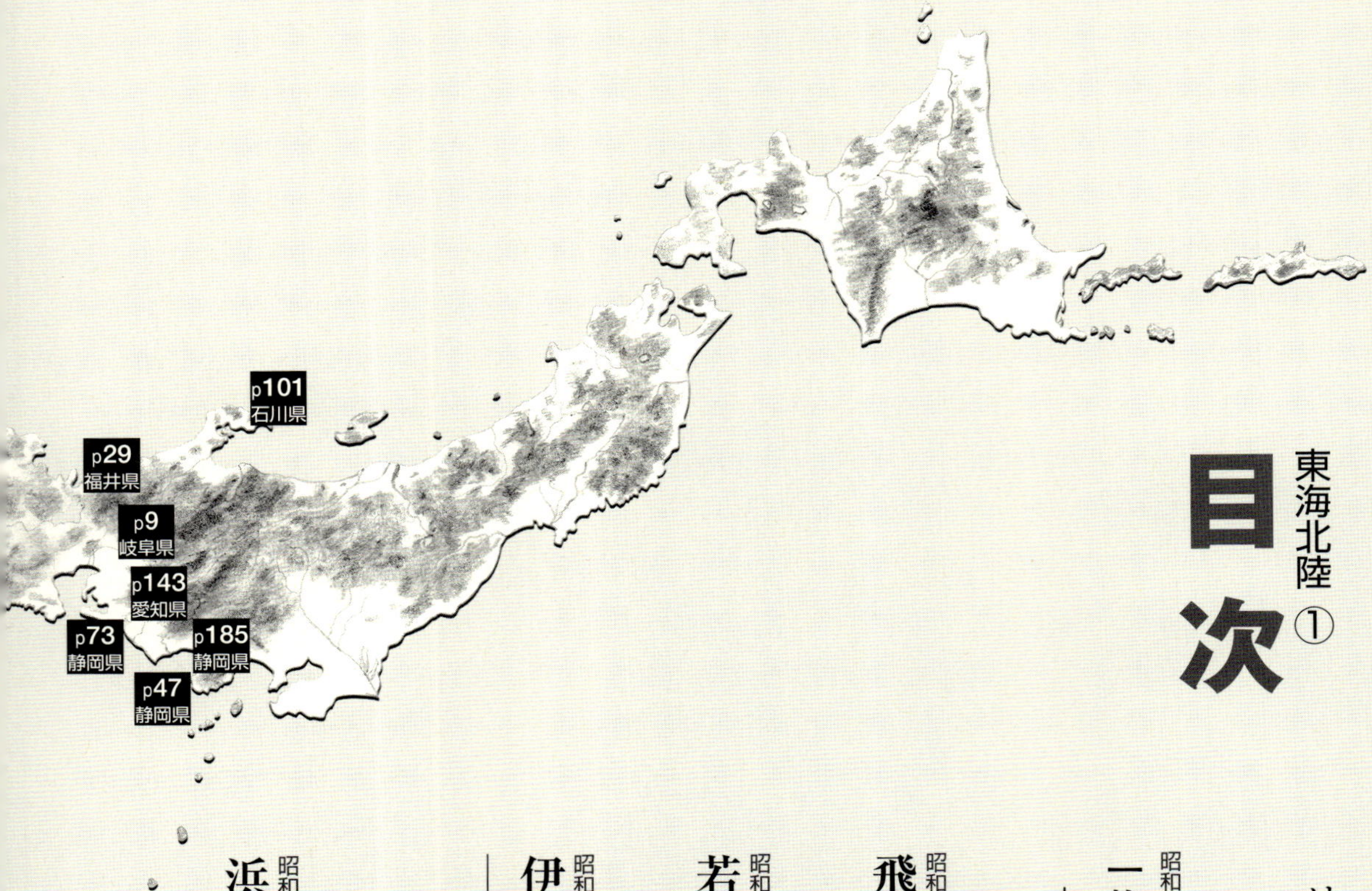
p101
石川県
p29
福井県
p9
岐阜県
p143
愛知県
p73
静岡県
p185
静岡県
p47
静岡県

東海北陸① 目次

凡例

○この双書は『あるくみるきく』全二六三号の中から、日本国内の旅、地方の歴史・文化・祭礼行事などを特集したものを選出し、それを原本として地域および題目ごとに編集し合冊したものである。
○原本の『あるくみるきく』は、近畿日本ツーリストが開設した「日本観光文化研究所」（通称　観文研）の所長、民俗学者の宮本常一監修のもとに編集し昭和四二年（一九六七）三月創刊、昭和六三年（一九八八）一二月に終刊した月刊誌である。
○原本の『あるくみるきく』は一号ごとに特集の形を取り、表紙にその特集名を記した。合冊の中扉はその特集名を表題にした。
○編集にあたり、それぞれの執筆者に原本の原稿に加筆および訂正を入れてもらった。ただし文体は個性を尊重し、使用漢字、数字の記載法、送り仮名などの統一はしていない。
○写真は原本の『あるくみるきく』に掲載のものもあれば、あらたに組み替えたものもある。原本の写真を複写して使用したものもある。
○掲載写真の多くは原本の発行時の少し前に撮られているので、撮影年月は記載していない。
○写真撮影者は原本とは同一でないものもある。
○市町村名は原本の発行時のままで、合併によって市町村名の変わったものもある。また祭日や行事の日の変更もある。
○日本国有鉄道（通称「国鉄」）は民営化によって、昭和六二年（一九八七）四月一日から「ＪＲ」と呼ばれる。『あるくみるきく』はほとんどが国鉄当時の取材なので、鉄道の路線名・駅名など国鉄当時のものが多い。民営化によって廃線や駅名の変更、あるいは第三セクターの経営になった路線もあるが、それらは執筆時のままとし、特に註釈は記していない。
○この巻は須藤功が編集した。

一枚の写真から

宮本常一

—常願寺川—

常願寺川芦峅寺《あしくらじ》付近。富山県立山町　昭和50年（1975）12月　撮影・賀曽利隆

日本の川の中には大きくわけて二つのタイプがあるようである。一つは低地を悠々と流れて海に入るものでたいてい川口に港を持っている。そういう川は日本海側に多い。米代川、雄物川、最上川、信濃川、庄川、九頭竜《くずりゅう》川、円山川、江《ごう》川などがそれであるが、そうでない川もある。多くは岩石・土砂を流出してその堆積のために川口に港のないものである。常願寺川、神通川、斐伊《ひい》川などがそれである。そのように川口に港もできないような川は太平洋側に多く、相模川、酒匂《さかわ》川、富士川、大井川、天竜川、矢作《やはぎ》川、木曽川、紀ノ川などはそれで、川口に港のあるのは淀川、太田川などである。

年々川の押し流す土砂の量は大変なものである。それは奥地の山の土壌のもろいものが多い。富山県の場合はそれであろう。富士川、大井川、天竜川などの場合もそうであろう。

中にはまた山地の立木を伐ったために山が禿げて土砂の流亡の多くなった川もある。中国地方の川の多くはそれである。中国山地では砂鉄をとった。山土をきりくずし、それを水に流し、その中に含まれている鉄をとる。さらにそれを精錬するために山の木を伐って木炭を焼き、それを用いる。

日野川、斐伊川などはそのため多くの土砂が下流に押し流され堆積していった。斐伊川の平野はそのようにしてひらけ、鳥取海岸には砂丘の発達を見た。瀬戸内海側では塩を製造するための薪として木を伐った。そのためどの山にも大きな木はほとんどなくて、砂も流亡していったのである。そうしてその砂が川床にたまっていって、川床がだんだん高くなり、そのために堤防を高くする。そして田面よりも川床の方の高い川が方々に見られた。そのような川を天井川といった。

　私の見た天井川の極端な例は広島県三原市の小泉地方であった。本流の川床は大変高く、日頃は白く乾いていて一滴の水も流れていないが、雨の日になると川幅一杯に濁流が見られる。日ごろは川の堤防にそうた副川ともいうべきところを水が流れている。そんな川はもとは少なくなかった。近江平野にもあったし、六甲山麓にもあった。瀬戸内海の島にもそれを見かけた。大阪平野を流れる川すら、近世初期の頃はそういう川が多かったという。そしてそれが洪水の原因にもなっていたのである。

　常願寺川や神通川などもそうした岩礫・土砂の流出のはなはだしい川であった。そして川原には大きな石がごろごろしていて、川は、その中を細々と流れていた。それが大きな雨が降ると、たちまち水があふれて周囲の水田を荒らし、川床も次第に高くなって、本流から多くの分流を出して海に入っていた。

　一つには山肌の地質がもろかったためであろうが、今ひとつは山間地方で焼畑の多くおこなわれていたことも洪水をよびおこしたのではなかったかと思う。中部地方の山地では焼畑をおこなったところが多い。山の斜面の立木を伐って、それが枯れた頃に火をつけて焼き、そのあとにソバ、ヒエなどを作る。そして三、四年も作ると、また木の茂るにまかせるのだが、伐木を焼くときその火があまって山火事をおこすことも多く、山肌があれるから、加賀藩などではしばしば焼畑を禁止した。加賀藩で焼畑の盛んだったのは白山麓であったが、そこの住民の一部を能登半島に移住させ、焼畑面積を縮小しようとはかったこともあった。山の地肌がむき出しになると、どうしても雪崩をおこしやすく、土砂の流出が目に見えて多くなる。それらの岩礫・土砂は谷間の急流を押し流されるときは谷底を削って深い峡谷を作っていくが、平地へ出ると川床に堆積して、広い川原を作っていく。

　私は今から十年あまり前、長野県乗鞍《のりくら》岳の麓にある白《しら》骨《ほね》というところで豪雨に逢ったことがあって、そこの宿に二日ほどとじこめられ、雨の晴れるのを待って梓《あずさ》川にそうて下った。流水は川添いの道まで溢れ、ところどころ崩れてほとんど通れなくなっていた。そうした道を辛うじて奈川渡《なかわど》へ出ていったのであるが、そのとき流水にともなって石の流れゆく音をきいた。石が石にあたってカッカッという音をたてる。その音が狭く深い谷間にこだまして無気味である。滔滔《とうとう》たる流水を見たことは多い。しかし、その流水にともなう流石の音をきいたのははじめてである。そしてその石はかなり大きいものであろうと思われた。

　洪水の梓川に添うて下ったときよりさらに十年あまり前、たしか昭和三十年すぎに石川県手取《てどり》川の上流、白峰《しらみね》村の峡谷をあるいたことがあったが、その川原に大きな丸い石のあるのを見た。土地の人たちは千貫岩といっていたが、千貫や二千貫どころではない大きな岩であった。その岩が洪水の度毎に少しずつ下流に押しながされていく。私を案内してくれた人の話によると二十年ほどの間に五キロ近くも押し流されているという。いまその岩はどのあたりまで下って来ているであろうか。あるいは爆砕されてしまったであろうか。

　大きな岩すらそれであるが、それより小さいものならば、もっと早いスピードで下流へ押し流されていくであろう。そして水の力の上にこうした岩礫の流下の勢いが加わって、堤防をこわし、水田を埋めることがしばしばであった。

　そこで流水の勢をそぐために霞堤というのを作ったところが多かった。今日の川の堤はどこまでも続いて切れることがないが、昔の堤にはところどころ切れているものが多かった。それが雁行形にならんでいる。洪水のとき、この切れ目のところから水が川の外へあふれ出る。すると川の流量が減って流勢がおとろえる。このような堤は甲府盆地にも多く石和《いさわ》川や釜無《かまなし》川にも見られた。そしてその堤は武田信玄の発明したものだと言い伝えられており、信玄堤といっていたが、古い五万分一地形図を見ると富山平野にもそれがきわめて多かった。

　富山平野の人びとはそうしたあばれ川に手を焼いたといってよかった。昔は平野の中の川に橋をかけることがむずかしかった。洪水の度毎に橋脚を岩石にこわされるからである。富山平野を東西に通ずる道は真直ぐに川を横切っていくものは少なく、川が山地から平地へ出て来る谷口まで道は平野をさかのぼり、谷口のところにかけられた橋をわたるようになっているものが多かった。今は平野の中で川をわたる橋がいくつもできているが、それでも他の地方にくらべると多いとは言えない。常願寺川もそうした川の一つである。しかし今は治水工事によって洪水はほとんどなくなった。

　平野の人びとは、川原の石を拾って来て、屋敷のまわりに石垣を築いたり、土手を築く基礎にし、家を囲っている。石は角がとれてまるく、その積まれた石垣が一つの風景をなしている。

岩石の転がる常願寺川上流。富山県立山町　昭和50年（1975）12月
撮影・賀曽利隆

白山神社宮司、若宮家の囲炉裏端。高山市

飛騨

文　神保教子
写真　清家順子

茶や野の石置屋根農家。丹生川村

飛騨は山の国である。

その山国に入る主な道は南と北から二本ずつあって、南からのものは木曽川の支流益田《ました》川の谷をさかのぼるもの。入口に金山という町があって、そこからすばらしい峡谷になり、それが温泉のある下呂《げろ》までつづく。中山七里といわれるところでさらに谷をのぼってゆくと空は次第に明るくなり、間坂のトンネルをぬけると、こんどは日本海斜面になって下りになり、間もなく高山につく。今一つは長良川の谷をさかのぼり郡上八幡《ぐじょうはちまん》、白鳥《しろとり》を経て蛭ヶ野《ひるの》をこえ、白川郷に入るもの。日本海側は富山から神通川にそってさかのぼり高山にいたるものと、富山県城端《じょうはな》から庄川にそってさかのぼり白川にいたるものである。つまり飛騨は西の白川の谷と、東の高山の谷と二つの谷が南北に通っていて、それが太平洋と日本海をつなぐ交通路になっていた。

山の国ではあったが通りぬけになっていたので早くから人が住んでいた。ことに益田川、神通川の谷は山中に高山・古川などの盆地もあり、文化も進み、縄文・弥生の土器や環石・石冠・石枕・多頭石斧などのすぐれた石器、ほとんど完全な形で発見された古川町細江のタテ穴住居跡などは、古い歴史を物語っている。また『和名抄《わみょうしょう》』に出てくる頃の飛騨の中心地も国府、古川付近で、毎年一〇〇人の大工が京都に徴用され、飛騨の工《たくみ》の名で知られ、また木材や良馬の献上がたびたび文献に見える。

しかし平安時代になると京都の文献から飛騨の工の名はきえる。京都へ出て来ることはなくなったのであろうが、しかし日本各地を大工としてあるきまわるようになる。

飛騨は山また山の国で山で区切られた多くの谷にわかれていたので、その谷々に小さな領主がおり、戦国時代には戦争が相次いだが、豊臣秀吉の命をうけた金森長近が国内を統一し、高山に在城した。しかし元禄五年（一六九二）金森氏は出羽（山形県）上ノ山に転封になって、飛騨一国は幕府の直轄領になり、城はこわされ、日本ではめずらしい城のない国になった。

山の中で気象も土質もめぐまれないところであったが、人びとは山仕事にはげんだばかりでなく、ボッカ（荷持ち）牛方として働き、また大工屋根葺として出稼ぎ、江戸時代にも人口がふえてきたところである。明治維新に高山県になり、ついで筑摩県に編入され、明治九年（一八七六）岐阜県となった。

今こそ飛騨は観光地として多くの人びとがおとずれるが、もとはこの地をおとずれる人はまれであった。ただ物資だけがこの山中をこえていったのである。富山湾の沿岸でとれたブリはボッカたちの肩に背負われて神通川の谷をさかのぼって高山まではこばれ、そこからまた野麦峠をこえて信濃の松本平へも持っていかれた。だから松本ではこのブリのことを飛騨ブリといっている。

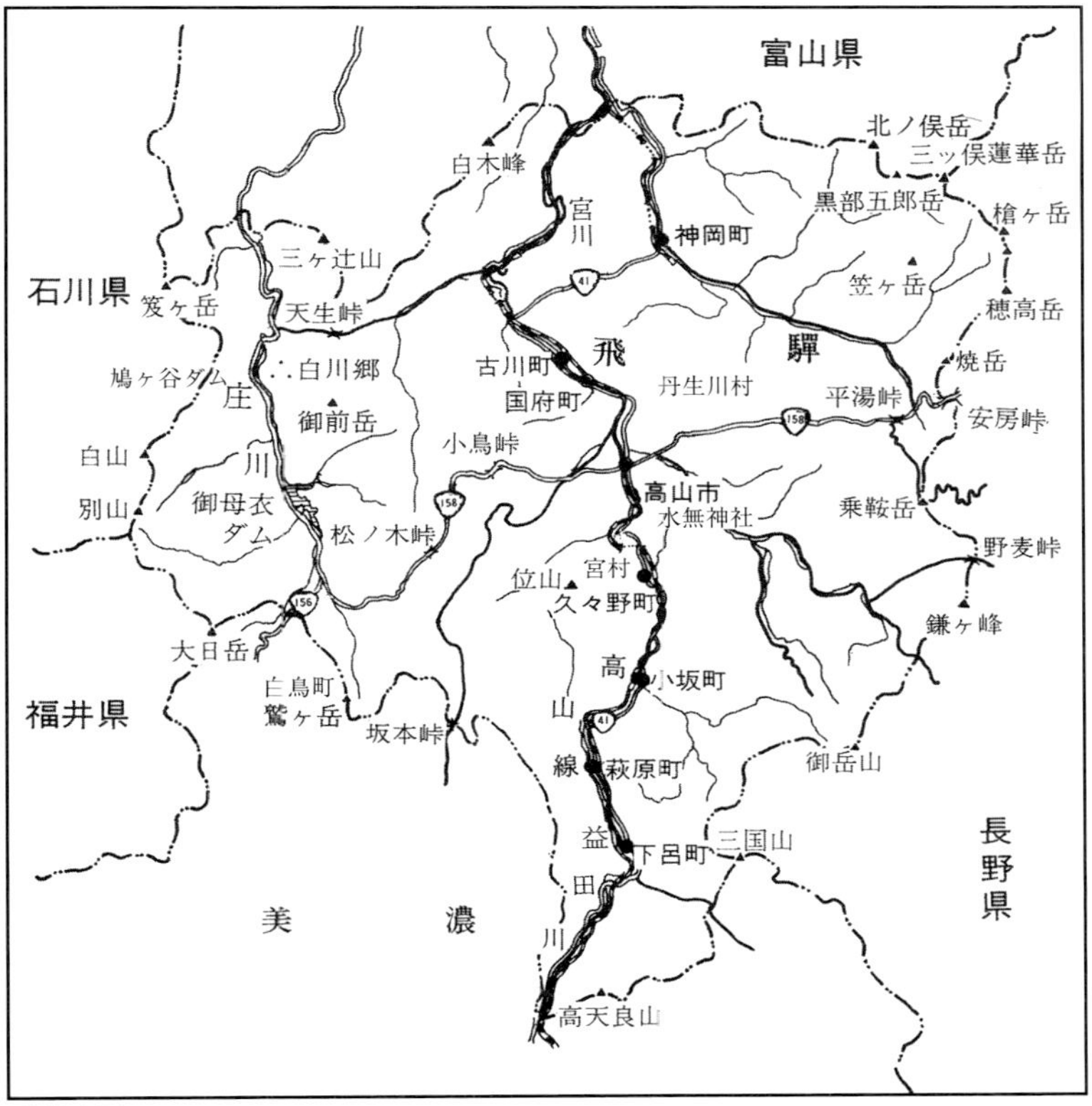

飛騨略図

飛騨の工《たくみ》

材木などは牛の背につけて美濃へはこび、材木ばかりでなく、人も出ていった。それが他の地方の出稼者とちがって、それぞれ手職を持っているのが大きな特色であった。飛騨の工はその一つだが、その飛騨の工のたてた寺や宮はいまでも全国各地にのこっており、それらの中には国宝になっているものもある。

また名工の中には近江石山寺の造営に腕をふるった勾《まがりの》猪麻呂《ししまろ》のような人もあり、応長元年（一三一一）に美濃郡上郡白鳥町・長滝寺の大講堂をたてた藤原宗安《むねやす》は、その後大工の神様として大工の間にひろく尊崇せられている。鎌倉時代から後の社寺建築の手法は一応この人がうちたてたものといわれている。宗安をたすけた肥前権守宗里もまた名工の一人であった。江戸時代に出た左甚五郎もほんとうは飛騨の甚五郎といったのを、なまって「ヒダリ」といったのだろうといわれる。

大工ばかりでなく、板屋根を葺くことも上手で、富山・石川・福井・岐阜・愛知などの民家の屋根を葺いてあるき、切妻平入の柾板葺《まさいたぶき》の屋根があればこの人たちが葺いたと見て差支えないという。しかしこれは益田川、神通川流域の人びとであった。

飛騨はまた山林王国でもあった。そのうち優良林は国有林に多く、古くから伐り出しの行なわれた太平洋斜面の国有林は伐採量の七〇パーセント以上が針葉樹で、小坂・下呂営林署ではその四〇パーセント以上が木曽ヒノキである。日本海斜面では伐採量の約三分の二が広葉樹で、その六〇パーセント以上がブナである。この広葉樹の伐り出しが盛んになったのは、一本橇《そり》の運搬法を取り入れたこと、高山本線の開通、林道の発達によるトラック運送が盛んになったことによるものである。この広葉樹、特にブナ材を利用する春慶塗や家具の加工業は、高山本線が開通するころから発達したものである。

白川へは越美南線の白鳥駅からバスがある。このバスは名古屋を起点にして白鳥・御母衣《みほろ》・白川を経て金沢までゆく。冷暖房のきいた快速バスで、かつて秘境といわ

高山市の特産館（日下部家）

飛驒の工芸品が並ぶ店。高山市

れた白川ももう秘境でも何でもなくなっており、秘境という名を売物にした観光地になっている。しかし昔の秘境がどういうものであったかを知る建物や民具はまだ多くのこっている。おなじ飛騨のうちでも白川は通行者も少なく、長い間忘れられた世界であった。

長滝の白山神社。白鳥町

白山信仰

白鳥からバスでしばらく行くと長滝へ着く。長滝は美濃口とよばれる白山登山口の一つで、もとはここに長滝寺というりっぱな寺があり、また白山神社があった。

養老元年（七一七）泰澄《たいちょう》大師が「長滝の林中が神明遊止の地である」との御神託を蒙って、菊理姫命《くくりひめのみこと》を主祭神とした白山長滝神社を造営した。文永八年（一二七一）の大火で消失したが社運の盛大な時代であったので、約一五年を費して前よりも立派な伽藍を造営した。その大工がさきにあげた藤原宗安、宗里たちであった。

明治維新後の神仏分離の際、神社と長滝寺を分離して今日に至った。本殿・東神殿・西神殿・摂社・末社・大講堂・経蔵等総て堂宇二〇を数え、とりわけ中央の本殿は日本最大のものといわれる。いまのこる講堂はその礎石から見て古いものの規模を縮少したことがわかる。

養老六年（七二二）元正天皇から一刀三礼の十一面観音・聖観音・阿弥陀如来の三尊を勅納あり、ついで天平五年（七三三）には聖武天皇から七種の霊宝その他勅納、治安元年（一〇二一）後一条天皇より天台別院の綸旨《りんじ》と莫大な神領の寄進があった。こうして長滝は白山の表参道美濃馬場として数百の坊がたちならび、数千の衆徒をかかえ、全国から信者の参拝があって隆盛を極めた。

毎年一月六日に行なわれる六日祭りには一山衆徒の古い延年の催しが、長い間一度も欠かしたことなく今に伝えられている。直径二メートルもある花笠五種（椿・桜・ぼたん・菊・けし）を作り拝殿に供える。この花笠を四段の人柱を組んで奪うので花奪《はなばい》祭りともいっている。けしの花笠を作るために特別にけしの栽培を許されている。また縁起花として売出す数千本の菊の造花が白雪の境内一面に咲きほこる風情は壮観といっていい。この花を造る技術も氏子の間につたえられている。

この六日祭りは豊蚕祭りとしても知られている。今から約千年前延喜式に美濃国が上糸国（よい糸を生産する国に与えられた一種の格付）として記されているが、多分その頃から養蚕の神としての祭が行なわれたらしく、白鳥町石徹白《いとしろ》の白山中居神社（美濃口の中宮）に久安五年（一一四五）長滝寺で蚕種祭を行なった記録があり、

飛騨一之宮・水無《すいむ》神社拝殿。宮村

白山社が蚕と深い関係をもっていたことを物語っている。

なお、白山への登山口は石川県鶴来《つるぎ》からの加賀口、福井県勝山からの越前口の三つがあり、鶴来の白山比咩《しらやまひめ》神社、勝山の平泉寺のりっぱな規模を見るとき、白山がもとどんなに盛んに信仰せられていたかを知る。

最近、白山は国立公園指定となり、同時に美濃口も道路がよくなって、奥美濃を通って白山へ参る人が急にその数を増した。それらの人びとは途中この白山神社に詣で身を清め、登山の安全を祈るのである。

境内には天然記念物に指定されている樹令八〇〇年の大杉、正安四年（一三〇二）の銘の入った姿のよい石燈籠があり、手水鉢には白山の千蛇ヶ池に通じていてお腹の薬になるという伝説をもった清水が、サラサラと流れ込んでいる。夕方の境内では子供らが六、七人遊んでいる。紙屑一つ落ちていない。他に広場がないので隣部落の子供も遊びに来る。掃除はこの子らとお母さんたちがするのである。

白山神社の三九代宮司若宮氏の住居は重要文化財に指定されており、その隣りに修古館が建立されている。ここには往昔の繁栄を忍ぶに十分な文化財が収納、陳列されている。門を入ったところに賽銭箱が置いてあり観覧者はそこに料金を入れて自由に入って見る。

例えば大名や将軍家の奥方が使ったであろう化粧道具、北斎の富士を金巻絵にした膳・椀、谷文晁《たにぶんちょう》の墨絵のふすま、常滑・信楽の大壺、その他軸物・衝立・屏風、酒器ことに神酒徳利の一大コレクションは驚くばかり。

今はひっそりとして半ば忘れられているこの地に……。庭を横切る小川を渡れば近代的な小ぢんまりした庭。その右側に茶室があり、正面には文豪谷崎潤一郎の名作「細雪」の舞台となった爛柯亭《らんかてい》がある。

今までは尋ねる人は学者・芸術家等が多かったそうである。これからはいろいろな観光客がふえるであろう。このふん囲気をこわさないでと願う。

前谷《まえだに》と御母衣《みほろ》ダム

長滝から歩いて二〇分も行くと前谷へ出る。前谷を奥へ行くと有名な阿弥陀滝を始め十一の滝がある。新聞配達のおじいさんにあう。「この向うにムラマ池があって、どんなに沢山雨が降っても水が増えず、日照りが続いてもへらんのだ」という。このあたりは古い大きな桑の木が多い。今秋蚕を飼っているそうである。

蛭ヶ野で長良川にわかれ、そこから庄川にそって下ってゆくと御母衣ダムがある。昭和三六年（一九六一）に

畑で働く娘さん。白川村荻町

完成した。このダムはロックフィルダムといい、地下に断層があるため基盤がやわらかいので、コンクリートを使わず石と粘土で積み上げる方法で工事されているのが特色である。高さは一三一メートルで、そこにできる人造湖は本州でも屈指の大きなもの。そのために荘川村の中心部のほとんどが水没した。このダムによって二一万キロワットの発電所ができている。ダムは緑色の水をなみなみとたたえており、展望台ができているが観光客を喜ばせている施設は別にない。

合掌造り

御母衣ダムから白川街道を北へ一八キロゆくと白川村の荻町へつく。もと白川郷というのは今の白川村と荘川村をあわせたものであったが、明治初年に二つにわかれた。わかれたのにも理由があったようである。荘川村はアオリカケという丸屋根に近い二階造りの茅葺《かやぶき》であるの

深い緑につつまれた鳩谷ダム。白川村

に対して、白川村は合掌造りと大家族制で有名である。谷あいの狭い耕地を、分家して家を建てることによって更に小さくすることをさけた結果が大家族制の形をうみだしたといい、養蚕のために合掌造りができたといわれているが、合掌造は富山県上平村にも分布している。しかし焼畑がなくなると茅が少なくなり、また家族制が崩れて人手がへり、屋根職人も少なくなり、家が大きいと家屋税が高いなどなど民家は急速に小じんまりとしたトタン葺きにかわりつつある。その中で、白川村の荻町には沢山の合掌造りが残っている。

その構造は梁の上に前後から交差して合掌を組み、合掌と母屋とをネソの綱でしばりつける、柱も釘も使わない。ここの合掌にはチョンナハツリの大きな角材が使われているのが特色である。屋根裏は普通二階か三階くらいになっている。人は一階に住み屋根裏は養蚕や農作物の収納に使われ、ソラまたはアマなどとよぶ。イロリの煙が各階をぬけて外に出るようになっている。間取りは中央にオイエと呼ぶ広間があって、ここが家族の居間でその上手にデイまたはザキシがあり、奥にダイドコ、チョウダがある。下手の方にマヤがあり、作業用の広い土間はない。大家族で住むようになると奥にオクノチョウダ、オクノデイと寝室がいくつもつくようになる。ダイドコの外側に水屋があり、障子紙を貼った小格子のモスコ(窓)があってその内側に丸太をくりぬいた水舟がある。裏の山から竹樋でひいてきた清水がいつもあふれている。

合掌造りの角材とネソの綱。白川村荻町

一軒の農家を訪れると、観光客にぞろぞろ来られ、家の中を見られるのは迷惑なので皆んなお寺へ行ってみて貰うことにしているということであった。お寺へ行くと本堂は新しいもので、合掌造りの庫裡の方が観光客のために開放してあって、屋根裏には糸車等紡織用品があった。村の中には民宿をしている合掌造りの家、みやげ品を作っているおじいさんもいた。

大家族制は大体一八世紀の初めごろにその形態をととのえてきたのではないかと推測されている。研究者が気がついたのは明治の中ごろで、大家屋に三〇人から四〇人も同居する世帯があることがわかり、調査・研究に入る人が多くなった。

白川の谷が知られるようになったのは、真宗の布教によるもので建長五年(一二五三)八月、後鳥羽上皇の皇子と伝えられている嘉念坊善俊が美濃国郡上郡から白川郷にはいり、文永二年(一二六五)鳩谷に真宗道場嘉念

加須良の合掌造り。白川村

坊を開いた。その後九代にわたって布教に全力を注ぎ真宗の勢力は大きく全郷に浸透した。足利義政がその勢力を恐れ島為氏を牧戸城に送って対抗せしめたほどである。

荻町から北へ二〇キロ、庄川にそうて下り加須良《かすら》入口でバスを降りて山の中腹の細い道をくねくねと曲って約五キロほど入ると加須良の部落に着く。入口の所に割合新しい建物のお堂がある他は合掌造りがずらりと並ぶ。まるで地の中から生えているような渋い茶色の三角形の建物、きちんと並んで美しい白い窓、一つの曲り角を曲って狭い谷が急にひらけたところにあるその建物の一群には体中が熱くなるような感激をおぼえる。山奥に隔絶された桃源境という感じがする。

八戸しかない中から二戸移住してしまって今は六戸になった。冬になると曲りくねった道は七〇センチメートルもの雪が積って山を越えなければ出ることができない。急病人がでれば助かる者もみすみす命を落してしまう。人が死んでも死亡診断を受けることができないので雪がとけるまでは葬式もできないのである。この恐怖が移住への気持をかりたてる。

夏は涼しく、食物の不自由もなく、質のよい豊富な水があふれ、秋の紅葉は土地の者もうっとりするほどに美しいという。電燈は自

タバコの葉を干している農家。丹生川村

薪ストーブのある加須良の農家。白川村

加須良の合掌造りの茅葺屋根。紅葉の美しさを語ってくれたこの家の人も村人も、冬を迎える前に離村してしまった。白川村

家発電で故障が起るとランプをともす。この頃ではほとんどの家がイロリをふさいで上に薪のストーブをのせている。煤がおちて家の中がよごれることはなくなったであろうが、串にさした魚やおむすび・味噌を焼く情緒はなくなってしまった。トウモロコシもストーブではこげ過ぎる。屋根の茅には虫がつき、湿気がこもるために綱や茅のくさりが早くなって来たことはいなめない。

お堂の前にあるよく繁った一本の大木は蓮如上人が山一つ向う側の越中桂《えっちゅうかつら》から越えてこの地に一休みし、杖を立てるとその杖が大木になったという伝説をもっている。この堂は加須良と桂の両方の御坊であるから説教があると桂からも川を渡り山をこえて両方の部落の人が参る。昼間はブラウスにモンペ姿で働いている女の人も夕方になると小ざっぱりとしたユカタに着替えてお堂に集る。

ここも若い者は出稼ぎに出る。明治の頃は名古屋の酒蔵へ杜氏《とじ》として出たが、今は京阪神・石川・富山・東京方面へ就職し、盆・正月には帰って来るのでそのころには村の人口は急にふえる。養蚕はまゆを高山へ出さなければならないので交通の不便なため一番早くやめたが、近年道ができたのと、まゆの値がよいので飼う家もある。少ない平地はすべて田んぼである。

部落の外れに、むかしむかし石仏が流れついたのを祭ったと云われる鎮守様と、部落にたった一つのペンキ塗りの木造洋館建である白川小学校分校がある。先生は住職さんである。

加須良も昨年観光用のパンフレットに紹介されたため来る人が多くなった。高山の中学・高校の生徒、関西学院大学の学生は前からよく来てクラブの合宿訓練をしている。学習院の先生も来た。一度に大勢くると民家に五、六人ずつ分宿することもある。八月一五日を過ぎると一雨毎に寒くなる。紅葉は一〇月が一番美しい。

西赤尾《にしあかお》

バスで西赤尾におりると直ぐ目の前の田んぼの中に重要文化財岩瀬家という木の標識が立っている。間口一四間半、奥行七間の大きな合掌造りで今から約二五〇年前藤井長右衛門が八年の年月をかけて作ったもので、もと間口が一六間半あったといわれる。五階になっており、ヘラ門から半分は総欅《けやき》造りである。三階から上は養蚕に使い、簀天井《さしてんじょう》に莚《むしろ》を敷いてある。元三〇人の大家族で住んでいたが、現在は五人である。藤井家五代目で岩瀬家に渡って昭和三三年文化財の指定を受けたもので、入口を入った板の間に「共有金仕入第七十二号」と書入れた鉄製の釜が置いてある。これが煙硝釜で、加賀藩が極秘のうちに煙硝を製造させていた時に使ったものである。

この家の特徴は、書院・武者隠し・牛つなぎ石・牛乗り石等のあることで、この立派な構えは、加賀百万石の天領との境にあるこの家で、天領に対して威厳を保つ意味もあったであろうが、藤井長右衛門が煙硝の収納をしていたため、藩の役人がよくやって来てこの家を宿にしたりしていたからでもあろう。

この家の隣りに古いお寺がある。元天台宗、後に真言

飛騨に多い円空仏のひとつ、高山民芸館の円空仏。
高山市

宗であったが蓮如の教化により真宗に改宗した。この辺りに経塚が多いのはその時にお経を埋めたためである。珠数《じゅず》ヶ原もある。岩瀬家にはこの寺への参詣のため東・西本願寺の門主が立寄って休憩をする。県知事など著名な人の名が芳名録に見られる。どこの家も仏壇の立派なことは驚くが当家にも仏間と内陣は別にある。朝四時頃に起きて山や畑に出て一仕事して戻り、一家全員仏間（内陣）に集って家長の読経に唱和し、その後に朝食をとったという。

飛騨一の宮

白川の谷から高山へ出るには荘川村牧戸《まきと》から高山行のバスがある。高山の南に飛騨一之宮水無《すいむ》神社がある。神社の神体山位山《くらいやま》は日本海へ流れる神通川、太平洋へ流れる飛騨川（益田川）の分水嶺になっており、その麓に農耕の神、水をつかさどる神として水無八幡宮をまつった。聖武天皇の時に飛騨の国一之宮となった。明治四年に国幣小社となり、現在の社殿は昭和一〇年国費をもって造営されたものである。

古くから歴代天皇即位の大典の時、天皇はじめ文武百官の笏《しゃく》を、位山の一位《いちい》の木をもって作り、納めるならわしがある。

第五九回伊勢神宮式年遷宮祭から神宝笏をも奉献することとなった。五月二日の例祭には無形文化財に指定されている神代踊・鶏闘楽・獅子舞が行なわれる。四月三日雛祭・養蚕祭・一一月八日には蚕糸祭が行なわれる。社紋は水ひょうたんである。コマイヌがイヌではなくオオカミであるのも珍しい。神馬は飛騨らしく立派な彫刻の白馬でお祭りには町をひいて歩くという。白馬に並んで黒い目のない馬があり、これは左甚五郎が一九歳の時

高山市街を流れる宮川と橋

の作で、夜な夜な近くの畑の穀物を食べに出るので、目を抜いたという伝説がある。

高山市

乗鞍の西麓、国府の盆地の南端にひらけた高山は金森氏居城以来飛騨の政治・経済・文化の中心地であった。

古く聖武天皇の御代には国分寺がここに建立されているが、本格的な町づくりは天正一三年（一五八五）金森長近が領主として入国し、今の城山に一七年間を費やして城を築き、西の松倉、東の鍋山の城下住民を移して町を作ってからである。長近は都市計画のモデルを京都にもとめ、宮川を鴨川になぞらえ、東西・南北に碁盤の目のように路を通し家並をととのえ、東山に神社・仏閣を建てた。真宗寺院としては古く、本堂は室町文化の粋を尽した寝殿造りの照蓮寺（国の重要文化財指定となっている）、加藤清正の孫光正の墓のある法華寺など一〇指に余る寺がある。上下一之町・二之町・三之町の小格子・のれんなど家々のたたずまいは京都の町を思わせる。

幕府の直領であったために役人の交代があり、その中には文化人もいた。郡代の元締であった貝塚素牛は俳人であり城山に桜を植えた。郡代大原紹正は俳壇水言社を残し、囲碁三段の郡代・太鼓の達人の元締もおり、彼等は江戸文化をこの地に運んだ。一方養蚕と製糸が盛んであったために生糸の仲買人は京都と高山を往来し、信徒は京都の本願寺に詣でた。つまり江戸と京都の文化がここで手を結んだ。

この町の風格は五年や一〇年の時日でできたものでは

ない。味噌・醤油屋、酒屋、こうじ屋、旅館、表具師、その中にまじって眼科や内科の医院があり、洋館建ではなく小格子の病院である。この町すじには毒々しい広告・看板もない。町を歩いていると普通の民家の二階建の屋根の上に抜き出た白壁のタテ長い土蔵があり、前は少し空地にしてあるのを見かける。これは有名な高山祭りの屋台の入れてある蔵である。住む人も親切で心のふるさとに帰った感じがする。お客を乗せたタクシーの運転手がスピードを落して説明をしながら通り抜けたりする。

伐り出された材木の皮を剥ぐ。白川村荻町

上一之町に郷土館がある。講和条約締結記念事業として計画され、昭和二八年開館したもので、約百年前永田氏が当時の名工坂下甚吉に命じて建てた三階建土蔵造りの道具蔵をそのまま利用した。材は殆んど檜《ひのき》を用いてお り梁は六間半通しの節のない松材、階段に造りこみの欅の戸棚、明り窓、空井戸の取りつけなどが特徴である。展示品は考古・民俗資料・円空仏・古美術・高山祭り模型・鳥類の剥製《はくせい》・古文書等雑多であるが、燈火用具はその変遷を見られ、美術品は古いものがあり、円空仏は代

伝統のある高山一刀彫。高山市

高山市下三之町の川岸に、自家栽培の野菜を並べて立つ朝市。

表作一〇点、古文献は一三万余点にのぼるいわれる。

下二之町を通り過ぎると大新町の日下部《くさかべ》家に出る。ここは昭和四一年（一九六六）、国の重要文化財に指定されて民芸館になっている。明治八年（一八七五）の大火で焼けて同一二年再建された。屋根の勾配はゆるやかでそれを受けた深い軒の直線、窓格子が美しい。第一展示場（おもて二階三室と店の間二つ）には先々代から使われた什器・婦人用のものが並べられ、第二展示場は伝承民芸品を主にならべられ建物の半分は非公開となっている。畳の数は一四七帖あるという。

下三之町の川岸の道端に高山名物の朝市が立つ。市はもう一ヶ所陣屋前にも立つ。高山には八百屋がない。朝市には近在の農家から直接新鮮な野菜が出る。ナス・桃・ネギ・キュウリ・蜂蜜・花束など。テントを張った店。コウモリ傘を竹の先につけて立てわずかな日陰を作って箱に入れた桃を売る店。ハカリの物をのせる容器もザルあり、カゴありさまざま。夏は観光客も大ぜい買出しに来ている。山へ登って食べる果物の用意か、それとも旅館の料理にあきたのか。のんびりした風景であるが中には少しでも早く売り上げたいとあせり顔もある。一一時頃には閉店となる。

国分寺は駅から近い。天平一八年（七四六）行基の開創といわれており、境内には当時の七重大塔の礎石がある。現在の塔は三重で、本堂は室町時代の建築、単層入《いり》母屋《もや》造りで、中には薬師如来座像・観世音菩薩立像が安置され、平家の家宝と伝えられる柄に琴の糸を巻いた美しい刀小烏丸が宝物としてあり、ともに重要文化財に指

高山祭の獅子舞。市内のところどころで舞う。昭和47年（1972）10月　撮影・須藤　功

定されている。慶長五年と寛永一二年の絵馬がかかっている。管理をしている人の話では、観光客は夏がやはり一ばん多くその他はスキーに来た人が寄っていったり、高山祭りを見物に来た人が寄る程度だということで、冬期はしめてしまうそうである。

庭にいたリュックを背負った学生にきくと、全体としては高山は来てみて期待が外れた。しかし古い町の通はよかったといった。

だが、高山にはもう一つ見るべきものがある。それは高山祭である。高山祭は春の山王祭が四月一四・一五日に行なわれ、秋の八幡祭が一〇月九・一〇日に行なわれる。このまつりには実にみごとな彫刻をほどこした屋台が出る。春には一二台・秋は一一台。それがせまい町の中をまわる。京都の山鉾に学んだものだけれど、実に美しい。この屋台のまえを獅子舞たちが町の広場で獅子をまいつつ屋台はゆっくりと町をねりあるく。田舎町のまつりだから大へんのどかで、それがこの空のあかるい空気のすんだ町にふさわしい。高山を中心にした周囲の村の人たちはこのまつりをたのしみにみな集って来、また心まちにして働いた。その喜びのあふれているようなまつりであった。そのまつりも近頃は観光のだいじな呼びものの一つになっている。

苔川を渡って南の町外れにでると民俗館がある。御母衣ダムの建設によって湖底に沈む家の中で、荘川村にある唯一の由緒ある合掌造り、若山氏の家屋を譲り受け、高山市で一般に公開するために松倉山麓に移築して民俗館にした。若山家は荘川村の入母屋風の寄棟造《よせむねつく》り（荘川

豪華な高山祭屋台のからくり人形。昭和47年（1972）10月
撮影・須藤　功

造り）から切妻《きりづま》合掌造りに移行する過程を見ることのできる唯一の建物であって、江戸時代宝暦の初年に建てられたもので、間口一七メートル奥行一八メートルあまり、建坪約三三〇平方メートル、高さ一六、五メートル余、四階建（一部五階）の家である。この建物だけにみられる特徴はスジカイを利用したキザハシがあることで、白川村の合掌造りとの差は、一階の高さが高く、中二階があり、廊下が広いこと。屋根の傾斜は急である。

ここには飛騨の人が作ったもの、飛騨の人が使ったもの、農・漁・狩用具・木工具・家具・紡織・装飾具・玩具・信仰用具に至るまでよく集めてあり、ソリと養蚕用具のコレクションはともにその大半が重要民俗資料の指定を受けている。藁草履の一大コレクションもある。

同じ敷地の中にある野首《のくび》家は今の高山市片野町、昔の灘郷片野村字のくびにあったもので、野首家から寄贈されて移築した。板葺石屋根両妻葺おろしという形式の農家として一番古いもので、江戸時代に建てられたものと推定されている。材はすべて斧はつりのままで、建具のかわりにむしろを吊ったかけむしろの跡が残っており、柱間の寸法も享保尺以前の端数寸法である。間取りは土座住いの形式である。

この建物の他に付属の建物がある。その廻わりにみやげものを売る店が立ち並んでいる。みやげものの一刀彫りが店の裏側で若い男の人の手でみるみるうちに出来上がって行く。

町に戻って一位の木の一刀彫りの店の前に立つ。そこでも彫っていた。この人の父は師匠について八年習った。一〇年は修業しないとよいものは彫れないという。面がアメリカで喜ばれるので輸出される。美しい木目を利用してブローチまでできている。

慶長の頃城大工棟梁高橋喜左衛門が柾目の盆を塗師成田

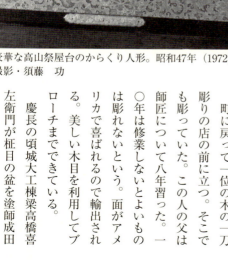

三休に頼んで黄色透明に塗り上げて城主金森氏に献上したところ、大変喜んで陶製の春慶を想わせるものがあったので春慶塗とよんだ。塗ものは埃を嫌うので夏でも硝子戸は締切って塗る。下塗を四回もする。一番初めの下塗は別の家で別の人が塗る。紅柄渋を塗ると赤春慶になり、雌黄《しおう》を塗ると黄春慶となる。家内工業で分業になっているのである。春慶塗は木肌を見せているのが特徴でウルシが厚くなってはいけないので木肌にウルシをよくすり込んでその上に上塗をかける。大徳寺の菓子器・茶器・盆・重箱・箸・箸箱・花台・花器・曲もの。木目をみせた黄味がかった飴色が実に美しい。

高山から平湯へ行く道筋にはすっかりのびた稲の葉の向うに半分顔を出した農家がパラパラと続く。根方《こんぼう》というところではアメリカ産のマス・ニジマス・ヒメマスを養殖している。この沿道の農家は養蚕をもっとも大きな現金収入にしていたが米を作る技術が向上して反収が上がり、葉タバコの栽培が養蚕に取ってかわって、上糸の国から稲作とタバコの村になりつつある。

温泉郷と乗鞍

平湯は安房峠の西のふもと。昔は飛騨から信濃へこえるのに、ここに一泊してここから安房峠をこえ、梓川の上の細道を白骨・番所とあるいて、松本の方へいったものであった。がその道があまりわるいため、乗鞍の南の野麦峠が主要な道にきりかえられ、平湯は長い間付近の人びとの湯治場としてひっそりとしていた。それがちかごろ、乗鞍登山バスの足場としてにわかに発展して来た。

平湯から北へ下って行くと一重《ひとえ》ヶ根《ね》という温泉場がある。四、五年前に道路が立派になって家々が急に新しくなり、旅館も二軒しかなかったのが一〇余軒になった。戦後までハタも織り、板屋根の家が多かったという。石棺が発掘されている。美山荘という宿には広間に民具が飾ってあってその中には何時頃からあるのかよくわからない桐の木製の茶つぼがある。ニジマスの笹焼を食べさせてくれた。このあたりでは客は名古屋方面が多い。近年東京からも来るようになった。一重ヶ根からも乗鞍行きのバスが出る。平湯峠から高山行きと乗鞍行きに別れる。

乗鞍登山道路は戦時中に軍の手で出来たもので、豪雨が来ると不通になるが、よく晴れた日は右に左に移り行く山々を見、高山植物の花・雷鳥の姿もたまに見かける。高度二七〇〇メートルまでバスが乗せてくれる。終点から徒歩約一時間で剣ヶ峰に行ける。山開きは六月一日で一〇月下旬までバスが通う。山頂近くでは夏でも残雪があってスキーができる。東大のコロナ観測所もある。乗鞍は数個の火山が集ってできた火山群で、烏帽子《えぼし》岳・鶴ヶ池火山・摩利支天山・一ノ池火山・十石山がある。火山としてさまざまの要素を持ち、山頂から見る雪渓・お花畑など、展望の雄大さは中部山岳公園随一である。いま信濃側へおりるバス路もある。番所《ばんどころ》から島々をへて松本へ出る。引きかえして高山行き平湯行きのバスも出る。

飛騨は山の国でありながら、飛騨びとは山を背にして生きて来た。山に向く窓はとじられていた。それをひらくようにし、人びとの眼を山に向けたのは明治期のイギ

"木の国" 飛騨の工を思い起こさせる古い鐘楼。白川村荻町

リス人宣教師ウエストンであった。そして その山、飛騨びとがおそれ信仰した山へたのしみのためにのぼるようになり、この山国へ飛騨びと以外の人がおしかけて来るようになり、秘境や山国の生活のおくれが売りものになった。しかし他処人のおとずれが飛騨びとのこれからのしあわせに役立てばこの上ないことである。

若狭湾東部

文・写真　西村與一

屋根上高く天道花《てんとうばな》を掲げた家。三方町　昭和57年（1982）5月
撮影・須藤　功

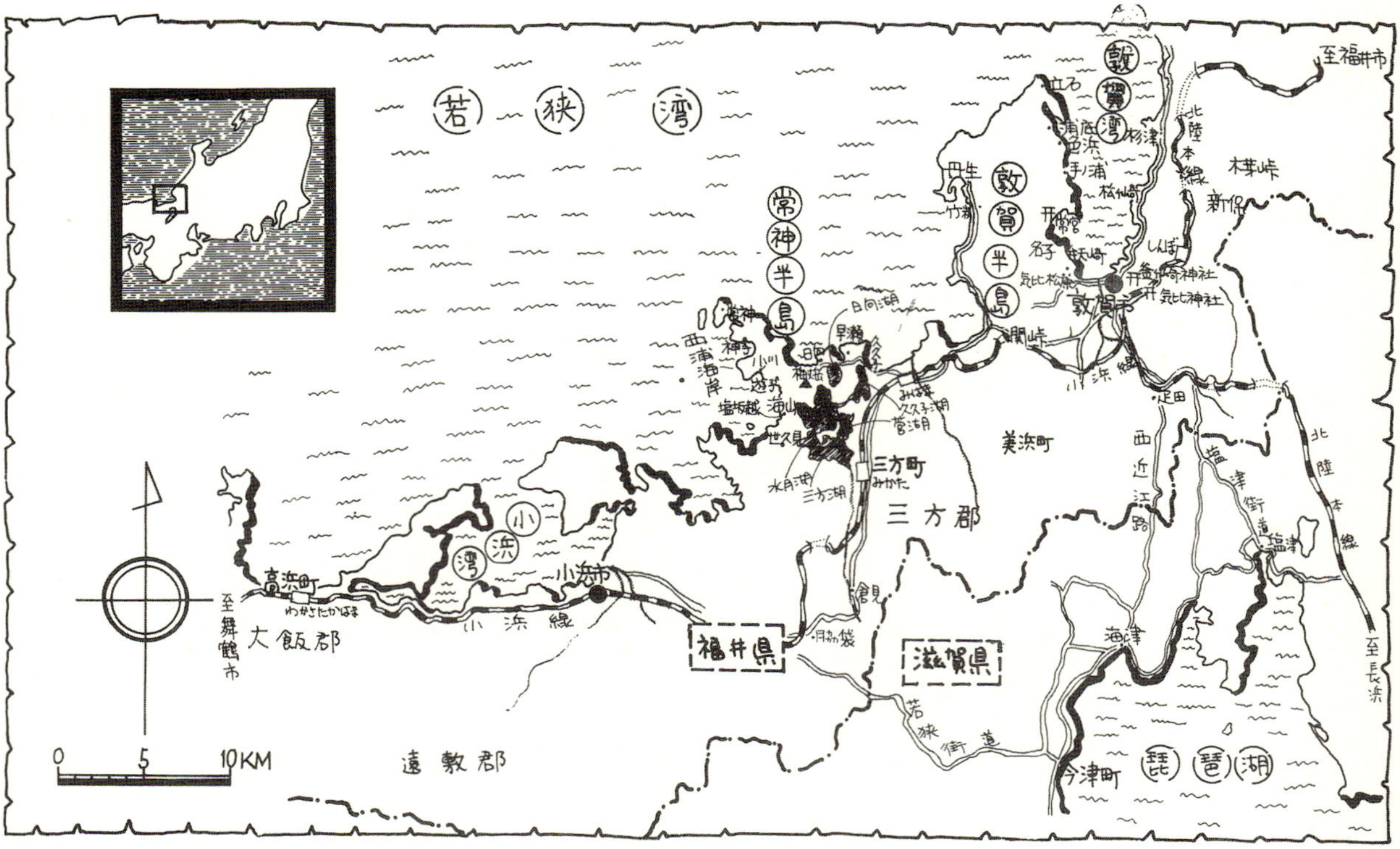

古く新しい若狭《わかさ》路

若狭の春はおそいが、桜と共にうら悲しい古い殻から現代的色彩の濃い明るい若狭にかわる。敦賀《つるが》は後ろの国境の山々に残雪が白く光っていても、金崎宮の花換祭りの雪洞《ぼんぼり》が立つ頃ともなると急に活き活きしてくる。参道から眺める港内は、一万トン級の真白いソ連船のクレーンの絶えまない響きの中で、引込み線のよごれた貨車の煙が幾筋も往きかい、湾内に敷きつめられた筏の横縞をともすれば黒く覆いそうになる。

敦賀は二十数年前の痛手から起ち上がり、戦前の最盛期をしのぐ貿易港となって、数年前まで見られた荒廃した港の様子は全く影をひそめている。夏ともなると町中が湧きかえる。気比《けひ》の松原を中心に、東に西におびただしい海水浴客が押しよせるからである。近年は夏を待たず釣り好きの人たちが浦々を独占して、新しい観光地となってきた。

若狭路を西へ関峠を越えた美浜町の先の三方《みかた》は、五湖巡りで早くから自然味あふれる水郷の美しさを誇っていたが、梅丈岳《ばいじょうだけ》へのドライブウェーが完成して船と山からの眺望が容易になり、立体的な観光地となって、若狭湾国定公園の地位は一層力強いものになった。五湖に続く外海の浦にも、釣りと海水浴客のための民宿ブームが訪れようとしている。

さらにこれらに拍車をかけるように敦賀半島の西と東に、原子力発電所が建設され、完成が急がれている。その予定地浦底《うらそこ》と丹生《にゅう》へは新しい道路ができ、人々の生活さえも変えようとしている。

　こうした活気あふれる若狭路ではあるが、常神《つねかみ》半島で見たあの貧しい墓標の群や、一日三度も、二、三十人がかりであげにゆく大敷網の漁の乏しさ、あるいは男手のまったく見られない田の草刈りの女の人の顔色を思い浮べるとき、今もやはり水上勉の若狭がすぐそこにあるような気がしてならない。

北陸に開いた上方《かみがた》の窓

　岸壁に横付けされた白い巨船ごしに、湾全体が貯木場であるかのように、おびただしい筏の絨氈《じゅうたん》がちらばっている。この若狭路の起点敦賀はかつて「笥飯《けい》の浦」とよばれ、都にちかい日本海沿岸の良港として、朝鮮半島や支那大陸との交流がさかんであった上古から中世、さらに江戸時代を経て、ソ連との貿易港として時代の脚光を浴びた大正、昭和初期から今日にいたるまで、何れの時代にも、京大阪とのつながりが深かった。すなわち江戸前期は、北陸、東北、山陰地方の米の中継地として西の小浜と共に重要な地位にあり、港には各藩の米倉が軒をつらね、米はここから近江境を馬でこえ、塩津、海津、今津から湖上を運ばれ、ふたたび馬で京、大阪へ持ちこまれた。若狭の人々にとって米運搬は大切な副業となっており、江若を結ぶ山中七里は牛馬の往来のたえることもなかった。江戸中期になると山陰西廻りの航路がひらけて、この道を通る米輸送はそれほどではなくなったが、北陸から上方への旅行者にとって最も重要な道で、京都本山参りの門徒衆や永平寺詣での賑いは、明治の鉄道開通まで続いた。

　こうして北陸と上方とを結ぶ交通上の要路であったばかりでなく、直接、間接に人の交流の仲立ち役も果してきた。この地方の出稼ぎ先がほとんど京阪神に限られているのも、距離が近いということだけでなく、昔からの往き来の延長で、上方への二、三男の小僧奉公や女中奉

若狭の外海には打ち捨てられたような寂しさが残る。敦賀半島西海岸・松淵

公、冬の百日稼ぎも敦賀から琵琶湖への道をたどったのであった。そして文化も京阪から越路へとのびていったものもあるが、逆に越路から近江路へのびていったものも見られた。切妻で妻入りになっている民家はその一つである。この様式の民家は石川、福井に多く分布しているが、湖北では戦前までは土間住いをしているものも少なくなかった。最近は大阪湾岸の海がよごれるにつれ、また車をもつものが激増するにつれて、空気と海のきれいな若狭の海岸を訪れるものが目立って増えてきた。

湾の東側、敦賀の港を一望できる金崎宮の遊歩道を北へとると、右手金ヶ崎城址へ続く。桜、楓の老樹の下を通りぬけた先端の鴎《かもめ》ヶ崎や、後ろの月見崎に立つと敦賀湾内が一望できる。真向いは敦賀半島の山々で、その突端立石に近い浦底に、原子力発電所の建設の工事がすすみ、長い間平和そのものであったこの湾から、牧歌的なものが消えていこうとしている。山肌にくっきりと一線を画しているのは原発道路で、全線舗装のすばらしい観光道路としても利用されようとしていて、名子、常宮《じょうぐう》、色浜の浦々を潤しながら伸びている。

城跡は丘の上。石灰岩の露出した狭い台地で、建武の

三方五湖の西にある塩坂越《しゃくし》海岸。三方町

妻入りの民家が並ぶ若狭街道の熊川。上中町

山が海におぼれているような若狭の海岸。手前は日向《ひるが》湖、右上は久々子《くぐし》湖、遠く横たわるのは敦賀半島。

昔、新田義貞父子が、恒良《つねなが》、尊良《たかなが》両親王を奉じて北陸道鎮護にあたり、数度の戦いののち雄図《ゆうと》むなしく敗れさったところで、当時の悲しい戦況は『太平記』にくわしい。北辺を守るにはあまりにも狭い土地であった。雑草をかき分けるようにして神社のうしろへ降りる。道にそって古墳のあとやいわくあり気な水溜りがある。目を東に移すと近くに、荒々しい地肌を背にしたセメント工場の白い煙が目に付く。何一つ飾り気のない強靱そのもののこの工場に、近代化しようとする敦賀の姿が見られる。

山々の裾が海におち、越前岬へ伸びるあたりは、赤崎、杉津といずれも名の通った海水浴場で、国道八号線が海岸よりに北へのび、自動車の往来がはげしい。

四月の花期の十日間、金崎宮は吉野桜に埋もれて明るく、社前では花換祭りが行なわれる。参拝の人々が造花をたがいに投げあい、暗い冬から解放されて新しい春をうたい、しあわせを願う。戦災から見違えるばかりに明るく復興した敦賀の街で目立つのは、仲哀天皇を祭った気比神宮の朱の色も鮮やかな大鳥居である。佐渡から奉納されたムロの木という。越前一の宮の偉容を今につたえる唯一のものであろう。社殿は最近再建され、播種、養蚕、航海安全の守り神として知られている。その祭りは気比の長祭りとしてきこえ、九月二日から御輿《みこし》の渡《と》御《ぎょ》、山車《だし》引き等十五日まで続く。

三百五十三名の水戸浪士

市街を西に抜けて五キロ、敦賀湾に臨む一帯は気比の松原で、老松のしげる遠浅の砂浜には三々五々投げ釣りのグループも見えて実にのどかな心やすらぐ風景である。それが七月から八月上旬までのわりに短い夏の間は、絶好の海水浴場としてものすごい人出の浜とかわる。東西一キロにくり拡げられる色彩豊かな水着の群れが、松の根方に急造のバンガローや売店の立ち並ぶあいだを縫って、喚声と喧噪をまき散らし、あたりを狂騒の渦に巻きこんでしまう。

そんな松原の町よりの松のまばらな間に小さな松原神社がある。

百余年前のことであった。尊王攘夷の大旗をかざして水戸藩を脱出し、京都をさして西上してきた武田耕雲斎等水戸浪士が、ここで力つきて幕府の軍に降り処刑された。幕末の頃水戸藩は穏健派と急進派がはげしく争い、急進派の天狗党一千名は筑波山に兵を挙げ、京にのぼるべく中仙道より岐阜県を北上して越前に入り、大野から雪の笹又峠や木の芽峠の難所を越えて、敦賀に近い新保に到着したのであった。その二十日あまりの行程は途中での戦いとともに苦難の連続であった。ついに残った八百二十余名は新保での合議の結果、前途の希望を京の慶喜に託し、恭順の意をあらわして加賀藩に降った。しかし彼等の願いはむなしく、二ヶ月の後幕府は大量三百五十三名を斬殺したのであった。その間の敦賀での生活は死に勝る苦痛がつづいて、寺から白洲へそして鯡倉《にしんぐら》へと移動のたびに、左足首に厚さ五センチ弱、長さ三十五センチばかりの松板の足かせを引きずりつづけた。鯡倉での起居もみじめなものであった。「……陽のささぬ、じめじめした倉で、それに塩気が浸み込んでいるから、浪士の人達は皆、疾《しつ》にかかり、それが身体中にひろまって、その様子が実に見ていられなかった……」志賀直哉の『暗夜行路』の中で、N老人はそういって浪士佐々木某にもらった袋を出すのであるが、とにかく数年を待たずして明治の世を迎えるというのに……まことに残酷な物語である。

その鯡倉の一つが境内に残してある。のぞくと天井の高い薄暗い部屋に一条の光が射して、浪士等の絶望にゆがんだ顔をふたたび浮びあがらせるかのようであった。浪士の墓は社の前百メートルあまりの地に四メートルたらずの土壇の上にまとめられ、松原のざわめきをよそに静かに風がわたっている。付近は姉妹都市水戸から贈られた梅の若木があちこちに見え、浪士を称える石碑等もあって明るい。

しっかり根の張った気比《けひ》の松原（上）。春には人影がないが、夏には関西方面からの海水浴客で埋まる（下）。敦賀市

敦賀から北東へ約八キロ、北陸トンネルの上の山あいに、浪士達が数度の合議ののち恭順の意をきめた新保の里を訪ねてみた。北陸旧街道に沿った小さな坂道の部落は、ふるくから鉱泉で親しまれたところで、街道を往きかう旅人や付近の村人の憩いの場であったが、トンネル開通後湯が出なくなり、唯一ある宿の主人も。「相手は国鉄やし、それこそ雀の涙程の補償金で泣寝入りだ」とこぼしていた。その宿を下った街道ぞいに小さな本陣が扉を固く閉して残っている。訪ねても人気はなく、中庭の莚に乾した豆に陽があたっていた。

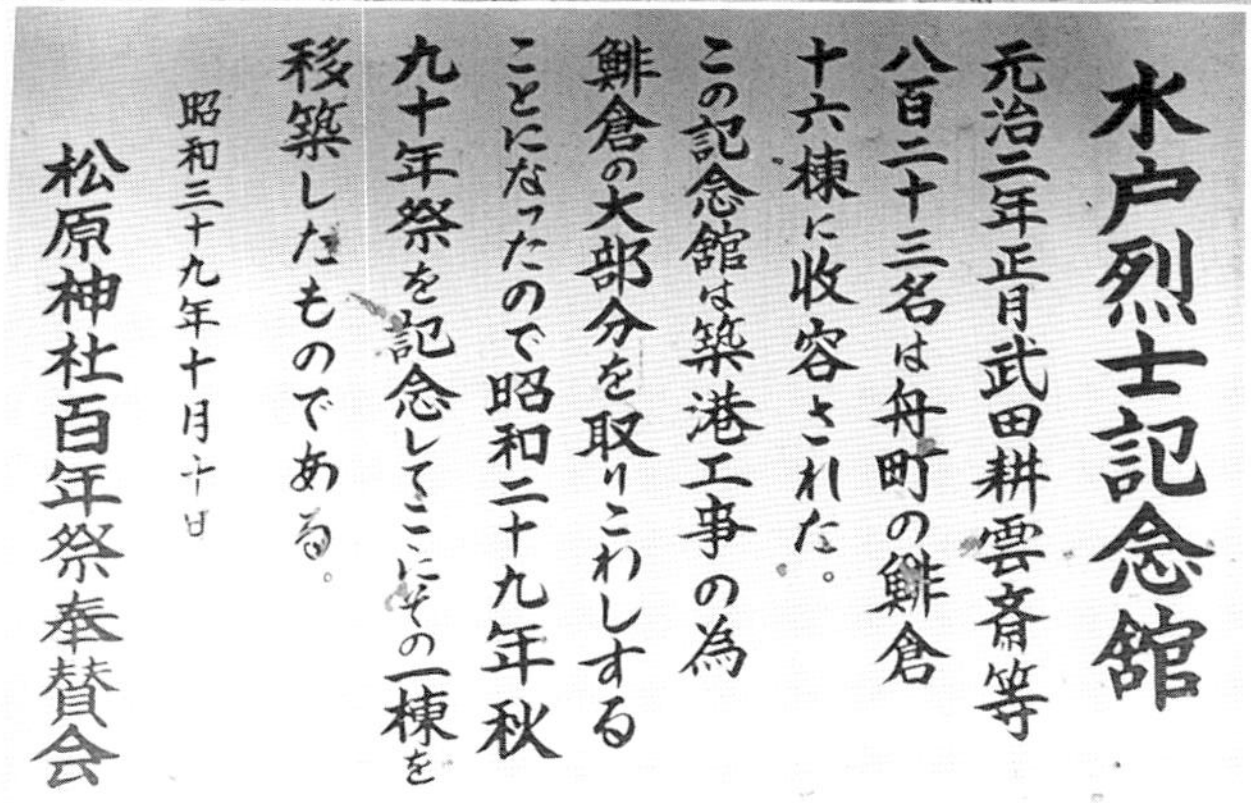
水戸烈士記念館
元治二年正月武田耕雲斎等
八百二十三名は舟町の鯡倉
十六棟に収容された。
この記念館は築港工事の為
鯡倉の大部分を取りこわしする
ことになったので昭和二十九年秋
九十年祭を記念してここにその一棟を
移築したものである。
昭和三十九年十月十日
松原神社百年祭奉賛会

水戸浪士たちが収容された鯡倉《にしんくら》（上）とその説明書（下）。松原神社境内にある。敦賀市

新羅鐘《しらぎがね》と筏《いかだ》

松原から敦賀半島への道は実に壮快なドライブウェーだ。夏は道路わきの車の数に閉口だが、右に左に展開する敦賀湾の風景はすばらしい。原発道路の開通とともに、海水浴はもちろん、釣り客の誘致もうまくいって、民宿ブームが起っている。弁天崎をまわり名子を過ぎると神功皇后を祭った常宮《つねのみや》神社に出る。気比神宮の御輿が御座

天狗党と名乗った水戸浪士たちが籠って敗れた新保の本陣。敦賀市

船神宮丸で曳航されて渡ってき、仲哀天皇と神功皇后の、七夕ならぬ年に一度の逢瀬となる。

　ここには重文の新羅鐘がある。俗に朝鮮鐘とよばれ、新しい宝庫に収められているが、いつでも見ることができる。国宝というといやにもったいぶって、とかく奥深く収めがちであるが、ここは別だ。自由に開けて見てくれといわれて、重い扉を左右に開くと一メートルあまりのくすんだ黄金色の鐘がそこにある。近よって一まわりする。「大和七年三月、菁州蓮池寺」の銘がある。社の略記によれば、朝鮮鐘としては紀年の古いもので、慶長二年（一五九七）に秀吉の命により敦賀城主大谷吉隆が寄進したという。天女の舞う浮彫りを見せて、黄金を多分に含んだ音色は黄鐘の調べといわれるが、現在は聞くよしもない。大分県宇佐に同様の朝鮮鐘があるけれども、金の含有量の差で美しさは比較にならぬとは宮本宮司の話であった。とにかく、この鐘に接することのできるのは若狭を訪ねる楽しみの一つである。

敦賀半島の東側に鎮座する常宮《じょうぐう》神社に伝わる新羅鐘《しらぎがね》。敦賀市

　常宮神社自身、楽しい雰囲気をもった民宿となっているが、常宮から北、手の浦、色浜、浦底と新しい道路に沿った浦々では海水浴と釣り客目当ての民宿が多い。五月の日、こぶしの花が白く点々と半島の山をいろどって、つぎつぎに迎えるどの入江も、シーズン中の海水浴客の群れのかわりに、貯木用の見事な筏の浮島がつづいていた。

若狭から消えてゆくもの

　この付近には産小屋《うぶごや》が残っている。現在は物置小屋に変っていたりするが、数年前までは使われたものらしく、女の人がいつだったか色浜で「わたしは五人共この産小屋で過した。今、末の子が五つだからもう五年前になる。そのあとは誰れも入った話を聞かない」と話していた。ここで取りあげた子は神さんのおかげかみんな丈夫で一人もけがはなかったとも聞いた。部屋の中は二間あって粗末ながら神棚もある。台所のいろりは崩れ、黒い煤《すす》でよごれている。所によって多少は違うが次の子どもの作文で産小屋のすべてがわかるように思う。

お産小屋

　わたしの生まれたというお産小屋。なんとなくしたわしく思われるのも、わたしの生まれたというばかりではない。部落民はだれでもがなつかしい小屋なのである。「大熊の産小屋」といって人からめずらしがられるたびに、わたしはうれしくなり心がほんのりとあたたまるようである。

　わたしたち大熊には、医者も産婆もいないし、店屋は一軒もないが長寿の部落として人びとに知られている。きょ年なくなった百八才の上函のおばさんにつぐ老人はたくさんいる。この老人達も、ほとんどがこの産小屋で「おぎゃあ」とないたのだと思うと、産小屋がいくつもの物語をもっているように思えてならない。ふだんはだれも住んでいない産小屋は、四畳二間でへやにはなんのかざりもない。

　わたしの妹のしげ子の生まれた時は、親類の保昌ちゃんも二日おくれて生まれたので、この小屋には赤ちゃんふたりで「おぎゃあ、おぎゃあ」でにぎやかなことだった。「こんなことめったにあらへんわ」と人びとはいっていたが、こんな時の用意にふたへやあるのだ。

　この間、孫兵衛のあばんが女の子をうんだが、産婆はいつものようにおばんたちでとりあげるのだった。女の子だったので、十八日間小屋で養生したが、男の子だと十七日間そこにいる。その間に部落の各家から米一斗をあげるのと、おかずを二、三度小屋へはこぶのであるが、そのほかにおもちは必ず一回はもってゆくことになっている。

「産小屋でゆっくり養生できてええぞな」とおっかんはいっていた。

　おうちの人達へはみんながおいわいすることになっている。おいわいと見舞をかねているのである。

　むかしは産小屋から家に帰る時には、赤飯をたいて部落の子ども達を全部よんだのであったが、いまではそれだけはなくなった。

　孫兵衛のあばんが産小屋から家へ帰る時には、産婆のおばんをごちそうしてよんだが、もしつぎに産小屋にはいる人があると、そのあばんも一しょによぶのである。

（『綴り方風土記』より）

色浜の産小屋《うぶごや》。産婦は出産後もこの小屋でしばらく過ごした。敦賀市

出産にあたって自分の家以外の建物で子を産む習俗は、古事記の中にも豊玉姫がウガヤフキアエズノ命を海辺の小屋で産む記事があってきわめて古くからのものであったことがわかる。そしてそのような習俗は明治の終頃まで瀬戸内海沿岸をはじめ、熊野地方、三河山中、伊豆諸島をはじめ、日本海岸では山口県萩付近、若狭湾沿岸にも見られたが、いつの間にか姿を消してしまったものである。子を産むことは出血をともない、血は不浄と考えられたことから、日常住んでいる家にけがれがかからぬようにと考えて、別小屋でお産をしたものであった。敦賀半島のこの産小屋も過去のものとしてやがて消え去ってゆくことであろう。もう取除いた部落も二、三見受けられた。

敦賀半島の浜の砂は実に白い。その砂は塩をとるのに適していた。夏、白砂の上に海水をまいて日にさらすと、塩分は砂につき、水分は蒸発する。その砂をかきあつめ、それに海水をそそぐと砂についた塩分はとけて流れ、これをうけた桶にたまる。それを煮つめて塩をつくった。敦賀から高浜あたりまでの砂浜をもつ村々ではこのようにして塩の生産にいそしんでいた。そのようにして塩をつくったのはずっと昔からその村々に住んでいたもので、分家や他所から来た者は塩をつくることをゆるされなかった。塩をつくるものは、塩をつくるに適した浜を平等に分け、自分の持分の浜でそれぞれ作業した。また塩を煮つめるための薪山も平等に分けていた。春になると、浜へ出てごみをひろい石をとり去り、海水をまくに適するように作業をした。こうして塩をつくる仲間を塩師といった。

もともと若狭湾沿岸の村々は漁業と製塩を行なって生計をたてたところであって、その地に古くから住んでいるものは、相似た大きさの家に住み、ほぼ同じくらいの広さの塩浜と山林をもっているのが特色で、家がふえると割り替えなど行なわなければならなかったから、住家の制限をしたものであった。そこで相似たような財産をもち、協力しあってよくかせぎ、ふえてゆく二、三男たちは京都や大阪へ出してそこで働いて分家するように努力し、村は村としての古くからの姿をのこすように努力して来た。産小屋が今日までのこったのもそんな気風によることが多かったのであろう。辺地だからそれがのこったとのみは言いきれないものがあった。しかしいつまでも人家の制限を加えることはできず村の中に分家もできれば、外から入りこむ者もある。その人たちは塩浜をもたぬから、製塩を行なわず山仕事を主にして生活をたてたので山師といった。

巨大な原子炉と三個のサザエ

こんな面影を残していた敦賀半島に、突然原子力発電所が出現することになった。安定した花崗岩の地盤、大量の冷却水、気象や海流、関西中京の経済圏への距離、そして人口の少ない辺地ということ。申し分ない立地条件を見こまれて、二百万キロワット時の発電を目指して浦底と丹生に工事が始まったのは昭和四十一年（一九六六）であったが、建設に必要な道路と新しい海をもとめる都会人の動きが、いろいろな意味でこの浦々を大きく変えようとしている。

浦底の工事現場を通りこして、立石寄りから眺めると原子炉の大きさも建物のかまえも、ともかく大規模である。もう一つの丹生へは半島の西の付け根からの原発道路を北上しなければならない。丹生の入江をまたいで海上五百四十メートルの美しいアーチ型の原発大橋の向うに、大きな原子炉がのぞまれる。橋はいま渡れないが橋のたもとの原子力センターは自由に見学できてうれしい。寂しい西海岸の浜辺にも急に訪れる人が増えた。

原子の里浦底を越えて悪路を先端の立石まで歩く。つい三年前まではこの半島も陸の孤島といわれ、車もろくに通らぬ活気に乏しい所であったことを思い出させるでこぼこ道の岬を廻る。ちり一つない岸辺を岩伝いに歩く。海はあくまで澄んでいる。ここにもやがて道路ができ、ミニスカート姿を見かけるようになるのだろう。そしてたちまちジュースの空かんや弁当がらの浮ぶ海に変るのだろうか。

部落の入口の分教場につく。少しばかりの広場は運動場か「車を駐車される方はおとどけ下さい」と札が立ててある。そういえばごつごつ道ながら、軽四輪車の通れる巾はどうにかあって、ジュースの瓶をつんだライトバンが置いてあった。部落には道がない。岩場ばかりで砂浜もなく、やっと人が通れる程の空地を残して山際に小さなつくりの家が重なりあっている。今まで見たこの半島のうちで最も狭い浦である。船屋の間には網干し場があり、海の青を背にしていく筋も干されたたて網の下に、子供が二、三人集まってはかがみこんで遊んでいる。

沖から漁《いさ》り船が帰ってきた。生け間に小魚が少しと簀《す》板の上にサザエが三つ四つころがっている。「漁はない」と答えた漁夫はむっつりと櫓をかついで上がって行った。網の繕いをしている老人に遠慮しながらたずねて見ると「不漁続きでさっぱりだ。三十軒あまりの立石も出稼ぎがふえて、若い者は皆出ていく。原発の工事の拡張によって、この辺まで影響を受けるようになるが、それもええじゃろう」と半ばあきらめ顔で話してくれた。

静かな浦底の浜に現れた原子力発電所工事（上）。そのためにつけられた原発道路。敦賀市

三方五湖の北に伸びる常神半島西にある小川の大敷網《おおしきあみ》漁。ブリが獲れる。三方町

不漁といえば五湖の西浦海岸の大敷網の引き上げもそうであった。小川には三統の網場があり、組合員の手で運営されているのだが、「まあ一統の網だけでもこのごろつくるとなると一千万円はかかるやろう。それに船が四はい。小道具を揃えるとなると大変な金高になる」という網だ。身体がすっぽりと入るゴム合羽をそれぞれ身につけてサイレンの音を合図に船つき場に集ってくる。ここには若者が多く、四そうの舟のうち内側の網をたぐる二そうは年配の男は交っていない。

その一そうに乗せてもらって、港から四十分ばかりも走ると漁場につく。ゆっくり機械で大網をくっていき、網の部分になると網子たちが引き上げにかかる。網の目が細かくなって袋に近づくと掛声もはりが出てくる。額から汗がしたたる。いよいよせばまって船と船がくっつく。が意外にも網の中はすごいばかりのくらげだけで、ハマチ三本に小魚がわずかにすぎなかった。不漁である。「こんなこともあるのが漁というもんでさあ。これにこりずにまた来てや」慰める言葉に窮している私に声がかけられた。それにしても随分ひどい。約三十人の男が四そうの舟に乗って、三時間もかけてこの漁では…。「梅雨時分はよくこんなことがある。それも朝二回と午後一回の三回ともなんにもない事もある。それかと思うとハマチの大群が入って網をやぶることさえあるから、気にするものは一人も居らん」とあっさりしたものである。しかし不漁は年とともにひどくなって、「いつまでも今までのような考えではいかんと思うようになった」と真顔になって話していたことを思い出す。

浜のない漁村の立石（上）。芭蕉を始めに幾人もの歌人が訪れている色浜（下）。　敦賀市

立石から引き返して色浜の本隆寺に立ちよる。芭蕉杖蹟地で、『奥の細道』によると敦賀気比神宮に夜参した芭蕉は、その足でここを訪れている。

　今は民家とまごうわびしい日蓮宗の寺で、浜をいろどるますほの小貝が元禄の名残を止め、芭蕉に同行した等栽の記録が寺宝として伝えられている。立ちよると気易くお茶など接待され、芭蕉の句碑の前に僧は気軽に立ってカメラに向ってくれてうれしかった。

　寂しさや須磨にかちたる浜の秋

　浪の間や小貝にまじる萩の塵

芭蕉はこうよんでいる。

うつりゆく五湖

　若狭路のポイントは五湖巡りである。最近レインボーラインというはでなドライブウェーが完成した。梅丈岳頂上まで、久々子《くぐし》湖の早瀬側からと、水月《すいげつ》湖の海山《うみやま》側からとの道で山肌を縫い丘を巡って十二キロ、二車線の舗装道路で、車窓に移り変わる五湖や半島のリアス式海岸の展望は頂上からの眺めにもましてすばらしい。しかし料金は高すぎる。近く頂上やその付近の駐車場は完備されるにしても、公営道路としてはおそらく最高ではなかろうか。それでも開通間もない休日などは、それこそ蟻の行列か牛の歩みにもにた混みようで、ラッシュ時の大阪の御堂筋を思わせる車の洪水にあきれてしまった。これは車の数のせいばかりでなく、係員の不馴れも大いに手伝っている。

　大敷網の舟の上で漁の人達から、正直いってレインボーラインの感想はと聞かれ、この人達までが道の成功に気を配っているのかと意外に思っていると、実は反対に道路の完成を非難する声であった。あの山肌の固めようでは大雨があれば地崩れが起り、自分達の山へも土砂が落ちると心配しているのであった。しかし眺望はそれには関係なくすばらしく、これまで海山からの登山道をたどるわずかな人達だけがしっていた梅杖からの五湖の美しさを、夜明けや夕景のすばらしさを、これからは多くの人達が味わうことになろう。五湖巡りは船だと約一時間。久々子湖畔のレークセンターから船が出る。久々子湖は海水、次の水月湖は半海水、三方《みかた》湖は淡水と湖によって水質がちがい、釣れる魚にも変化があって、以前から釣り人のメッカといわれたところであるが、最近は一そうその数を増して、船上から眺める湖岸にはいたるところに釣り竿が並んでいる。黒鯛、海老、鰻、鯉という獲物の変化が、そのまま好みに応じて食膳を賑わしてくれるのもうれしい。

　五湖巡りの圧巻は久々子湖と水月湖をつなぐ浦見川の堀割りである。

　江戸時代の中頃、若狭地方を襲った地震で湖畔数ヶ村が水害を受け苦しんだ。その時三方奉行であった行方久兵衛が、二年の歳月と二十二万人の労力、千六百五十九両をつかって百四十四メートルの水路を切り開いて人々を水害から救ったという。船からその苦心の跡を見ることができる。二百年後の今も人々は行方久兵衛の徳を忘れず、宇波西《うわせ》神社の境内に石碑をたてて余徳をしのんでいる。船は水月、菅《すが》、三方を経てふたたび久々子湖に帰ってくる。

　湖岸の伊良積《いらづみ》、田井、生倉《いくら》などの部落は、農業のかたわら漁業を営むものが多く、海山や西田は古くから梅林で知られて良質の梅を出している。三月から四月のはじめにかけて湖畔にふくいくと梅の香が漂い、六月には肉のしまった種の小さい青梅が土産物店にならぶ。梅はともかく、鮒鯉《ふなこい》や鰯《いわし》漁なども近年は副業程度の仕事にかかわってきたと古老は語っている。

松並木の宇波西《うわせ》神社参道（上）と水月湖畔の伊良積の舟（下）。三方町

ケルンのような墓石の群

　海山から塩坂越《しゃくし》へはトンネルをくぐるだけである。常神半島の西浦を先端に向う。遊子《ゆうし》、小川、神子《みこ》の浦々までは車の通る広い道が開けた。神子から先は全くの山道だが今拡張中である。道ぎわや山畑に油桐《あぶらぎり》が多い。「戦時はころび（油桐）をぎょうさん植えて、えらい目におおた」老人が語る。桑をほり起してころびを植え、その実が米と同じ値だったこともあるという。今は需要もなく、かまうもののないままに木は育っている。神子崎を

大きくまわり急坂を下った窪地に社の森が見え、更に一鼻越すと常神《つねかみ》である。部落は南向きの深い入江の奥に、影を水に落して静まりかえっている。定期船が入ってくる。ここは陸からくるところではなかった。

常神社の社宝三如来の坐像の拝観を願ってたずねてきたのだが、駄目であった。社の鍵を預かる当屋の主人が朝から漁に出て、夕方でないと帰らないという。前もって連絡しなかったことを悔い、道の遠さ、道の悪さを思って残念でならなかった。

常神はまた蘇鉄の古木で知られている。東淳三氏の庭にあるこの木は根元の周囲が五メートル、樹齢千三百年をくだらないという。縁側に腰をおろし茶の接待をうけながら、清水市竜華寺や堺市妙国寺の蘇鉄ほどの大きさはないにしても、北陸の地の果てによくぞ育ったものだと思った。

家々はここでもぎっしりと肩を寄せ合うように混んでいるのだが、そのたたずまいには何となくゆったりしたものがあり、店のかまえも大きい。民宿も福井や名古屋あたりの定客を迎えているといい、道ですれちがう村人の様子にも小川や海山あたりとは違った、何か余裕さえ感じられるのは、漁の豊かなことによるのだろうか。大敷網も持ち、蟹漁にも出かける部落である。そんな村の生活や歴史を告げるのであろうか、僻地には珍しく整った常神の社の前に、ポツンと並んでいる大小の五輪塔が印象に残った。

しかしこの地方の墓地は粗末でさびしい。海路の便利さと豊かな海にささえられて立派な社を建てた常神もや

自然の一部のような、常神半島先端の常神の墓（上）と半島西の小川の墓。三方町

はりその例にもれない。村はずれの急な丘の上に墓地があった。当番とかいって六、七人の主婦達が掃除している墓石は、どれも浜辺の自然石を拾いあげて、ケルンのように二つ三つ積んだだけのものがほとんどで、塔婆が立てかけてあったり、造花を入れた篭が色あせてころ

縄間のあたりで見た棄《す》て墓（遺体を埋める墓。詣《まい》り墓は別にある）。敦賀市

がっているのでそれと判るような墓なのである。主婦達はそれらの石を潮水で一つ一つ洗ったり、枯花を集めて焼いたりしていた。足もとの石もあるいは墓標かもしれないと思い、なにかせきたてられる思いで立ち去ったのであった。小川部落のも同様で、ここのは数も多く傾斜地に一面に拡がっていたため、その時は一層惨めさを感じたのであるが、考えてみると、それは単に貧しい歴史を語っているのではないのであろう。古く海を伝わってこの地に来、海に生きてきた人達の、陸に対する考え方、死に対する処し方の型につながるものなのだろう。自然石の墓標のちらばる間に、戦死者の墓だけが新しく立派なのが目をひいた。

　旅ゆくものが寂しさを感じるのは、こうした墓地を見た時だけではない。先の産小屋にも感傷はあったし、不漁をなげく老人の語らいにも、また藁屋根の下のあの暗い部屋を見かけた時にも同様な感じを受けるのである。ことに山あいの農家のまわりの桑の実が赤紫に熟れる頃そんな部落を抜けると、今も水上勉のいう桑子がいたり、赤い実の根元にとちなんぴんの穴があるのではなかろうかと、想えてくるのである。

明るい風光に影をつけたもの

　もともと若狭の村々の成立は古かった。海産物は多かったし、京都は近いので、京都にとっては若狭は手ばなすことのできない後背地であった。それはこの地方にのこる多くの古い記録が物語っている。五湖のすぐ西側の倉見《くらみ》、世久見《せくみ》、小川、神子、常神などはそうした古文

書によく名の出て来るところで、古くは倉見荘とよばれ、記録に見えるかぎりでは今から七百年もの昔から網をひいて魚をとり、また塩をつくって暮らしをたてていた。その網も今日見られる大敷網のような定置網であったと思われる。そしてタイ・エイ・イワシ・スズキ・フクラギ・アワビ・磯魚などを倉見荘の領家である京都の等持院へおさめている。そしてその頃から年貢はお金でおさめているから、海からとれたものを売ってそれで米や麦を買うような生活をその頃からたてていたのであろう。だから魚などとれないときはその生活に困ってしまい、また魚のよく来る場所は岬のようなところが多く、そこはまた部落の境になっていることが少なくなかったので境争いがしばしばおこった。常神と神子の間にも四〇〇年あまり前からしきりに争いがつづいた。その頃神子は御賀尾《みかお》といったが、争いがおこると、若狭の守護武田氏の指示をあおいでいる。それで定置網の方は一応その場で解決しても、釣漁の方は船がたえず移動するものであるからとりきめはしてもなかなかそれが守られず、争いがくりかえされたのであった。そして自分の所が有利であるようにするためには領家や守護のつよい保護をうけることが大切なことになり、そのためであろうか、年貢の銭もきちんきちんとおさめ、その時々にとれる魚もまた多分におさめている。それが十六世紀の末頃突然世の中の様子がかわってしまう。守護であった武田はほろび、等持院との縁もきれ、木下勝俊がこのあたりの領主としておさめることになる。文禄の頃（一五九二―九五）であった。いままでの秩序がやぶれ、いろいろと勝手がちがうので百姓たちは村をすててにげ出したものが多かったが、どこへいってもみなおなじようにかわっていて、やむなくまたもとの浦へかえって暮らしを立てるよりほかになかった。

　不漁の年も少なくなかった。そういうときは年貢をさしひいてもらうほかになく、時には領主から米を借りてしのぐこともあった。するとその分はまた返さねばならず、豊漁の年も暮らしは楽にならなかった。そこで食うものだけは自分たちの手でまかなおうとして傾斜の急なところまで少しずつ畑にして麦粟をつくることにした。またこの浦々の山には油桐が多く、それを買うものがあると知るとひろいあつめて売る者もできたし、作物をつくってもみのり少ない山畑にはこの桐を植えた。するとこんどは山境の争いがおこるようになった。

　こうして一つ一つの浦が隣浦との間の壁をあつくして暮さねばならぬ日が久しかった。いまこれらの村をつなぐ道ができ、夏は海水浴客もたくさんおとずれるようになって、やっとその壁がやぶれはじめて来た。

　若狭路が明るさの中にくらい陰影をとどめているのはこうした過去を背負っているからであろう。

油桐（ころび）の実。『原色樹木大圖鑑』（北隆館）より

若狭街道の追分、京都大原への別れ道沿いの家。上中町

敦賀港に停泊する、シベリヤの木材を運んできたソ連の船。

伊豆西海岸

―海から開かれた村

文　中島竜美
写真　菅沼清美

踏んで圧縮する天草を計る。松崎町雲見

早くから温泉地として開けた東海岸を伊豆の表とするならば、駿河《するが》湾に面した松崎以南の海岸は裏であり、そこには伊豆の素顔がある。

海岸線も、相模灘《さがみなだ》ぞいの東海岸が女性的なゆるやかな線を見せているのに対して、駿河灘に面した方は荒々しい断崖と入り込んだ浦々がつらなっている。

かつてそのひそやかな西南の浦々をたずねるには、船に乗ったり山越え道をたどったり、ひどく不便な思いをしなくてはならなかったが、今は雲見《くもみ》と子浦の間をのぞいてバスで容易に行けるようになった。

海からの客と陸からの客

七月初旬のある日、三浦《さんぼ》と呼ばれる岩地《いわち》・石部《いしぶ》・雲見の三つの浦をたずねるため、私は松崎のバスターミナルに降り立った。ここからは北の沼津・三島へもバスが通じており、西伊豆の要所になっている。

交通の発達にともなって近年温泉が湧くようになった松崎だが、ターミナルは青々とした水田に面し、落着いた港町の裏側にふさわしいたたずまいを見せている。雲見行きのバスに乗って海岸線につれて右へ左へゆれ動く窓外を見ると、山がそのまま海に落ち込んだような小さな入江が次々と現われてくる。

いくつ目かの入江が三浦の入口、岩地である。海から山の斜面にはりつくようにびっしりと家々が建ち並び、さらに上に向って石積みの段畠がのびている。

また、この家々と耕地の間、もっとも見晴しのよい所に苔むした墓が肩を寄せ合うように海に面して立っている。

こうした光景はここ岩地だけに限ったものではなく、これから見ていこうとする西南海岸のすべての浦々に共通している。しかし少し気をつけて歩いてみると、浦それぞれのたたずまいに違いがあるように、生活のしくみや部落の歴史にも違いがあるのがわかる。

県道から見下す部落の家々は草屋根あり、トタンぶきあり、瓦屋根あり、青・赤・黒・茶色と色とりどりである。新しい屋根は民宿用に改造した家であろうか。岩地部落の百十戸のうち四十戸が民宿をやっているという。

海岸ぞいには特に民宿の看板をかかげている家々が多い。そのうちに何兵衛や、何々館という名にまざって沼津屋等といった国の名をつけたものが見られる。これはその家の屋号で、昔の帆船時代、日和待ちのために入って来た船の人たちの船宿をしていた頃の名残りだという。時代はかわって今、陸からの客をむかえることになった。

紀州の潮岬《しおのみさき》から熊野灘をへて遠州の御前崎《おまえざき》までは西風が吹いていても、駿河湾の口までくるとそれがぴたりと止る。

対照的に東の相模灘はならい（東風）が吹いており、南に長くつき出た伊豆半島にはばまれてそれも弱まる頃、順風に乗って西からやってきた船（帆船）は駿河湾のなかごろまできて、合《あい》の海洋にただよう結果となる。吃水《きっすい》ぎりぎりまで米や塩を積み東をめざして進んできた船も、このあたりで立往生してしまい、こうした時には

陽が沈むころ。松崎町

伊豆半島南部図。『郷土資料事典』（人文社）より

伊豆の村々の船の助けが必要となった。そうして浦々で日和をまつことになったのだ。

入港・出港の曳船代金（これを鼻綱といった）としては、当時の部落にとって貴重な米や塩を受けとった。遭難した船やその救助にこぎだすことも少なくなかった。

浜は一段高く回廊のようにコンクリートを打った道にそって、城壁を思わせる石積みの塀にかこまれた家々が弓状に並ぶ。碧く澄んだおだやかな夏の海からは想像すらできないが、秋口の台風と冬期に吹きすさぶ西風から自衛する部落の姿がそこにあった。

海にむかった岩地

岩地には斉藤という姓が多い。昔頼朝《よりとも》の家来が島流しにされてこの地に住みつき、その名をついだからだという。斉藤姓の一人、阿波屋の主人伊勢衛門さんがこの浦の生業《なりわい》の移り変わりを話してくださった。

「伝え聞いていることと自分の想像とをおりまぜたようで大変恐縮でございますが、もとは大体この沖合いあたり、あまり遠洋に魚を追わなかったんですから、この沖には鰹《かつお》などが沢山きたんですね。この港の中なんぞも夏にはいって、鰹タテキリ網なんていう網がつい最近まで、農林省の、昔は農商務省の許可漁業となっておったんですがね。そのくらいこの海は鰹が接近しておったんです。

そういうことで、櫓《ろ》を四丁か五丁あやつった船でもこの港口へ行って鰹を釣っては、夕方家へ帰って夕食の膳をにぎわすとか、あるいはこの山の奥の方の人家に背負っていって換金するとか、あるいは蔬菜や米と交換するといったあんばいでした。

それからだんだん船が大型化するにつれ、私が生まれたじぶん、小僧っこになるじぶんはもう、筒《つつ》のかた（船の胴）八尺ぐらいになっておりました。それから櫓も七丁だてから九丁だてになっておりましたんですよ。

やはり船が大きいだけに獲物も沢山とれまして、とうじ目方は言わずに本数でいいましたんですが、多い時は五百本、六百本とれるようになりますと、もう女房が背負い商で里にさばくには多すぎるということになってしまったわけです。動力船でありますれば、すぐに焼津《やいず》や清水とかにもっていけますが、当時はそういうこともならず。で、しかたなく船主が鰹節の製造業を始めまして、それで自分たちの船がとってきたものを乗子と話し合った価格で引きとって鰹節製造にしたわけです。

で、その製品は十貫目の樽に入れましてね、東京にはこび出しました。そしてささやかな仕切りをとって船勘定をしては、その船夫に配当したということですね。

次第に船型が大きくなって九尺が一丈になり、明治の終り頃には櫓も十一丁だてくらいになっておりました。

行動半径も伊豆七島の三宅島あたりまでになっておりました。で、そうなりますともう日帰りはできません。長くて五日ぐらい。仮眠するときは苫《とま》を屋根にしておったのですけれど、航海としては食料その他の関係でそれ以上できなかったわけなんです。

そうこうしているうちに県のきもいりで、純粋の西洋船、これは伊勢の市川造船所でつくられた二十一、二トンの富士丸という試動船で、動力船の最初でございましたが、これがどんな小さな浦にも啓蒙のために廻ってきました。これが明治三十九年（一九〇六）でございます。当時あんな機械を船に積んでどうなることやらと思って、あまりピンとこなかったんですね。

　ところがその翌年でしたか、大和船の艫《とも》を改造して、大阪のさる鉄工所が発注した発動機を入れた船が下田に現れましてね。とうじ夏でしたが、風が南の風でありまして、漁場は伊豆七島のある南でございますから櫓船は行くことができない。毎日、子浦とか中木の沖で日和待ちしておったわけなんですが、発動機船は向い風だって何だってどんどん南へ南へと進んでいってしまう。そして魚を満載して帰ってくる。これはいかんということで

民宿にきた海水浴客でにぎわう岩地。松崎町

石垣で造成された幅2メートルほどの畑が階段状に連なっている。松崎町石部

明治四十一年（一九〇八）になって、西海岸から東海岸にかけて申し合わせたように同じ十二馬力のエンジンを入れました。岩地もそうして動力のスタートを切ったわけです」

岩地における動力の導入は、焼津よりも一年早く始められたといわれ、その後船が大型化するにつれて漁も鰹から鮪《まぐろ》に変わり、今ではインド洋と太平洋をまたにかけ、遠くメキシコの沿岸まで出漁しているという。

折から漁協のスピーカーが留守を守る女たちに船の便りを伝えてきた。「……××丸は小笠原諸島をただ今北上中です」と。

「陸では生活できません。港に面した、たった見えるだけの耕地しかないんでございますから…」——伊勢衛門さんはこともなげにそういってさも楽しそうに笑った。

この部落の大屋さんに残る古文書によれば、文明二年（一四七〇）にはすでに家五戸、人数二十四人、高二石六斗の集落が形成されていたというが、住民の増加にともなって開かれていったであろう石段を踏みしめ、あえぎあえぎ登ってやおら後を振りむくと、とてつもなく広がる海がそこにある。大海原《うなばら》という実感がしみじみと湧いてくるのであった。

石部——海から山へ

となりの石部は海岸端をバスが通る。もっともゆっくり歩いても十五分とはかからないから、岩地からなら歩いていける。

そんな近くであっても、石部と岩地では浦の様子が全

階段状の畑のさらに上に、こんな田もあった。松崎町石部

階段状の畑を下った、キャンプ場がある海辺の近くにも田があった。松崎町石部

然違うから面白い。バス道路から部落を見渡すと小さい川をはさんでしばらくは平坦地がつづき、やがてゆるやかに耕地が山へ登っている。岩地で見られた城壁を思わせる石積みの塀も見当らない。もっとも、以前は風と砂をよけるために秋口から浜囲いといって浜全体をささ竹で囲んだものだが、部落総出のこの仕事も年々人手が少くなり、四年前バスの開通とともに景色が悪くなるという理由も加わって中止したと言われる。

川にそって左に曲がって少し行くと、そう広いとはいえないが運動場をカギ型に囲んで小学校がある。三つの浦のまんなかに置かれた三浦《さんぽ》小学校である。

初代校長の森崎先生は鹿児島の人であったが、バスが開通する以前の唯一の交通機関であったポンポン船を開設するのに力をつくされ、また三浦人は団結してことに当らなければならないと呼びかけて、三つの浦を結ぶ同志会を壮年以上で結成した方だという。

川をへだてて学校と反対側の簡易郵便局の近くに、部落では鎮守様と呼ぶ古社がある。岩地の氏神が梵天様で、春の浦まつりのときには海上安全を祈って籤《くじ》を引き、一番籤を引きあてた組がその一年間船に梵天丸の旗印をかかげるしきたりになっているのに比べて、石部の氏神は大山祇命《おおやまつみのみこと》で延喜式《えんぎしき》にもある古い社である。一月十七日の大祭の朝早く、若者たち一同が浜に出、獅子の面をかぶった一人が塩にぬれた海岸で浄《きよ》めの祓《はら》いを西風に向ってきるということだが、これはおそらく西国（愛媛県大三島）からきた神への祈りでもあろうか。

鎮守様の登り口には昔の若衆宿があるが、今は荒れはてて子供たちの遊び場になっている。

村ではいつの頃からか青年の間に〝社《しゃ》〟という組織が生まれ、防災や植林、青年たちの修養の場とされてきた。石部の社を三友社、岩地は壮丁社といった。以前は出稼ぎ先でも先輩の眼が光り、規律はやかましくしつけられていたそうだが、村を出た若者のほとんどが帰ってこなくなった昨今では社の組織もくずれ、からくも消防団を残すのみになり、自然、祭りもすたれていった。今年はねりも復活させようと、とっておいた録音テープに合わせて四十代の者たちが笛を吹いてやってはみたものの、よけい淋しさがつのってやりきれなかったとは石部の大屋さんの話である。

昔から〝あかね田〟といって水田が開かれていた部落ではあったが、それとてもいわゆる三反百姓の域を一歩もでない。以前は養蚕も副業としてけっこうなりたっていたというが、時代とともにやがて消えていった。残るは八十五％をしめる山林である。戦前から戦後にかけて、炭焼きが石部の主要な産業であった。

焼きあげた炭は神奈川や東京に送られた。炭を焼いた後にはサヤエンドウがまかれていった。

とうじ学校で弁当を開くと、魚をもってくるのは岩地の子、のり弁は天草《てんぐさ》やその他の磯ものでたっている雲見で、エンドウが入っていれば石部の子供にきまっていたという。やがてプロパン・ガスにおされて、木炭もだめになった。

以前炭に焼いた原木に、いまは菌をうって椎茸の栽培が行なわれる一方、畠はほとんどマーガレット等の花が作られている。霜がないので成育がよいが、最近はどこでも施設園芸が盛んになり、うかうかしてはいられないということである。

　山をあおぐと甘夏や温州みかんを植えようと、二十町歩ばかりの地肌が拓かれむきだしになっていた。

天草の浦で——雲見

　雲見は三浦のなかでも観光地として一番先に開かれたところである。

　その理由の一つは今も海岸に湧き出している野天風呂であったし、もう一つは伊豆半島のうちでももっとも西側によった百六十メートルの、その名のとおり烏帽子《えぼし》を立てたような烏帽子山や、千貫門《せんがんもん》といわれる海蝕洞、その他の景勝地をもつためである。

　温泉は岩地、石部にも出るようになったが、景勝地という意味ではたしかに雲見に一歩譲らざるをえまい。

　私がここをおとずれた日は日曜日のせいもあってか、初夏の浜は早くも海水浴客でにぎわっていたが、浜を見渡すと天草をとるマンガ（馬鍬）とマンガ船が見られる。やはりここは天草の雲見なのである。

　突堤の頌徳碑《しょうとくひ》にきざみこまれたここの天草とりのいわれをよむと、どちらかというとそれまで百姓部落だった雲見が漁村に変わっていったのは明治三十五年（一九〇二）漁業法公布以降のことであったことがわかる。翌年漁業協同組合を設立。はじめはぼら定置網で始まった漁業も、のちに県の協力をえて沿岸の投石、雑草刈取、そして種苗の移植と努力をかさね、組合で浦代をとって経営していたのを、十二代組合長が自営浦として今日にいたったという。以来雲見は東の白浜、洲崎とならんで天草の村として立ってきた。

海中の天草をかきとるマンガ。松崎町雲見

海に突き出た烏帽子山の浅間神社より西海岸と山。松崎町雲見

五月から十月の天草のほか定置網や地引をやり、冬は炭を焼いていたというが、収入のほとんどはやはり天草であった。それがこの十年程の間に天草が悪くなり、木炭も商売にならなくなった。それに代ってのびてきたのが民宿である。部落の戸数も百四十軒と三浦のなかで一番多いのだが、民宿もそのうちの六十軒と最高である。旅館と銘うっているものが六軒からあるという。

まだ海が荒れている、台風が通過したあとの夕景。松崎町雲見

烏帽子山の浅間神社より眼下に見る雲見部落

浜は前面を海水浴に開放し、船の置き場と天草の干し場はすみっこにおしやられていた。かっては浜の仕事は部落総出でやっていたのが、今日では天草を干して俵につめる仕事は男女とも年配者と相場が決っているようだ。やはり働きざかりはみんな民宿の勝手仕事に動員されているためであろうか。浜でときならぬ人声がするのでいってみると堤防のすみで釣りをしていた観光客の一人が足をすべらせて海に落ちたという。天草干しのおばさんたちも手をとめ、若い衆が列をなして堤防に急ぐ。

やがて、もぐりが海に入り人々の眼の前に若い男が水死体となって引き揚げられてきた。一昨年に続く二度目の事故だという。

「親の身になりゃ痛ましいじゃ。親一人子一人だとよ」

「よその浜で子供なくして、親はどんなにか嘆えてることだろうよ」

——駐在がオートバイに乗って松崎からやってきた。一時間もたたぬうちに海はふたたびもとのにぎわいにかえっていった。

ナマコ壁と民宿と海女《あま》と
——下田・中木・入間

雲見から南の浦へは観光船で波勝崎《はがちざき》経由で出ることもできるが、一度振り出しに戻って、中継地である下田から行くことにした。

寒天の材料になる天草を樽に入れ、二人で踏んでいる。梱包するために圧縮しているもので「樽ダンス」などといった。松崎町雲見

下田の港は古くから関東と関西を結ぶ寄港地だっただけに、今日でも船の出入りが多く、伊豆七島へも、定期航路がここから開かれている。だから船人相手の歓楽街の歴史も古い。そうした歴史の厚みでもあろうか、都会からの爆発的な遊び客の波をうけて泡を食っているように見える西海岸のざわめきにくらべて、同じ夏の日でも落着いたたたずまいを失わない。

街を歩くとナマコ壁の土蔵造りの家々がいたる所に見られる。これは江戸城築城やお台場造築用の石材を積出し、伊豆の産物をあつかう問屋で栄えた下田ならではのものであろう。ナマコ壁の内側は石積みでできており、防火建築としても優れたものといわれている。

さて、下田から奥石廊《おくいろう》の中木《なかぎ》には、下賀茂《しもがも》経由でも石

樽ダンスの足元。圧縮した円形の天草を重ねて25キログラムで梱包、大阪・信州方面に出荷した。

廊崎まわりでもバスで三十分たらずで行くことができる。中木は隣りの入間《いるま》と兄弟関係にあり、入間からこの浦に移ってきた人が多い。

観光地石廊崎に近いだけあって、民宿の歴史も七、八十年と古く、バス停の前には数軒の飲食店があり、八十余戸中四十戸と半数が民宿の看板をあげている。夏のピークにはここだけで一日五百人から千人を泊めるというから、その盛況ぶりは驚くばかりである。

浦は断崖が波打際までせまり、切り立つ岬山に囲まれて美しい入江をつくっている。

妻良《めら》に一軒だけになったナマコ壁の家。南伊豆町

帆船時代は鰹漁船の寄港地として栄え、鰹節製造工場も二つあったそうである。故老の話を聞いていると、鰹節から養蚕へ、そして花づくりへと、この村の陸地の産業もまた、岩地や石部などの移り変わりをそのままうつしていた。

漁もここからはそう遠くへは出かけなかったが、大正期までは一本釣りの〝ムツ〟〝イサギ〟漁で結構生計は立っていたというし、戦前は志摩海女《あま》も二十人ほど入ってにぎわっていたが、いまではもぐりも十数人にへってしまった。残っているのは天草とりと、九月から五月にかけての海老刺網ぐらいとのこと。

「民宿でもやっていかねば、立ちゆかんでしょうよ」

——七十を過ぎた老人の言葉には、やはりそれなりの重さがこもっているようであった。

隣りの入間には中木から下賀茂行きのバスに乗った。入間で降りてそこからは花畠を左に七曲りの道を下ると、花畠が終ったあたりに部落の入口が見えてくる。

入間は中木とくらべると耕地に恵まれた浦である。浜に立って部落を見ると、ちょうど西洋の古城を思わせるように、すっぽりと石垣でおおわれ、中央にトンネル状の入口だけ開いている。大正末期の大火を契機に部落で石垣を築いたのだという。ボラの曳網も共同事業としてやっているということだが、ここには浦々本来の精神が生きているように思われた。

天草の干し場の横を通って、海女の一団の声高な喋り声が浜へ降りてきた。黒づくめのぴったりとした潜水服に身をかためた彼女たちは、皆年配と思われるが陽やけ

松崎町のバス停から5、6分のところに、浄感寺という寺がある。永仁年間（1293 ～ 1299）に創建された古刹で、ここにコテ細工の名人伊豆（本姓入江）長八の豪華な漆喰絵や、天井一面に描いた“八方にらみの龍”（写真上）などの逸品の他、数々の遺品が展示されている。
長八は松崎に生まれ、12歳で左官の弟子となり余暇に凧《たこ》絵や雛《ひな》人形をつくったりしながら、19歳で江戸にでて左官の腕をみがく一方、狩野派の画法を学び、のちに壁や柱に漆喰《しっくい》による絵画をあみだした。現在その遺品として浄感寺の他、岩科小学校の鶴の間の千羽鶴、旧岩科村役場の清少納言図などの作品をのこしている。
浄感寺の境内には、長八の墓と並んで全国左官組合が建立した、伊豆長八記念の碑がある。浄感寺本堂は「長八記念館」になっている。

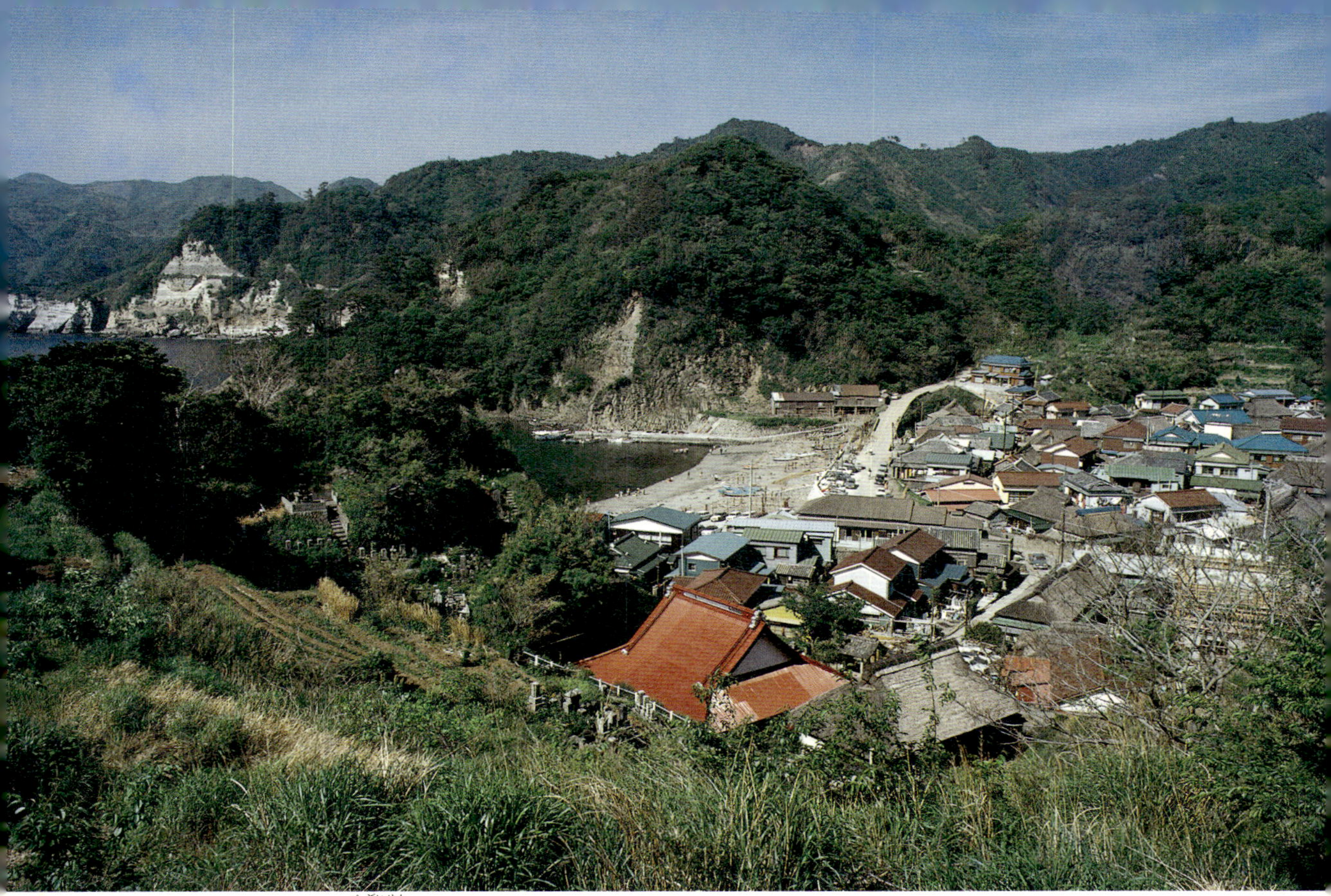

江戸時代には風待ちの港として弁《べ》才船《ざいせん》が出入りした妻良。今につづく、浜で踊る8月15日の盆踊りは優雅な手振りで知られる。南伊豆町

アジの干物を作る。南伊豆町妻良

したその顔は厳しくひきしまっていた。

盂蘭盆《うらぼん》の妻良《めら》・子浦《こうら》

入間から下田へは一時間おきにバスが出ているが、妻良・子浦へは意外と便が悪い。いったん入間口まで出て、一日一回中木からくる妻良・子浦行を待つか、さもなければ下賀茂行きで一色までいって乗り換えなければならない。私が初めてこの浦をたずねたのは、八月の盂蘭盆の頃のことだった。ここには立派な三島神社があり、その昔この浜が松下港といわれていた頃は、三津、鯉名（弓ヶ浜）とともに伊豆三港といわれ、日和待港として栄えた所だけあって、たしかにどっしりとした風格をそなえている。

照りつける太陽と、海水浴客の嬌声《きょうせい》に圧倒されて、子浦の浜に近い寺院に逃げこむように入っていくと、墓地の脇に見慣れぬものを発見した。

それは高さ一メートルぐらいの若くて細い青竹を数十本丸く束ねて砂地に差したもので、前には線香をたいた跡が残っていた。それも一つだけではなく、四ヵ所立っているのである。

竹は四十八本で束ねるところから四十八塔といわれているが、そのいわれは分らぬ。新仏の供養にやられるのだと住職が話していた。この寺は浄土宗だが以前は真言宗の寺であったので、やはり漁にまつわる密教的なものが残っていたのではないかという。

寺から出て船着場を散策していると、ちょうど霊《たま》送りの人々に出会った。

老婆と中年の婦人と若い娘たちの、女ばかりの一団であったが、手に手に持ってきた盆提灯や仏壇の飾り、手向けの水等を澄みきった海に流し、線香を岩にそなえて手を合わせた。

「振り向くんじゃないよ」

――と老婆が若い娘に言い聞かせながら、原色の水着で

強風に備え、民家をすっぽり囲った石垣。南伊豆町妻良

山の斜面に肩を寄せ合う落居部落。100年に1戸しか減っていない。南伊豆町

埋まった浜を立去っていった。

九月初旬、ふたたびここを訪れた時は、うそのように浜はがらんとしており、寺の境内にも例の四十八塔の竹の束はなかった。

断崖にへばりつくような落居《おちい》

岩地・石部・雲見が三浦《さんぽ》ならば、妻良・子浦、落居、伊浜を三浜《みはま》と呼ぶ。子浦からはバスの便がなく歩かねばならない。

私は最初、長寿村で有名な伊浜をたずねようと思って歩き出したのだが、雑木林をぬけて数メートルの高さから切り立った海岸線を見て歩いているうちに、落ち込むような急斜面にほんの一握りの集落がとりついているのが見えてきた。岩だらけの磯に荒い波がくだけている。落居であった。近づいてからよく見ると、家の前面には黄金色の稲穂がなびいているではないか。

思わず感嘆の声をあげてしまった。いくつかの浦々を歩いてきて、漁浦の耕地は部落の背後にあるものと決めてかかっていた私は、最初自分の眼を疑った程である。

間違いなく水田であった。しかもそのまた前面には、堤防そのままにがっちりとした石垣が一面に張りめぐらされているのである。私は予定を変更して落居に立ち寄ることに決めた。

真新しい橋を渡って道は農協倉庫につきあた

るようになっており、急角度の階段が下に通じていた。
そこが部落の入口である。人影一つ見えず階段脇に犬が一匹つながれたままだ。あんのじょう犬がほえだした。下の家で誰かが窓からのぞいている気配を感じる。動力の音がしていた。

横を通るとき見上げたら、部落の中を流れる細い小川の上にしつらえられた〝籾《もみ》すり場〟であった。中には中年の婦人が働いていた。

なおも道をくだる。道端に天草を積み上げて選りわけている女の人に会う。少し前で立ち止ったら、顔を上げずに道をあけてくれる。

行きすぎて、言葉をかけるきっかけをなくしてしまったことを後悔した。家はもうそこで終りである。あとは

落居の故老（左）と松崎の浜で遊ぶ子ども（右）

数段の水田が続き石垣に突きあたる。まんなかに三尺ばかりの小川の巾だけあいており、そこから岩ごっつの浜へ出られる。聞えるものといえば波の音ばかり、夕暮れもせまり、何となくわびしさが襲ってくる。他の部落の場合は勝手に歩き廻ってきたのだが、ここは違う。部落の入口からすでに人の庭のなかへ無断で入りこんだようなうしろめたさを覚えるのである。

写真もそこそこに引き返し、道にしゃがみこんだ女の人に思いきって部落のことにくわしい年寄りのいる家はないかと聞いてみた。

顔をあげた女の人は意外に若かった。さきほどから待っていたように、目の前の家をさして「この家においでなさい」と言う。

さいわい民宿の看板が目に入ったので、礼をして指さされた家に入っていった。戸口に坐ってやはり天草の選り分けをしていたのは、ここのお嫁さんであろうか。
すぐ目と鼻の先におりながら、一緒に仕事をしないのはどうしたわけだろう。部落のずっしりとした重たい沈黙がのしかかってくるように思えた。老人のいることを確かめて、まず宿泊を申し込んだ。一瞬迷惑そうな表情だったが、見晴しのいい二階に通され、ワンピースに着換えてお茶を持ってきてくれたときには、にこやかな顔に変っていた。

人手の少い部落で民宿をやっていくということは、やはり並大抵のことではないとそのとき思った。こうして偶然飛び込んだお家でお会いしたのが、今年九十八歳になる長田老人であった。長寿村とは何も伊浜の専売では

なさそうである。

南伊豆に生きる

この部落は昔、源氏と平家の落人が開いたところで、隣りの伊浜からわかれてきたこと。

長田翁の家は、安政の津波でやられて落居に逃げのびてきたこと。この部落へ流れ込んでいる水は、なんと橋からまた二百メートルも山にわけ入って一町田《いっちょうだ》という枝郷から引いていること。私は自分の耳を疑った。川の奥に更に枝郷があったとは！

落居は老人が生まれたとき二十一戸、今も一戸へっただけで二十戸だという。米は食べるだけでせい一杯、畠に花を作っているという話に、来る時に畠はとんと見当らなかったがというと、山のもっと上の方だという。

漁の話になる。明治四十年頃はサンマ漁が盛んであったこと。九月から五月の海老刺網には現在五人が従事しており、もぐりは六人いること。七月から八月は天草とり。サザエ、アワビ等の貝類のくちあけには一日一人で六千円もとるのがいること。冬場、磯の〝のりとり〟は部落共同の仕事になっており、一戸から一人ずつ参加して、全員に利益は分配される。病人も半額支給されるという。台風の恐ろしさは格別で、浜のすぐ前に見える大《おお》根《ね》を越えて波が押し寄せることがあると聞き、浜の城壁のような波よけをあらためて思い出した。

しかし、昔からあったのかと言うとそうではなく、老人がずっと訴え続けて昭和四十年（一九六五）からようやく工事にかかり、四十二年に完成したのだという。この話をし終った時はさすがに嬉しそうに、細い眼をいっそう細めたものである。

「田んぼが部落の前にあって塩でやられませんか？」

「そりゃあやられますよ。でも家が流されるより田が流される方がいいでしょう」

思えば安政の大津波以来、部落全員があの波よけを念願していたものであろう。

老人の話は続いた。明治の中頃、老人が二十五歳のときであった。彼は木炭に目をつける。部落の者十名を集めて他の浦から人をまねき、製造から販売まで一手に手がけたという。

とうじ原生林には〝なら〟〝ぶな〟等の良木が多く、

狭い浜。そのすぐそばに田がある。南伊豆町落居

よく働く女たち。海からもどると段畑で鍬を振う。

浜に干した天草を集める。松崎町雲見

東京に送ると三貫目もの六俵で一円になった。老人は伊浜の商売仲間と二人で、箱根山を越えて東京に上った。値段はうなぎのぼりに上がり、三俵で一円から一俵半で一円までなった。大正にはいると相手も相場にくわしくなり、それほどもうけにならなくなったが、老人は木炭販売共同組合をつくる一方、造林を思いたった。

まず個人で十五町歩造林をし、後に三浜の造林組合を作って県の援助をとりつけ、伊浜に近い長寿ヶ原に杉、檜を六十町歩、桜、松等を四十町歩植えつけ、十年で原野の姿を一変させたのである。

その後残念ながら火災で三十町歩を焼いてしまった。炭焼きは戦後も続けられ、昭和三十五年（一九六〇）にその幕を閉じるまで、その間なんと生涯のうち六十数年をこれにかけてきたのである。

話がしばらくとぎれて、実は今でも木を植えているというので聞いてみると、人手がたりないので水田の一部に桜を植えたという。桜餅に使う桜の若葉が売れるのでと恥しそうに語る。今は五〇枚で十六円になるのだそうだ。しかし、老人にとってどうしてもなっとくできないのは、若芽を出させるために、二年たつと根元から切ってしまうことである。

翌朝、部落の山に登って畠を見て歩いた。目につかぬ登り口から崖を上ると、ゆるやかに上に向って段畠がひらけ、どこまでもどこまでも花畠が続いていた。老人の家の人たちとすっかり仲よくなってくると、道を歩いていても誰かれとなく声をかけてくれるようになった。帰りがけに会った中年の男は

「またいらっしゃい。ただし正月は一杯になるから、来るんだったら早く申し込むんだね」と明るく笑っていたが、この部落にはまだ民宿は数軒に過ぎない。

山越えの道をたどりながら

落居から伊浜までの道は、昔ながらの山道である。伊豆の海岸ぞいに残された数少い人道だと思えば苦にもならぬ。道々私はこれまで通ってきた浦々のことを反芻していた。

岩地から松崎へはバスの開通まで峠を登りおりしていたそうだが、その頃でも電報といえばその日のうちに配達されていたのに、バスが通じるようになって距離がのびたせいか、電報も配達も今度は逆に普通郵便並みに取扱われるようになったという。これは便利になってかえって不便になった話である。

同じようなことを下田でも聞いた。まだ伊東までしか汽車が通じていなかった頃は、夏祭りには皆な揃って帰ってきていたのに、伊豆急ができてちょいちょい寄るようになってからは祭りに皆な顔を揃えることもなくなったとか。

しかし、一方では交通が発達してもそのまま変らないものもある。

浦それぞれの生業《なりわい》がつくってきた性格がそれだ。遠洋の岩地は広く世界を歩いているせいか都会的だし、農村の石部はどちらかというとおっとり型。それに比べて天草の雲見は活動的で少々荒っぽいが頑張り屋のように思える。

小学校では部落ごとにケンカをするが、いったん松崎の中学に上がると、今度は三浦が団結して町の子どもとぶつかるという。

浦の言い伝えにもまたいろいろある。滑り落ちるような斜面にとりついた人々と、敵、味方である源氏、平家の落人伝説。

乱暴な外来の浪人を皆で海に投げ込んではみたものの、浮んできた死体を見て心を病め、とうとう新八幡をつくってしまったという。これは中木で聞いた話。いずれも浦の住人の人のよさをあらわす話である。

三十分も歩いたろうか、そろそろ人恋しさが湧いてくる。人が来るのが楽しみでならないように声をかけてくれた落居の男と、石部の段畠で会ったばあさまの顔が頭をよぎる。

それにしても、どっかと石段に腰をおろして、天草の選り分けをやっていたおかみさんは

「こうやって食べるだけのために汗をながしているとバカらしくて。だって、誰だってきついことはいやでしょうに。年寄りにはきつい土地ですよ」

――自分のところでも民宿をやっているということだったが、これまで働き通してきた歳月を更《あらた》めて振り返ってみての感想なのだろうか。

中木の古老が言っていた。昔の人は遠い先のことを考えて仕事をしたのに、今の者は目先きのことしかしなくなったと。段畠の石積みの話のときであった。

浦はこれからどう変っていくのだろうか。

もうそろそろと思われる辺りに、岩清水が湧いているところがあった。プラスチックのコップが横に伏せてあるのが嬉しかった。

約四十分で伊浜につく。たしかに落居をひとまわり大きくした感じで、浜の感じも波よけをめぐらしているところなどはそっくりである。しかし、伊浜は戦前から花づくりの部落として知られているだけあって、耕地は豊かにひろがっていた。

時間に迫られて、立寄ったタバコ屋さんで波勝までの自動車を頼んでみた。一つ返事で呼びよせてくれたのは、身体があいたばかりの若い衆のマイカーであったのにはまったく恐縮した。

野猿で有名な波勝崎から松崎行の観光船に乗り込む。遠まわりになるが、どうしても一度三浦を海から見てみたかったのである。

波勝から雲見までの景観のうち、二百六十メートルの赤壁は確かに壮観であった。切り立った断崖は南国伊豆の厳しさを象徴している。

千貫門を過ぎて、いよいよ三浦の沖を通る。ひとけのない雲見の静けさ、部落から眺めたよりは倍以上に頂へのびた石部の段畠にはやはり感動をおぼえた。

石部と岩地の二つの浦は一望のもとに眺められる。はじめて見る遠洋漁業の白い船体はいかにもたくましく、この船を生みおとした小さな浦の暖かさが迫ってくるようであった。

定置船のブイをよけながら、やがて船は松崎の港に滑り込んだ。

伊豆の海と人

宮本常一

まだ海に帆船のはしっていたころ、遠州灘《なだ》は鹿島灘とともに、太平洋沿岸中の難所の中の難所であった。三重県鳥羽から伊豆の下田までの間に港らしい港がなく、途中で時化《しけ》にあうとほとんどの船が遭難を余儀なくせられた。この海は実に多くの人命をうばった。にもかかわらず、荷を運ぶには人の肩や馬の背によるよりも、船で運ぶ方がはるかに能率があがる。江戸へ運ばなければならないもののうち、もっとも多かったのが米である。江戸百万の市民の生計をたてさせるためには百万石をこえる米が必要である。その米の大半は船で運ばれたものである。その米も日本海沿岸から運ばれるものが少なくなかった。北は青森県十三湊《とさみなと》、鰺《あじ》ヶ沢あたりから船積みして大阪まで持って来、そこからさらに江戸まで送られたものが少なくなかった。年貢としてとりたてた米を御城米といったが、これをはこぶには一年に一航海しかできなかったという。

米のほかに江戸市民の生活必需品も京阪地方で生産されるものが多かった。酒はその重要なものの一つであった。そうした船の寄港地として下田ほどよい港はなかった。石廊崎《いろうざき》を東へまわって波がおだやかになると、あとは下田で十分あそべるというので、心のおどったものだそうである。伊豆の鼻が海の中へ長々とつき出ているのは船人たちにとって、それが救いの手のようにさえ見えた。

伊豆の鼻を飛行機の上から見ると、狩野川の流域をのぞいては山また山で、集落はあまり目につかぬ。耕地もほとんど見あたらぬ。しかし、山の海にせまった海岸にはわずかばかりの入江があると、きまったようにギッシリと家のつまった村がある。背後に耕地がほとんどないのだから、漁村であることがすぐわかる。すると伊豆は海からひらけていったと見てもよい。帆船が遠州灘をおそれる以前から、漁民たちは海岸づたいに西の方からやって来たのである。西から来た証拠がある。伊豆の北の入口にあたる三島にある三島神社はもと半島の南端に近い白浜にあり、さらにそれ以前は三宅島にあったともいわれる。三島神社というのは大阪府にある三島鴨神社が本社であり、そこから方々へ分社がつくられたといっている。刀剣甲冑《かっちゅう》の国宝のたくさんあるので知られている愛媛県大三島の大《おお》山祇《やまつみ》神社も、三島鴨神社からわかれたものであった。伊豆三島神社も海人たちが海岸つたいに持って来てまつったものであろう。『延喜式《えんぎしき》』の神名帳を見ると、加茂郡の一ばんはじめに伊豆三島神社大山祇神とある。ところで延喜式によると伊豆には九十二座の社があった。駿河二十二座、相模十三座、武蔵四十四座などにくらべると群をぬいて多いことになる。しかもその中に女神が十五座も含まれているのもめずらしい。多分は女たちの信仰をあつめていたと思われるが、女が信仰したからといって女神の神社がまつられるとはかぎっていない。伊豆で女神のまつられたのは伊豆の女たちが男同様の力をもっていたためではないかと見られる。おそらく海女として働いていたものであろう。無論男も海で働いた。伊豆の海はカツオがよくとれた。男たちはカツオ釣に精出した。平城宮址から八世紀頃の全国各地からのみつぎものにつけた木簡《もっかん》がたくさん出土しているが、その中に伊豆からのものが五枚ある。その四枚はカツオ、一枚はアラメではないかと思われる。伊豆の海は荒磯で、魚介・漁藻が多い。そういうものは主として女がとったが男も参加している。この人たちをカツギ衆といった。もぐって獲物をとるのである。もぐって獲物をとるところは海底が岩で網が用いられない。海女の村はそういうところに発達する。九州西岸の各地、志摩、伊豆、安房などみなそういうところである。

伊豆の人たちにとって海は生活の場であったから、かぎりなく親しいものであったが、同時にまたおそろしいところであり、多くの人のいのちをうばう。とくに秋から冬にかけておこなわれるブリ延縄漁《はえなわりょう》では突風にあって海で死ぬものが多く、村には後家ばかりふえるので後家縄といわれたほどであったが、夫を海でうばわれた女も、子供が大きくなるとやはりまたその子を海に出した。荒い海は老人の海ではない。若い者の海である。若い者でなければこの自然にたちむかうことはできない。と同時に規律ある集団生活が要求せられた。荒海へ出てゆくのに船一そうに人一人というようなことはほとんどない。何人かのものが乗りくんで統一ある行動をしなければならない。そういうところには若者組が発達し、また若者宿が見られた。沖へ出ないときはたいてい若者宿で寝泊りして兄若衆に訓練せられた。漁船が動力化し、また若者が都会へ出るようになって若者宿は次第に消えて来たが、これほど若者制度のととのっていたところは他地方には見られなかった。みんなが力をあわせ、助けあわねば生きてゆけぬ世界であった。そしてそういうチームワークによって胸をとどろかすような日に出あうことが多かった。浦にイルカのやって来るときである。イルカの群を見かけると浦人はみんな船にのって沖へ出て船ばたをたたき、石を投げつつ浦へおいこんで来て、にげないように網をはりきってそこから海にとびこんで一ぴきずつ浜へひきあげてゆく。そして海辺はわくようなにぎやかさが二、三日つづく。

テングサとりの日などもおなじことである。とる日をきめておいて、その日になると浦中のものが一斉に海へ出てゆく。そしてとったものを浜にひろげて乾す。テングサの多い白浜などあの真白な広い浜がうす紫色のテングサでうずまってしまう。それをほしあげたものは大阪へ送って寒天の材料にしたものである。

カツオ釣もこの浦々で古くからおこなわれた漁業。安良里《あらり》、田子、仁科、松崎、岩地などはとくに盛んで浜をにぎわせたものであるが、漁船が動力化してから次第に遠方へ出漁するようになり、村には女だけがのこって家を守るものが多くなって来た。そしてその間は畑仕事などに精出すようになった。

古くから海に生きる人びとの住んだところだが、おなじような人がまた次々に西の方からやって来て住みついたのが伊豆であった。古くからいる人が次第に半農半漁になっていくとき、あらたに来た人たちは専業が多かった。やって来た人の郷里を見ると摂津、紀伊、伊勢というのが多い。その人たちはあたらしい漁法をもって来た。そして戦後しばらくの頃まで、この海岸の人たちは海を活気あらしめて来たのである。

角立網漁の誘導ランプに燈をつける。細江町寸座

浜名湖

―湖畔の人びと

文・写真　須藤　功

Ｆ－86Ｆ戦闘機と複座練習機Ｔ－33が並ぶ浜松北基地のエプロン。昭和39年（1964）2月

東と西のまじわるところ

十年近く私は浜松の飛行場に住んでいた。航空自衛隊の北基地の方で、そこにはジェットパイロットの教育部隊があった。何百人の中からふるい落されて残った若いパイロットの卵が、毎日轟音をとどろかせて大空に向って飛立っていった。南基地の方には術科学校があって、そこでは整備員の教育が行なわれている。学校での教育がおわると各地の部隊に送られて実務につくのだが、大抵の者が浜松に残されることをきらった。一番の理由は同じ青い制服の人間が大勢いるということであった。ところが、そのいやな浜松に残って二、三年もたつと、今度は他の基地にとばされるのをいやがった。訓練の中には移動訓練といって他の基地に行くことも度々ある。また浜松は教育部隊があるために他の基地からいろいろな人がくる。その人たちが異口同音に浜松は住みよいといい、移動訓練などで行って各自が自分の目でそれを確かめてくる。その結果が浜松ほどいいところはない、ということになった。気候には恵まれているし、海も山も湖も近い。東京に行くにも大阪に行くにも便利なところで、物価もさして高くない。所帯をもつといよいよだめで、転属させられるなら除隊するという者もいた。事実その例は多く、また、転属とは関係なく除隊して浜松に落着く者も少くなかった。工業都市である浜松では求職にもことかかない。住むのには実によいところだった。

私はジェット機についているカメラの整備員であった。飛行前の点検は朝が早く、冬の空っ風が吹く日など

館山寺温泉街（中央）と浜名湖。左は国民宿舎「館山寺荘」

は、こたえるなどというなまやさしいものではなかった。広い飛行場を吹きさらす空っ風は、鼻も耳も手さえもちぎれそうに冷たかった。しかし、そんな朝の日中は空がきれいであった。抜けるような青空には雲一つなく、部屋の中で陽をうけていると今度は暑いくらいであった。

カメラの整備のほかに、私には写真を写す仕事があった。航空写真の仕事も時々あって、零戦のような飛行機によく乗せてもらった。ブーンと滑走路を飛立つと太陽が次第に近くなるようで座席の中は暑い。青い空もいよいよ青く、眼下に見る浜名湖はその空の青さをすいとっているかのように青かった。浜名湖は滑走路の延長上にあって、その上にくると飛行機は旋回して太平洋にでる。進路を東にとるとまもなく天龍川が見え、その右方に御前崎へつづく砂州が見える。左方の遠いところには富士山の白い姿がくっきりと見える。

御前崎を越えるとすぐ大井川で、浜名湖のすこし西からそこまでが遠江国である。遠江は静岡県では西端になるが、日本列島全体からみると列島のほぼ真中になる。東京と大阪を同時に発った新幹線は浜名湖の上ですれちがう。そこはまた、東と西の文化の接触点であり、境目である。

たとえば、浜松駅で新聞を買おうとすると、東京版ですか名古屋版ですかときかれる。浜名湖岸の観光施設にも東と西の両方の資本がはいっている。たべものでは、静岡あたりまでは蕎麦《そば》、豊橋から西では饂飩《うどん》をよくたべるが、浜松あたりでは蕎麦と饂飩と半々ぐらいになる。名物の鰻《うなぎ》の料理法では、浜松までは背をさく関東流、豊

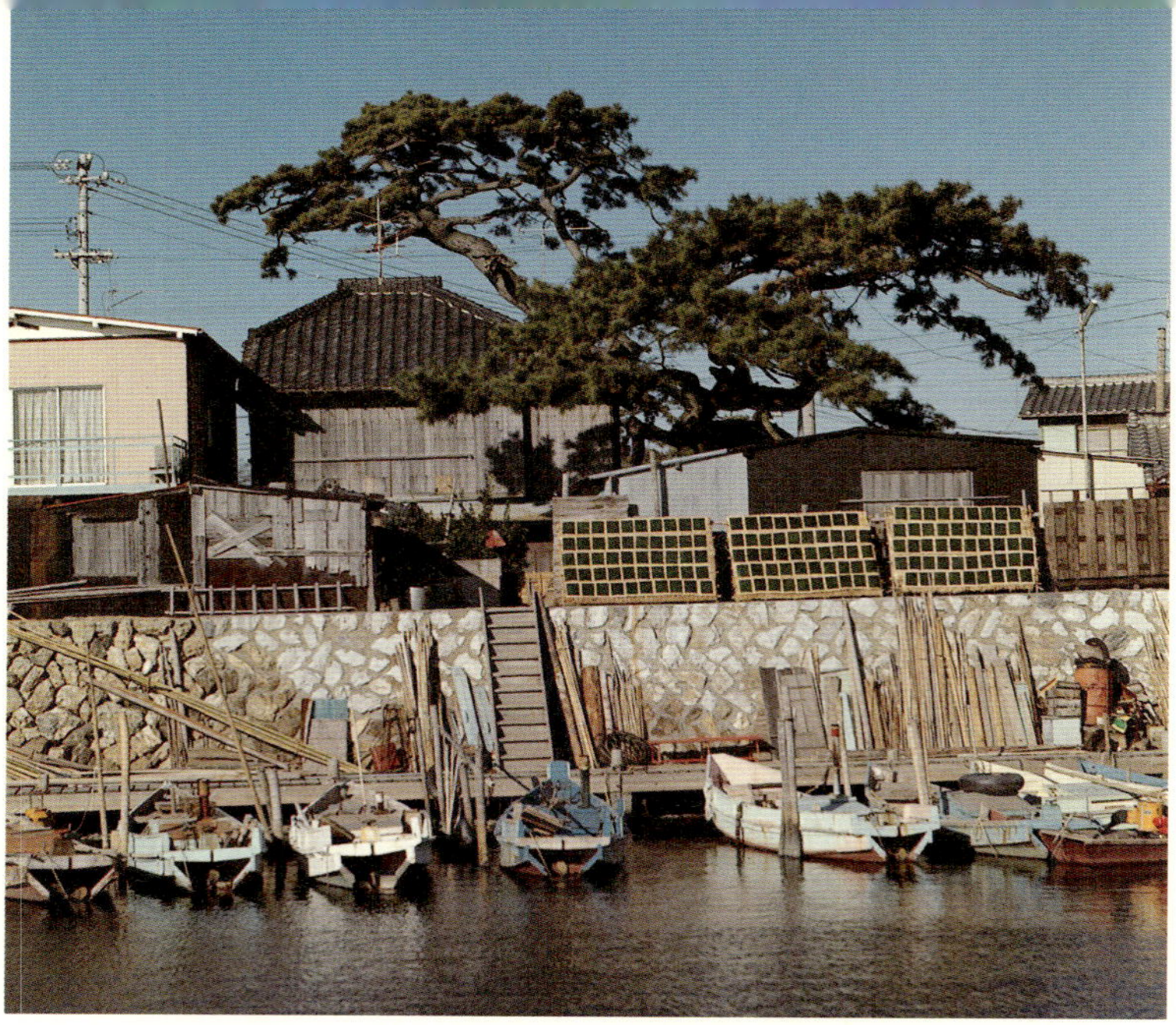

舞阪漁港の松と海苔《のり》干し（上）。漁からもどってきた漁船と海苔ひび。その向こうのビルは弁天島温泉街（下）。舞阪町

切干し大根を作る。冬の遠州の空っ風を利用した産物。味がよい。新居町白須賀

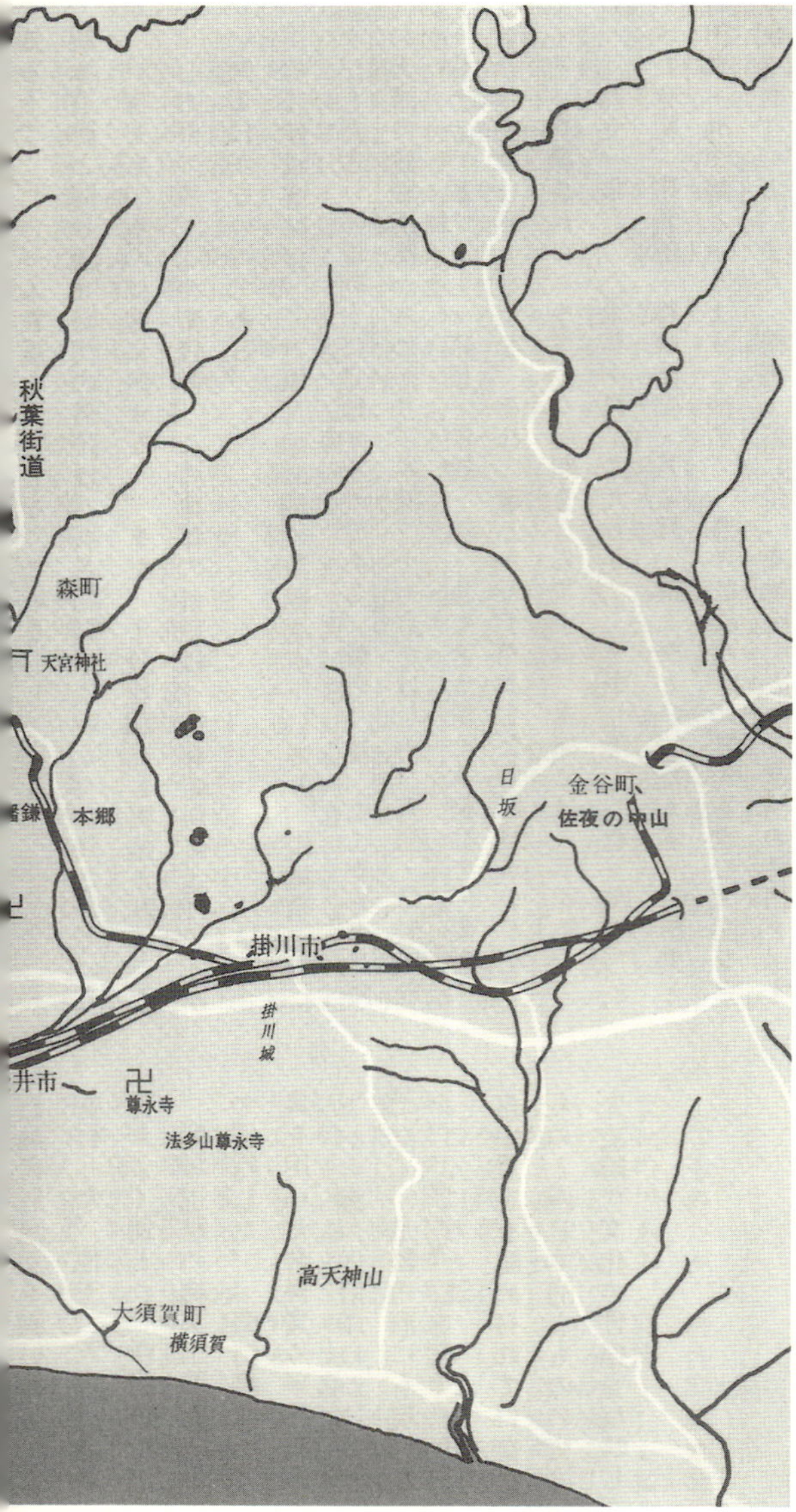

橋からは腹をさく関西流になる。

それは言葉の上でも見られ、そのあたりを境に発音や訛りが変るという。その言葉の移り変りについては、柳田國男が一つの問題を示している。蝸牛《かたつむり》の方言を例にとって書いた「蝸牛考《かぎゅうこう》」である。

それは天龍川あたりを境に言葉が変るという説に端を発したものであった。その論考は、文化の中心地で生じた言葉は、池に小石を投げたときにできる波のようにして周囲に伝わる。中心から遠いところほど伝わり方も遅く、また、新しい波がとどくまで時間がかかる。文化の中心地から遠い山村などに古い言葉が残っているのはそのためである、という論考であった。

文化、いいかえれば情報で、その情報の伝播にはいろいろあるのだろう。その情報は人々の生活を変えていく。

湖岸をめぐる町

浜名湖のあたりが気候に恵まれているのは、夏と冬の気温の差があまり大きくないことにもある。冬の日照時間は日本で一番長く、裏日本の新潟や金沢にくらべて三、四倍にもなる。空っ風さえ吹かなければ暖かく、浜名湖畔の河合さんの家には南に帰らないで越冬するツバメが数百羽もいる。夏は逆に涼しい。風も一年中ほぼ一定の方向に吹く。風向きが変れば天候も変わってくずれはじめる。そんな条件が浜名湖の風景を暖いものにしている。

浜名湖は大きさから見ると日本で十二番目になる。湖岸を車で行くと、目的地は見えているのだが、そこへ行くまでに時間がかかる。湖岸が曲りくねっているためで、その長さでは三番目になるという。浜松は浜名湖付近の

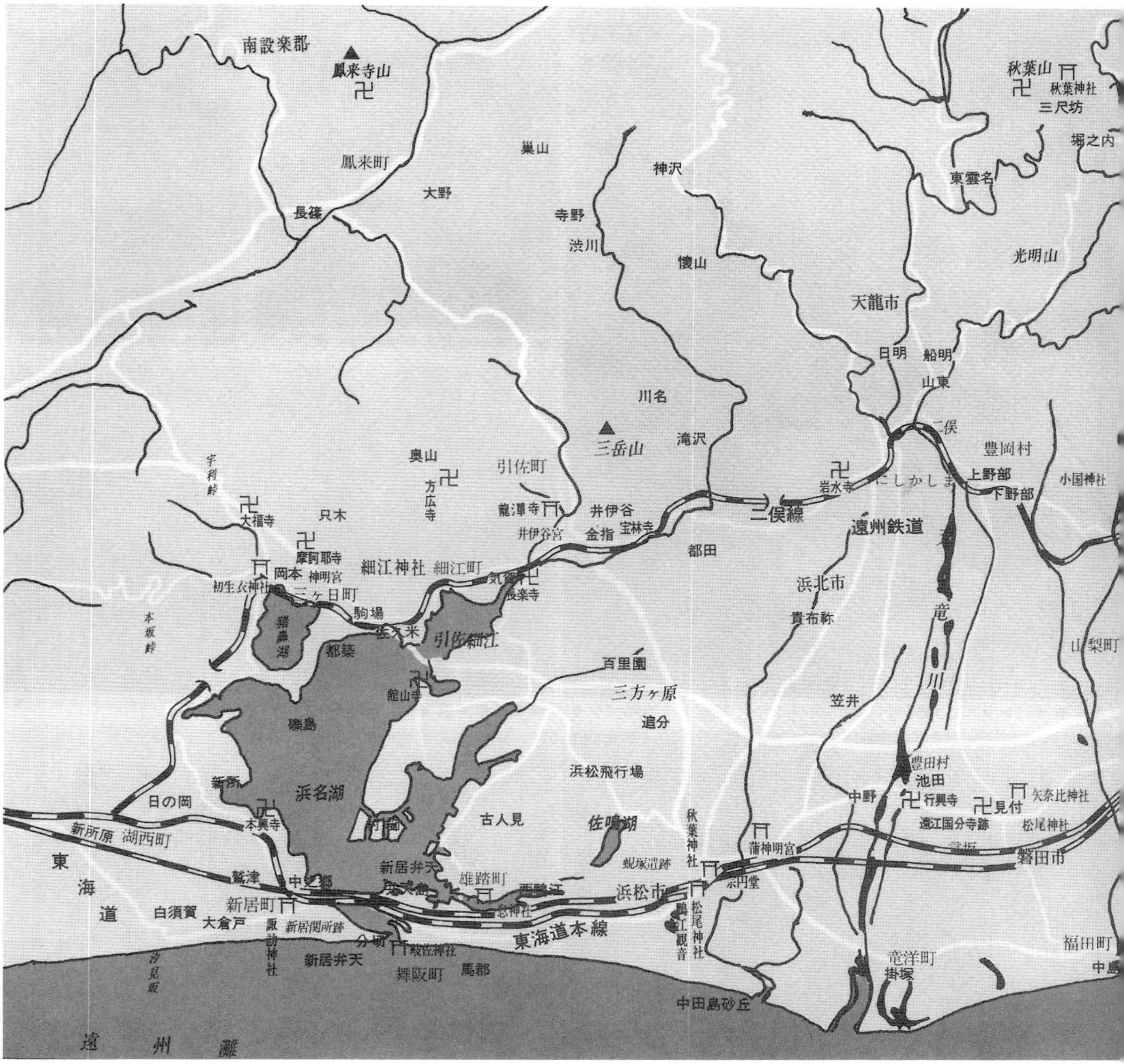

浜名湖と周辺の市町村略図

浜名湖北部の丘陵は「三ヶ日みかん」の産地（上）。角立網にはいった魚をはずす（下）。細江町寸座

中心の街で、湖の東にある。新幹線でくる人は大抵浜松で下車し、普通列車やバスで浜名湖に行く。皇太子一家が泳ぎにくる舘山寺も現在は浜松市である。その浜松市の中にはぽつんと村がある。可美《かみ》村で、地図の上ではぽつんとだが、村には工場が沢山あって税収入も多い。住民の個人負担が少くて浜松に合併しない方が、生活も楽だという。

浜名湖の南には漁業で生活をしている舞阪《まいさか》、雄踏《ゆうとう》といった町がある。関所のあった新居《あらい》町はやはり工場と、湖岸にもつ競艇でうるおっている。豊橋から東へきて新所原《しんじょはら》で東海道線とわかれる二俣線は、湖西を通って湖北にでる。三ヶ日《みっかび》は三河から本坂峠を越えてきた姫街道の最初の町である。そのあたりはかって御厨《みくりや》だったところで、岡本にある初生衣《うぶぎぬ》神社では、皇大神宮の御衣を織った。姫街道を東に進むと、気賀関のあった細江町を通って浜松にでる。現在はその北を東名高速道路がはしっている。道路沿にはミカン畑がつづき、冬になると、その木の上にコモがかぶさる。湖北の一つの風景である。また、そこいらを歩いていると、畳表を庭先にほしてある。つくる家も多く、あちらこちらから「カタンカタン」という音が聞えてくる。その音のする家を一度たずねたことがある。写真をとらせて欲しいと頼んだら、「こんなところを写してくれんでもエエ」といわれた。東名高速と反対側の静かな集落の中の家だった。写真を写していて文句をつけられたのはそれからも二度ほどある。

三ヶ日町が接している湖は、同じ浜名湖でもさらにその中にある猪鼻《いのはな》湖である。浜松の街はいついっても騒々しいが、猪鼻湖あたりの風景には何かふわっとしたものがある。

海の幸を育てる

浜名湖はもと淡水湖であった。遠江という国名も、淡水湖をもつ遠い国ということからでたもので、古い記録には「遠淡海《とおつおうみ》」とある。それは、都に近い琵琶湖を近江といったのに対した国名であった。その浜名湖に塩水が流れこむようになるのは室町時代の明応七年（一四九八）である。その年の八月に大きな地震と津波があって砂州が切れ、太平洋とつながることになった。その切れ口が今切口である。今切口に近い舞阪は浜名湖とその付近の沿海漁業の中心地である。港は湖岸に沿った旅館街の後の方にあって、冬でもそこだけは活気がある。

舞阪は古く象島《さきじま》といわれた。明応七年のころには舞沢といわれていたが、そのときの地震でそれまでの集落はほとんど湖底に没してしまった。残ったのは三十六戸で、のちに舞阪の三十六屋敷といわれた。そのときの被害は大きかったが、代りに浜名湖と外海をつないでくれたために、自然の港が生まれることになった。だが、そこが漁港として使われるようになるのはずっと後のことである。また、舞阪の漁業が本格的になるのは幕末以降のようである。江戸時代の舞阪は渡し場をもつ宿場としてにぎわった。しかし、文政のころには必ずしもそれでうるおっていたとはいえなかったらしい。特に冬は仕事もないさびしい宿場であった。それが海苔《のり》の養殖法を知ってから次第に豊かになっていった。

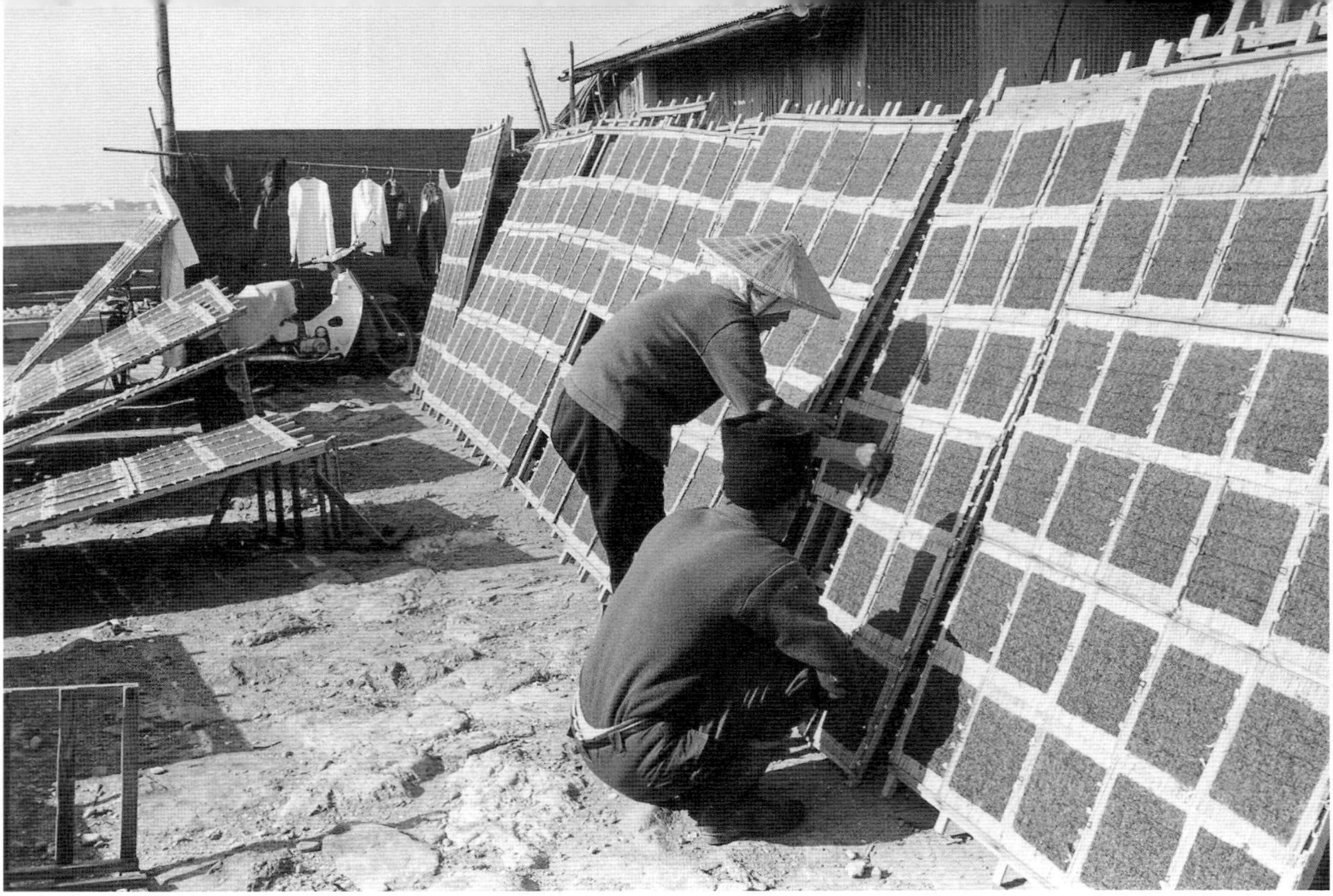

海苔の乾き具合を見て手直しをする。舞阪町

舞阪に海苔の養殖法を教えたのは、武蔵国大森の三次郎で、信濃の行商人と連れになってこの地を訪れた。浅海にソダをさして養殖する方法であった。それは大森で盛んに行なわれていた方法で、製法を他所にもらしたことから三次郎は故郷の大森に帰れなくなったという。大蔵永常が安政六年（一八六〇）に書いた『広益国産考』には生産額三千両、品質も浅草の海苔と同じようによいとある。舞阪の海苔は現在も大きな位置をしめ、年間漁獲売上げの二割をしめる。各家の収入の割合も大きく、毎年秋の彼岸のころに行なわれる養殖場の割当には、よい場所があたりますようにと神だのみをする。それとは反対に、養殖作業の方は昔からくらべると楽になって、手のすいた女たちは旅館の手伝いに行くようになった。

今はすたれてしまったが、延縄漁もよそからきた人におそわったものであった。舞阪の漁業の四割近くをしめている白子《しらす》漁や、現在、漁獲量はさして多くない鰹漁などはかなり古くから行なわれていたようである。名物の鰻も古くから名が知られ、正保二年（一六四五）の『毛吹草』、元禄四年（一六九一）の『日本鹿子』、正徳三年（一七一三）の『和漢三才図絵』などに遠江の名物として荒井の鰻がでている。当時は天然のもので、浜名湖にいる魚介類の代表的なものであった。鰻の養殖は明治二十七年（一八九四）ごろ、舞阪の須田又七が試みるが、販路が開けずあまり発展はしなかった。それがしっかりしたものになるのは、東京深川に住む服部倉治郎の力によった。服部は鯉鼈鰻《こいすっぽんうなぎ》の養殖をやっていた人で、愛知県に行く途中、汽車の窓から見た浜名湖に目をつけて、

浜名湖周辺の養殖池で育てられた鰻。舞阪町

そこが養魚池にいいことを見抜く。そして、すぐに舞阪においていろいろな調査をしていき、明治三十三年（一九〇〇）に舞阪町吹上に八ヘクタールの養魚池をつくった。服部は養魚の技術だけではない、養魚に適する地勢の判断、土木工事、経営などすべてのことにくわしく、事業を着実に進めていった。それが、現在浜名湖周辺に数多く見る鰻の養殖池の基礎になったのである。

現在、舞阪の鰻の生産高は年四千トン。夏の土用のころになると鰻をやっている人は大忙しになる。だが、最近は白子鰻が不足して、鰻料理は鰻のぼりに高くなっている。白子鰻は養殖鰻の種になるもので、浜名湖の今切口で十二月から三月にかけて網でとる。そこにやってきたものを捕えるしか方法がなく、白子鰻の誕生地はまだ謎につつまれている。一説には太平洋の千メートルを超す海底で卵化し、黒潮にのって日本近海に近づき、川や湖をさかのぼるという。捕えられた白子鰻の体長は五～六センチ、体重はわずか〇・二グラムほどであるが、一年ほどで体重百二十グラム、体長も七、八十センチぐらいになる。それ以上大きくなると日本人は棒鰻《ぼううなぎ》といって食わない。北欧では逆にそれを好むという。そこが鰻の養殖に適したのは、暖かいということもあって、鰻は温度が高いほど餌つきがよくそれだけ早く成長する。東北だと二、三年かかるものが、この地方では一年で成品になる。

ギヤマン蒸汽船

浜名湖にある産業はよその人に教えられたものばかりではない。自分たちの力で新しくきりひらいていったものもあった。

浜名湖が外海とつながる前は、浜名湖の水は浜名川によって太平洋に注がれていた。その浜名川の上には浜名橋という長さ約百七十メートル、幅四メートルほどの橋がかかっていた。それは『三代実録』の元慶《がんぎょう》八年（八八四）九月一日の条に見える。その橋はまわりの松や青い水と一つになって美しい風景をつくりだしていたらしい。浜名橋は歌枕として和歌にもしばしば詠まれている。しかし、そのときの橋がずっとあっ

新居関所趾。江戸時代には「今切関所」と呼んだが、「今切」が「縁切」にも通じることから、この関所を避ける旅人もあった。新居町

たのではない。焼けたり流されたり、時代によっては浮橋だったり、新旧二つの橋があったりする。明応の地変のあと江戸時代は橋がなく、すべて船渡しであった。舞阪から海路約一里、着いたところに今切《いまぎり》関（新居《あらい》関所）があって、旅をする者はそこで手形を見せなくてはならない。手形に書かれてあることと少しでも違うと、たとえ身分のある人でも通してもらえなかった。関所が一番気をつけていたのは入鉄砲に出女で、それを恐れていたのは幕府であった。

浜名湖の北岸にある姫街道は、婦女子がよく利用したのでその名がついたという。それは今切関が女に厳しかったからという説もあるが、姫街道とて気賀関があって取調べに変りはなかった。また、舞阪、新居間の舟渡しの危険をさけたともいうが、それとても、「鳶は舞阪、天気も静か、名のみ荒井の舟渡し」と土地の人々がいうくらいで、平生はまったく危険がなかった。もう一つは今切が縁切れに通ずることから、それを嫌ったというもので、強いていえば、それがもっとも当を得ているのではないかという。

明治維新後は、同十四年に「橋の長さ千間余、日本第一なり」という橋がかかるまではやはり船渡しであった。ただその船は明治八年からは蒸汽船になっている。明治三年（一八七〇）に開始された東京霊岸島の定期汽船につぐ、日本初期の汽船による定期便である。土地の人は文明開化の波をいちはやくうけたことになる。それは徳川幕府がくずれ去ることからはじまる。

維新と共に禄を失った士族は刀を捨て各地に移住して

いった。浜松を中心とした西遠地方にも約八百人の士族が移住してきたが、失敗する者が多かった。当時浜松勤番組頭を勤めていた井上延陵はそのありさまをみて、いろいろな士族授産の道を講じた。その中の一つに井ノ田川堀割の開通がある。浜松は昔から港をもたず、物資の出入は二、三里はなれた新居、舞阪、掛塚にたよらなければならなかった。そのため陸路の運賃は相当な額になり、自然物価は高くなる。また、授産所でつくられた製品を動かしていくためにも不便であった。そこで井上は、零落した士族の救済と土地の発展のために、運河を開く決意をする。

明治四年（一八七一）四月、翁の熱意は人を動かし、浜松宿内二十二ヶ町と、隣接した百三十四ヶ村から無報酬で人夫がでた。でた人には弁当米としてひとりにつき玄米を一日五合あて支給した。黒鍬組といわれた旧士族も鍬を振りあげ、そこに階級に左右されない一つの力が生まれた。そうした力の結集で工事は早く進みその七月には佐鳴《さなる》湖の流出口につながり、浜松と浜名湖は結ばれた。そして浜松、新所《しんじょ》間の船運が開ける。船賃はひとり七銭で、ほかに川がかりが一銭五厘の計八銭五厘。乗客十二人が集まると舟がでる規定で、その分だけだせばひとりでも二人でも舟はでた。浜松、新所間の船行時間は約五、六時間であった。

井ノ田川堀割という名称は、井上と副頭の田村弘蔵の一字をとって命名したものである。その井上延陵には多くの協力者がいたが、中でも伊藤安七郎は支援をおしまなかった。伊藤は現在の湖西町新所の人で、運河が開通すると同時に、新所の日の岡に港を設けた。さらに、親交の深かった前島密の斡旋で蒸汽機関を買入れ、船を川島富八に造ってもらった。川島は現在の磐田市中泉の人で、慶応元年（一八六五）に江戸霊岸島でイギリス人について西洋型の造船術を習っていた。川島の技術はその後も浜名湖周辺で発揮されていくが、そのときは蒸汽船を四隻造った。一隻七十人乗りで新所を起点とするところから「新所蒸汽」、また、当時としてはハイカラすぎる総ガラス張りだったので、「ギヤマン船」と呼ばれたりした。それまでの小さな船に代り新所、浜松間は一日四往復、料金はひとり十銭で運行した。乗客は尾張、三河からの茶摘団体、秋葉山参拝の道者。また浜松から伊勢参宮に行く人々なども利用している。荷物は一日一万貫以上もあつかっている。森、二俣方面などから産出される茶は新所から陸路で豊橋に運ばれ、そこから船につまれ横浜を経て海外へ輸出されていった。

その蒸汽船の出現はそれまで海上、陸上の運輸にあたっていた業者をあわてさせることになったが、伊藤は時勢の進展に目を向けるべきだと説得し、逆に率先して事業に協力させるようにしている。その船運も橋ができると同時におわり、明治二十二年（一八八九）の東海道線開通と共ににぎわった新所日の岡港も忘れられていくようになった。今ではもう覚えている人も少ない。

誇りたかき漁師たち

湖上を渡る風が暖かくなりだすと、浜名湖は潮干刈りの人でいっぱいになる。湖は一番深いところで十六メートル弱、平均して浅く、鉄橋のあたりは潮が引くと砂浜がずっと広がる。あんな遠いところまでと思うほどに人がつづき、袋の中もいっぱいの浅蜊《あさり》である。それほど大勢の人にとられていないながら、浜名湖の浅蜊はつきることがない。土地の漁師はワクといっているように、浜名湖の浅蜊はすごい繁殖力をもっている。春のころには砂の中で浅蜊がつみ重なり、下の方は窒息してしまうという。大勢の人にとってもらうのは上の方を掃除してもらうようなもので、残った浅蜊は窒息からまぬかれて今度は大きくなる。潮干刈りは春の風物詩だが、漁師には季節がない。漁がかんばしくないと浅蜊をとり、一日で一万円以上かせぐ漁師もいるという。

クマザラあるいはナガエという漁具を使い、サッパと呼ぶ漁船に浅蜊《あさり》をかきあげる。舞阪町

潮干刈りだけではない。浜名湖は太公望にとってもこたえられないところである。ここで釣りをしてはいけません、という橋の上に平日でもびっしりと釣の人が並び、糸をたれている。釣れたときのあの手ごたえもさることながら、青い水の浜名湖は眺めていても楽しいのかもしれない。夏になると今度は海水浴客でにぎわう。皇室の

地元の人が潮の引いた海苔ひびの間で浅蜊を取っている。舞阪町

3月の日差しの暖かな日、角立網の手入れをする。細江町寸座

角立網で獲った大きいのは鱸《すずき》の幼魚の鮬《せいご》、小さいのは鰶《このしろ》の幼魚の鰶《つなし》。細江町寸座

宮様方が泳ぎにくるくらいだから水はきれいである。日本の沿海の多くが公害で汚されている中で、浜名湖だけはまだ純度を保っている。それには漁師たちの強い力があったようだ。

東海道新幹線の工事が行なわれていたときであるから昭和三十七年（一九六二）ごろである。弁天島駅に平行して走っている現在の新幹線の下には、太い松の木が湖岸に沿って並び、松と松の間に数軒の漁師の家があって、ひなびた湖岸風景をつくりだしていた。新幹線の工事が始まると松の木は伐り倒され、盛土は次第に民家にせまった。だが、民家の中の人々はなかなか退かない。豊橋から浜松に通っていた私は、今日は退いているか、今朝はもういないだろうと思って見ていたのだが、なかなかいなくならない。盛土が民家を圧するようになってはじめて人を見なくなった。どれほど去りがたかったことだろうか。場を失うのは漁業の上でも同じで、盛土のために浜名湖が少しでも狭くなるということは大変なこと

東海道本線の舞阪駅に隣接する形で建っていた民家（左）。新幹線工事（右）にともなって撤去された。昭和37年（1972）8月

東海道新幹線は、東京オリンピックの開催に合わせて昭和39年（1964）10月1日に開通。それから7年後に舞阪駅を通過する上りの新幹線

やがてレールが敷設される新幹線の土盛の上を、親子が歩いていた。昭和37年（1972）8月

であった。そのために漁師は力を合せ、補償問題ととりくんだ。その時の力があとまで役に立って、浜名湖を汚されずにいる。二年ほど前まで、弁天島の旅館街の後はすぐ足元まで砂浜で海苔ひびがつづいていた。現在そこはコンクリートで固められてしまったが、それを作るときにも漁師の力がつよくて大変だったと観光業者はいう。しかし、力がつよいことはいけないことではない。そこは観光地でありながら、漁師はそれほど観光にはたよっていない。それが浜名湖をいつまでも美しくたもたせ、また、多くの人を浜名湖にひきつけさせているのだろうと思うからである。

火防の山

浜松の東端は天龍川になる。その川口にある掛塚《かけつか》はかって掛塚湊として栄えた

ところである。天龍川を上る物資、また川を利用して下ってきた物資は一度はみなそこに集められた。掛塚にはまた優れた木挽きがいて、三河や信濃の木挽きは対抗意識を燃やしたものだという。掛塚木挽きは船材を挽いたために、腕がよかったのである。

掛塚から西へ行くと福田町、大須賀町などを通って御前崎へ行く。天龍川をさかのぼっていくと天龍市にでる。そこも河運の中継点として栄えたところである。街には今でも大きな倉庫が残っている。現在は製材の町で、北遠から運ばれてくる材木はそこで一本の柱や一枚の板にされる。同市の山東《やまひがし》から秋葉街道に沿って北に行くバスは、秋葉ダムを通って西渡《にしど》にでる。そこで二つにわかれ、さらに北に進むと水窪《みさくぼ》にでる。西に少し行くと佐久間町で、そこには天龍川筋で一番大きいダムがある。昭和四十二年（一九六七）から、その道筋に沿って天龍市と佐久間町を結ぶ鉄道工事が行なわれている。ただ、その佐久間線は予算が少くて、横山までのわずかなところを手をつけているにすぎない。開通もいつになるのかいまのところわからない。その鉄道ができると北遠も変わるだろうし、秋葉山に行く人もいまよりは便利になるに違いない。現在、山東から秋葉山に行く道は舗装されていない部分が多く、バスの座席で飛び上がることも少くない。秋葉山は春野町にある。以前は犬居といわれた。

秋葉山の上からは、東に富士山、南に天龍川、西に浜名湖が見え、天龍川はかって神社のあった位置の一線上に見える。信仰の上で何かの結びつきがあったのだろうか。秋葉山に登ってもう一つおやっと思ったのは、こんなに何もないところに、どうして多くの信者を集めたのだろうか、ということであった。秋葉山の石碑は、日本の北に行っても南に行ってもかならずといっていいくらい見るからである。

秋葉山は山東からバスで約一時間、秋葉山口で降りて山路を登る。二時間ほど登ったところに、秋葉三尺坊大権現をまつる秋葉寺《しゅうようじ》があって、山頂まではそこからさらに二十分ほどかかる。秋葉寺はかってその山頂にあったが、明治の廃仏棄釈以後、そこには秋葉神社が建った。神社は明治三十四年（一九〇一）以来秋葉山の三回の大火で焼け、いま山上には小さな祠だけがあり、秋葉神社は今は山のふもとにある。火防の本拠地でありながら火災とはおかしな話であるが、信者のために身代りになって焼けたもので、それも御威徳のなすところだと一緒になった人が説明してくれた。その威徳のあらわれとして、神社は焼けたが、山門とまわりの杉の木は焼けなかった。その杉をみれば秋葉山の古さがわかるといった。もっともそこ以外の杉はまだ小さい。大火で焼けた後に育ったもので、その大火で参道にあった茶店も残らず消えてしまったのである。

私が秋葉山に登ったのは十二月十五日だった。その日は火防祭《かぼうさい》のある日で、そのために参拝人も多く、三尺坊の札場はにぎわっていた。参拝人といってもほとんどが代参の人で、ひとりで何十人分かのお札を受けていく。お札を受けるとすぐ帰る人と、お籠りしていく人がいる。その夜のお籠りは百人余りで、昔とくらべるとずっと少ないという。戦時中はものすごい人だった。それ以前は

火防の神として広く信仰されている秋葉山本宮秋葉《あきば》神社の楼門。春野町

博打もすごかったという。

　私と同室のお籠りの人は、初老の行者、三十年近く毎年きているという人、今年はじめてという人、それに火祭りを調べているという人であった。私をのぞくといずれも浜名湖より西の人である。寺の人に聞いた話の中にも、西からくる人がわりに多いということだった。東の方から西の方に旅をした人たちの古い紀行文を読んでいると、秋葉山には必ずといっていいくらい寄ってくる。だから東からはいかなかったとは思えないし、現在でも少くはないのだが、西の方の人に多いのは、あるいは富士山が見えるということではなかったかと思った。秋葉山の信仰を広めていったのは修験者であったろうが、多くの人を動かしていくにはそれなりの口実がなければならない。遠江や三河を中心に各地に見られる秋葉燈籠は、その中に火をともす順番が部落なり組なりできまっていて、番が当ると一晩のうちに何回か起きて、燈がたえていないことを確かめなければならなかったという。燈を確かめること、それは火を確かめることにもなる。それを指導し、その燈籠をたどっていくと秋葉山に行けると教えたのは修験者であったろう。同時にそこから富士山が見えるといったかもしれないのである。

　関東だと群馬あたりからも富士山が見えるが、西からだと浜名湖までこないと見えない。

　室町将軍の足利義教《よしのり》は、鎌倉御所の持氏《もちうじ》を威圧するため、永享四年（一四三二）九月、富士山見物と称して駿河に下った。そのとき随行した飛鳥井雅也、尭元法師らが『富士紀行』、『覧富士紀』、『富士御覧日記』などをつづっている。文明十七年（一四八五）九月、関東に下る途中曳馬《ひくま》に立寄った万里集九という禅僧は、三方原《みかたがはら》から見た富士山に感嘆している。曳馬は浜松と呼ばれる前の地名である。三方原は浜名湖の北につづく台地で、一般には古戦場として知られている。飛行場はその三方原にあって、今でもよく晴れた日だと富士山が見える。

秋葉大権現山門と秋葉山秋葉寺《しょうようじ》。春野町

12月15日の秋葉山秋葉寺の例祭に行なわれる火防の祈祷。「秋葉の火祭り」として知られる。春野町

浜名湖からも見えるのだが、そんな日はごく少ない。それが秋葉山に行くと雨さえ降らなければ確実に見える。

富士山が見えるということは人びとに深い感銘を与え、東京や長野県には富士見という地名がいくつもあり、遠江見付は富士を見付ける地として名付けられた。さて秋葉山は富士の見える山であると共に火防の神として尊ばれた。火事がどれほど恐しかったかはあらためていうまでもない。佐久間町の『勝木家年々覚書』を見ると、全国各地の火事のことがよくでてくる。山を持っている人にとって火事は材木の相場に関係する。村八分は村づきあいからはずされることであるが、残り二分だけは手助けしてくれる。その二分というのは火事と葬式である。逆に火事の火元になったりすると、有力者でも村の中での力はまったく失せてしまう。

私が三尺坊にお籠りをした晩、十時ころから火防祭が行なわれた。井桁に組んだ護摩の上にひとりの行者が立った。頭には四方の注連竹とつながった花のようなものをかかげている。本堂からの火が護摩にうつされると、その上に立った行者の足元から赤い炎がめらめらとあがる。耐えられなくなったころ、行者が護摩の上をパッと離れると、紙でつくられた花のようなものを、代参の人々があらそってとった。護摩に火をつけるときの幣束の棒も同じで、すごい勢いで奪いあう。昔は参拝人も多かったから、その奪いあいもすさまじいものだったという。ひとえに火防を願ってのことである。その願いには金持も貧乏人もない。奪いとった小さな紙きれ一枚が、生活を守り、あるいは変えると信じられているのである。

秋葉山から望む天龍川（上方）。流域によって名の変わる川が多いが、天龍川にはそれがないのを、早川孝太郎は不思議だといった。

やせた台地

秋葉山に立ってもう一つ考えたことがあった。遠くに光って見える天龍川は、遠江に何をもたらしたのだろうか、ということである。

諏訪湖の水があふれて、険しい赤石山脈の岩肌をけずる天龍川は、信濃、三河、遠江の三国を流れて太平洋に注ぎこむ。その川の名を不思議だといったのは民俗学者の早川幸太郎であった。名だけではない。その流域の文化についてもまだ不思議といっていいくらいわからないものが多い。信三遠の国境いあたりに分布する祭りや民俗芸能についても同じで、調査されていない部分が沢山ある。浜松にいる間に、私はそういった民俗芸能に興味をもつようになった。霜月から翌三月ぐらいの寒い時期にその芸能はある。普段は静かな山間の村に、白い幟《のぼり》がはためいて、かろやかな太鼓の音が澄んだ空気をふるわせる。私にとってその時期は心のはずむときである。だが、楽しい一日が過ぎたあとには、宿題をしないで遊んでしまったような気持になる。

浜名湖周辺も祭りや芸能の多いところである。森の石松の出生地にされている森町には舞楽が三つも残っている。田遊《たあそび》といわれる芸能もその辺には多い。春のまだ実際の田植作業のはじまらない前に、太鼓などを田にみたてて稲作作業を摸擬的に演じるもの。その年の豊作を祈るもので、田楽といわれる芸能も同じようなものである。盆になると、念仏踊が盛んになる。そういったものが、なぜ遠江やその付近の地域に多いのだろうか、それが私のかかえている問題である。

遠江の台地は天龍川が上流から運んできた砂礫によってできている。その台地は礫層が厚く、地下水面が深くて灌漑に不便である。その上酸性土壌で土地はやせている。田はできず、畑もかぎられたものしかできない。それがこのあたりを茶の産地にしたといっていい。思い起してみると、空から見た三方原の台地には田がなく、畑だけだった。三方原はもとは茅を刈る入会地であった。そこに開拓者がはいるのは維新のあとで、刀を捨てた士族がそこでも鍬をふるった。水に苦労し、いろいろな作物を試みるが結局茶しかできなかった。百里園には当時の建物と井戸が残っている。

話はちょっと別になるが、そうして拓いた茶畑を、飛行場をつくるときにばたばたとつぶしていったという。大東亜戦争が始まるころで、そこには陸軍の爆撃航空隊がおかれた。そのため浜松市街は爆撃をうけることになり、焼け野原となった。現在の飛行場はかつての航空隊の跡にある。そこにはジェット戦闘機がおかれている。

静岡県を列車で行くとき風景を見ていると、畑がよく目につく。比較すると田圃が多いのだが、畑も決して少なくない。享保四年（一七一九）の『国領組諸色覚帳』にでてくる浜松領内国領組五十三ヶ村の田畑の比率を例に

太鼓の皮面を田に見立てて演じる田遊。袋井市・法多山

畑の多い三方原台地。浜松市

とってみると、総石高で四対六になる。畑の方が多く、そのうちの二十ヶ村は「皆畑」という村であった。畑には大豆や小豆を植えていたが、綿作がはいってくると次第にふえ、文化十三年（一八一六）の作付面積の綿作と他の作物の比は八対二ぐらいになっている。そういった村は税金も金で納めていた。自給自足の村と違い、すべて金に換えてから自分たちの糧も得なければならなかった人々には、畑作の不作はただ大変ではすまなかったはずである。

　遠江の平野部では、正月十一日にお田打といって田を三鍬ほどおこして松をたてて餅を供える。山地の方ではそれを「ハメシナ」という。小正月には、門松で作った

浜松北基地の近くでも行なわれていた、正月11日のハナシメ。浜松市吉野

「大の子小の子」で嫁さんの尻をたたいて廻った。

〽大の子小の子　嫁たたき
　来年男の子を生むように

嫁がはらむということは、作物がよく実るということにも通じる。節分のときには、鰯《いわし》の頭にツバをつけて焼きながら、「やいこがしの候。長々とおんまい申す。隣の婆さん屁をひった、しゃらくさいフン」と唱える。その鰯の頭と柊《ひいらぎ》の葉を門口にさしておくと、臭いと刺《とげ》をきらって鬼がこないという。それに似た行事は全国各地にあるのだが、浜名湖周辺をはじめ、天龍川流域の地方には、その上に祭りや芸能がかぶさっている。多くが神社に奉納される形をとっているのだが、二重三重にそれを必要とした人々がいたといえるのかもしれない。

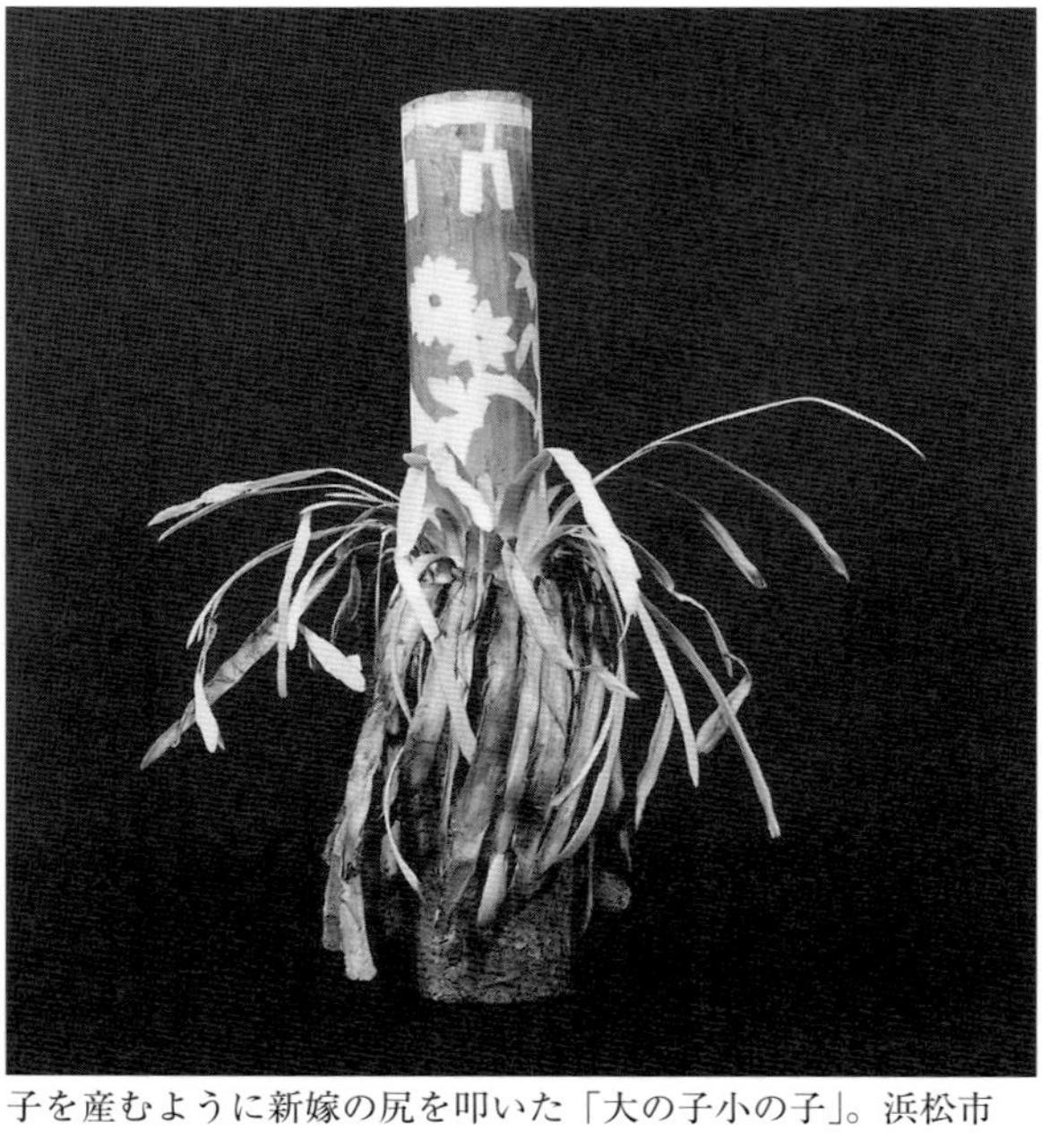

子を産むように新嫁の尻を叩いた「大の子小の子」。浜松市

浜名湖周辺に伝わる盆供養の遠州大念仏「トッタカ」。袋井市山梨

家康と遠州大念仏

お盆に知人と一緒に浜北市に泊ったことがある。初めから遠州大念仏を見に行ったものだったが、いれかわりたちかわりやってくる大念仏組に、さすがの私も根負けして宿に帰った。とぎれとぎれではあるが、その晩はずっと太鼓の音を聞いた。遠州大念仏は盆の行事で、燈籠、鉦、太鼓、双盤などを持った一団が、家々をまわって仏の供養をして歩く。土地の人々はそれを「トッタカ」という。その起りは三方原合戦までさかのぼる。

三河から浜松城に移った家康が、最初に受けた試練は三方原の負け戦であった。上洛の野望に燃えていた武田信玄は、できれば浜松を回避して通りたかったらしいが、道筋の要所に家康がいたのではそっと通るわけにもいかない。またそれを通すような家康ではない。三河武士の面目にかけても、と三方原で一戦を交えた。だが、多勢に無勢、家康は信玄の敵ではなく、命からがら城に逃げ帰る。元亀三年（一五七二）十二月のことで、これから先はトッタカと結びついた話になる。

城に帰った家康は武将たちと一策をこうじ、犀ヶ崖という深い谷の上に布の橋をかけた。それとも知らず追ってきた武田方の将兵は、なだれをうって転落し、多くの将兵が息たえた。明けて天正元年（一五七三）の夏、そこからはうめき声がきこえ、またその年にはイナゴの大群が押しよせてきて作物を荒らした。それを聞いた家康は、自分の生まれ故郷から宗円という僧を呼んで七日七夜の念仏をさせた。それがトッタカの始まりだ、という。

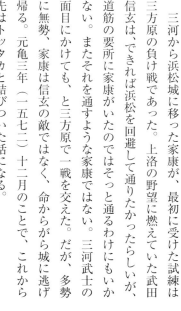

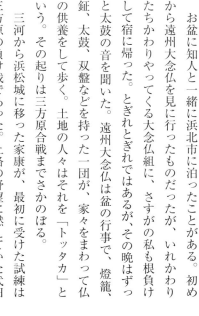

盆に新仏供養のために集まった親族や親戚。袋井市山梨

それはそれとして、遠江には家康をかくまってやった伝説が多い。みな三方原合戦のときのもので、かくまってやったお礼に、家紋や姓を授かるのである。十年ほど前まで走っていた奥山線は、浜松から奥山半僧坊に通ずるものであった。その電車が三方原の台地にかかるあたりに、小豆餅、銭取という駅があった。家康が小豆餅をくったが銭を払わずに逃げたので、つかまえて銭を取ったところがそれぞれ地名になっているというのであった。

さてもう一度遠州大念仏にもどって、トッタカというのは、太鼓の音からでたものかもしれない。夏の夜、遠くで聞く太鼓の音は〝トッタカ〟と聞える。その太鼓の音にまじって「ボーン」という双盤の音が伝わってくる。双盤は鉦を二つに合せて共鳴させるもので、いつまでも余韻が残る。頭《かしら》のもつひんどうろうも遠目に美しい。盆になると、浜松や浜北付近の町のあちこちでトッタカの行列にあう。新盆の家では頼んで仏の回向《えこう》をしてもらうのである。

トッタカの組は多いときには百組を超えていた。その中心は浜松、浜北地方で、浜名湖以西にはない。一つには関所があって越えられなかったのかもしれない。ただ、型は違うが同じ念仏系の芸能は浜名湖以西にも沢山残っている。浜名湖の北の山地を越えた三河も同じで、ある時代にはいずれも同じものだったろう。それが遠江で独特の発展をするのは、村と村のかかわりあいがあった。

遠州大念仏は盆のうちに自分の村をまわる日と他村をまわる日がある。今は貸切バスで遠出をしているが、昔はせいぜい両隣りの村ぐらいであった。ところが、その

新仏の家を訪れて供養する「子供大念仏」。袋井市山梨

隣りの村にもう一つ隣りの村からもやってきてはち合せになることがあった。すると若い者同志よく喧嘩になった。頼んだ家の主人がかちあわないように気をつかっても、わざとぶつかり合う。毎年それを繰返されていたのではかなわない。そこで、それまでもたなかった村も組をつくるようになる。そのとき教えをうけた組とは兄弟村となり、決して争わないきまりであった。それが、従《い》兄弟《とこ》村、孫村と発展することもあった。

喧嘩は一つのものを伝えると同時に、また、新しいものを受入れさせる。

浜松市の飯尾哲爾氏によって発行された『土のいろ』は、柳田國男や南方熊楠《みなかたくまぐす》も力をいれていた郷土誌である。

男の子たちは大念仏は楽しいといった。袋井市山梨

その百号記念に遠州大念仏の特集を組んでいる。その中の紛争編にでてくる『平木闘争記』は、享保八年（一七二三）から同十三年の五年間にわたる記録である。発端はやはり二つの村の大念仏が、回向を頼んだ家の門先でぶつかり喧嘩になった。一方の村の組は少人数だったために敗走したが、気持がおさまらない。はやる若者を中老がおさえて柔術棒を習わせた。それから三年、村の若者全員が免許を得た。それからさらに二年たった享保十三年の六月、地を血で染める争いの後、五年にわたる怨念をはらすのである。

トッタカとは別に、天龍川の東側には子供の大念仏が分布している。リヤカーに太鼓をつみ、から傘に赤い布

やがて浜松まつりの凧揚げ合戦の中心となる子供連。浜松市和合

を巻いた「笠ぶく」をたて、新盆の家をまわる。庭先に立った子供たちは、「帰命頂礼《きみょうちょうらい》、我が親の、野辺の送りのその時は……」と回向を申す。暑いけど子供たちには楽しい日で、昔はもらった小遣を何に使おうかと考えたものだという。いまそういった行事は消えかかっている。学校の方で、家をまわって物をもらって歩くのがいけないというのだそうだ。

空の吹く日

空っ風の吹く冬の日は、暖かい陽がそそいでいても気持をさつばつとさせる。それが、遠江の人々の心にひびいているのを何かのときにひょいとみることがある。五月初めに行なわれる「凧揚まつり」は、浜松っ子の心意気である。町内ごとに競って大きな凧をつくり、中田島砂丘で競って揚げる。揚がると今度は糸切りがはじまる。ピンと張った凧糸を敵方の凧糸にのせてこするもので、下手に操ると自分の糸が切れてしまう。

今では町内ごとに凧の絵もきまってきているが、昔は男の子が生まれた家の紋などを描いて揚げた。凧をつくる費用も、糸切りで勝ったときの祝宴の費用もすべてその家でもつもので、浜松で長男は生めないともいった。『積志村民俗誌』の中には極端な例であるがと断わって、息子の肉を食わせた話がのっている。それは費用をもてないためにつれなくされ、そのはらいせに愛する我が子を殺したものであった。もちろんそれは遠い昔の特殊な話であるし、現在の浜松の人々にはそんなさつばつさはない。

昭和35年（1960）7月の浜松市中心街。右下方の浜松駅ではまだ新幹線工事が始まっていない。

そういった話とは逆に、遠江の平野分から北遠の山にはいると、何か暖かいものを感じさせる。杉の木がすっと伸びて、緑がいっぱいだからであろう。北遠の山が暖かいものになるのは金原明善の力によった。明善は天龍川淵の現在の浜松市中野に生まれた人で、幼いときから暴れ天龍を見ていた。上流で幾本もの支流の水を集める天龍川は、少し雨が降りつづくとすぐ氾濫した。そのたびに流域の村は水につかり、農作物がだめになった。明善は治水済民に立ち、天龍川の治水工事をすすめていくが、治水には治山の必要なことを知り、上流の山に植林をはじめる。その植林が周囲の人々にも広まっていって、北遠の山を次第に豊かにしていった。同時に、そこに住む人々の生活も変えていった。

山は木を育てるだけではない。動物も住まわさせる。その動物もあまり多くなっていくと人間にとっては困る場合もある。

佐鳴湖のそばにある蜆塚《しじみづか》遺跡は、その名の通り貝殻の露出したところだった。といっても貝だけをたべていたわけではない。木の実や魚や獣類もたべていた。獣類で一番多いのはシカで、つぎに多いのは猪《いのしし》だという。その遺跡からは石鏃《せきぞく》のささった猪の骨もでている。石鏃がささってからその猪はしばらく生きていたらしく、石鏃をつつむように骨が増殖をはじめている。骨は腰骨で、そこに深くささるには相当な力がいる。それは弓矢でさしたのではなく、落し穴を利用したものだったかもしれない。魚類では鯨などの外洋のものもたべている。蜆塚遺跡は縄文後期の遺跡で、土器片に東北、北陸、中部山岳、近畿などの各地方のものがまじって見られるようになるのを最後に蜆塚は見られなくなる。そのころを境に稲作文化をもつ弥生時代にはいっていく。海や山や湖の幸にめぐまれて生活していた人々はどこに移ったのだろうか。

奥能登の村

―火宮の記録

文・写真
須藤 譲
森 清剛
長谷川佳津義
松原啓子
北原真由美
佐々木真紀子
峰岸智子

実際は2,150枚ほどある千枚田。輪島市白米町

はじめに

地理的、地形的条件が悪い上に冬季は北西季節風の影響を強く受けて降雪量が多く、晴天の日は数えるほどしかない。このような長い冬の生活が村人たちの大きな負担になっていた。

その上耕地面積が狭く、農業だけでは生活できない者が多いために、早くから関西方面から北海道までの各地へ大工・左官・水夫などになって出稼ぎした。とくに伏見・滋賀・福井方面へ酒造りに出かけた能登杜氏の名は高く、東京の風呂屋の三助も能登から多く出てその名を知られていた。最近は中京方面へ織物の女工として出稼ぎする娘が多い。

蛸島まで汽車の通じなかった頃は飯田や蛸島から舟で七尾へ出てそこから汽車に乗った。能登人が旅人の私たちに親切であるのは、能登人の多くがそれぞれ旅の経験を持っている為かもわからない。

奥能登はまたしっかりした目を持っていれば、中世以後の人々の生活の歴史を、いまも風景のなかに読みとることのできる土地である。ぼくたちも同じことを試みた。民家の形や使われ方、集落の景観といった目に見えるものの中に、遠い過去がちゃんと浮かび上がっていることを学んだ。しかし事前の知識があまりに乏しかったために、ずいぶん回り道をさせられた。だからここでは、先に和嶋先生に奥能登の歴史を語っていただく。

（須藤　護）

火宮《ひみや》周辺の歴史

和嶋俊二

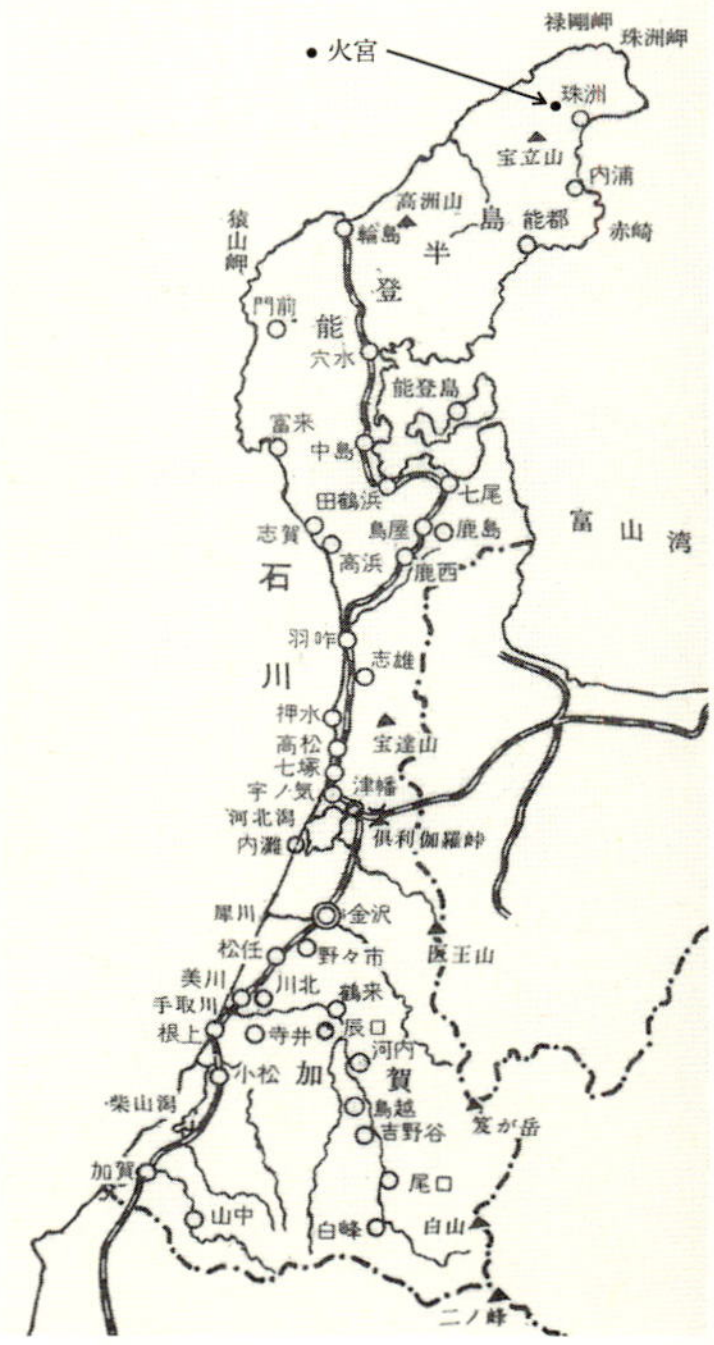

石川県略地図

能登の人々

加賀百万石の城下町、金沢から国鉄七尾線で二時間ほどジーゼルカーで走ると穴水に到着する。ここ鳳至《ふげし》郡《ぐん》穴水町は奥能登への玄関口で、ここから七尾線は輪島へ向う線と蛸島《たこじま》へ向う線とにわかれる。蛸島行の車窓からは入江の入りくんだ穴水湾や九十九《つくも》湾が右手に見え、左手にはあまり高くない丘陵地が続く。

能登半島は陸の孤島であった。石川県でありながら、ラジオもテレビも富山や新潟放送ははいるが、永く金沢放送ははいらなかった。対岸の新潟県知事や富山県知事の声や顔は知っているが、肝心の石川県知事を知らない石川県人、それが能登の人々であった。

昭和三九年（一九六四）秋、国鉄能登線が珠洲《すず》市まで開通してようやく県庁の所在地金沢へ日帰りできるようになった。しかし早くも赤字路線の名のもとに、その存続が論議されている昨今である。口能登の羽咋《はくい》市を要《かなめ》として、半島を一周する海岸道路、いわゆるラケット道路の完成したのは数年前である。

したがって、かつての能登は舟が重要な交通機関であった。昭和の初期までバイセン・コマワリといわれた帆かけ舟が重要な交通機関であった（もちろん珠洲市飯田町から七尾市への汽船はあったが）。能登でも内浦（富山湾に面した沿岸）は、昔から越中との文化的、経済的交流が多く、県道の玉砂利は近年にいたるまで富山県から運ばれていた。外浦筋は加賀、越前を通して上方文化につながっていたといえよう。

川は洗濯場。わいわい話をしながら洗う。
（市町村の記載のないのは、いずれも珠洲市火宮）

地理的に半島の聚落は、小さな河川の谷に、またその川口に、それぞれ比較的独自性を保って発達している。

若倭郷《わかやまごう》

養老二年（七一八）、珠洲・凰至・能登（のち廉島）・羽咋の四郡が越前から分かれて能登国になった。ただ天平一三年（七四一）から一七年間は、越中国に併合されていて、越中国守大伴家持が能登を巡行し、かずかずの名歌を残したことが万葉集によって知られる。近世には加賀国に近い羽咋・廉島の両郡を口郡、鳳至・珠洲の二郡を奥郡と通称している。奈良時代の珠洲郡若倭郷の名は、若倭部が住んでいたためと考えられる。若倭部《わかやまと》は開化天皇のために設けられた御名代部《みなしろべ》の一で、天皇の若倭根子日子大毘毘命《ねこひこおおひびのみこと》という御名からきているといわれる。

この地方はまた高句麗《こうくり》人とも関係があったようで、珠洲郡一の大社須々神社の御祭神高倉彦神は、宝亀一〇年（七七九）高倉朝臣の姓を賜った高麗人の福臣と関係があるのではとも考えられる。若山の延喜式内社を「古麻《こま》志比古《しひこ》神社」といい、付近には横穴の群集墳があり、多数の須恵器《すえき》も出土している。

若山荘《わかやまのしょう》

醍醐源氏の源俊兼《としかね》が、一一世紀の末ころ能登国司となったとき、その地位を利用して開発などによる私領化を行ない、その子の季兼《すえかね》が、康治二年（一一四三）皇嘉門院（崇徳天皇后）に、若山を中心とする伝領の地五〇〇町歩を寄進して若山荘が成立した。当時の珠洲郡の六分の五を占める広大な土地である。若山荘はのち皇嘉門院の生家たる九条家に伝領され、一五世紀後半まで存続している。

源季兼は寄進の後も預職として実権を持ったが、季兼の娘が門院庁の職員たる権中納言正二位日野資長の妾となっているから、あるいは日野氏を介した寄進でもあろうか、後世の文献では本所が九条家で、領家は日野氏となってあらわれる。

また地頭は、頼朝の庶子ともいわれる八田知家にはじまり、知幹・知宣（一王）とつづくが、どうしたわけか弘安七年（一二八四）の地頭政所代の文書を最後として、後の文献には地頭の名はあらわれていない。

一五世紀も後半にはいると、隣国加賀が一向一揆（一四八七）によって真宗に支配され、ついで一六世紀の大小一揆（一五三一）によって、旧勢力は一掃されることになる。金沢市専光寺の慶心が若山正福寺了宗にあてた書状に、飯田・若山・西海・三崎などの郷村名がみえるから、荘園の名体制から、庶民の地縁的結合たる郷村制の動きが生じつつあったであろう。

近世の若山

天正九年（一五八一）、織田信長から能登国を知行された前田利家は、天下統一の戦いにあけくれ、その領内統治については、前代以来の有力名主《みょうしゅ》を利用した。これが天正の扶持《ふち》百姓といわれるもので、能登国全体で四四名が判っている。若山では天正一〇年、延武《のぶたけ》が二五俵（元和二年に一五俵に減額）、中田が一五俵扶持されているが、現在の珠洲市若山町延武はその名残りである。

この便宜的に設けられた肝煎《きもい》りの扶持百姓が、慶長九年（一六〇四）にはじまったといわれる「十村《とむら》制度」の先駆である。はじめは十箇村ぐらいを単位に肝煎りさせたので「十村肝煎《とむらきもいり》」といった。若山では元和六年（一六二〇）の検地打渡状が残っている。「能州鈴郡若山組御検地御図帳之事」として、高合計三、四七一石二斗三升五合、この内永荒四一六石余、延武・中田に各七石五斗宛扶持、八箇寺庵の扶持合計四石五斗八升五合、鍛冶四人で二石七斗五合、物成は三割一歩となっている。

これをみるに後世二三箇村の若山にまだ村切りが不十分で、中世的な姿のままに一本の御図帳となっている。同じ珠洲郡でも外浦の西海郷は、三七年前の天正一一年、御図帳一本とはいえ、村毎に高・免の記載がなされている。製塩という商品生産のウエイトの高かった西海郷に対し、農山村の若山郷の、貨幣経済の浸透の遅れを物語るものであろう。

寛永八年（一六三一）若山では、三〇〇石前後の高を支配し、数多の下人・地の者をしたがえた南山殿・北山殿という中世的名主が原因不明の欠所にあっている。南山の欠所後、独立した下人・地《じ》の者によって、南山・洲巻・白滝の三村が分立した。また天正以来の御扶持人で頭肝煎《かしらきもいり》の中田も欠所になっている。翌九年の若山惣検地にあたり、延武は検地奉行原八右衛門の子を養子にすることによって、外河原の検地に手心を加えてもらったという。権力につながって生きのびようとする姿がみられるのである。

宮本常一没後30年記念出版

あるくみるきく双書通信

No. 11　2011年7月吉日

〒107-8668 東京都港区赤坂7-6-1
農山漁村文化協会（農文協）
ＴＥＬ03-3585-1141
ＦＡＸ03-3585-3668
http://www.ruralnet.or.jp
（価格はすべて税込み）

宮本常一と観文研の若者たち

「読める写真を撮れ」「学者に向かって書くな」の訓《おし》え

文・須藤功

（農文協季刊地域No.4 2011年冬号より）

昭和41（1966）年1月、観文研は「既成の研究者では不十分である。柔軟な目を持った若い人材を、たくさん幅広く育てるところから始めなければならない」とスタートした。

（10号より承前）

美しい山古志村とともに

新潟県山古志村（現長岡市）は、平成16（2004）年10月23日に起きた中越地震のとき、全村避難したことで広く全国に知られる。それまでは錦鯉や闘牛に関心のある人の話題にのぼる程度の村だった。そんな山古志村に、私は昭和45（1970）年11月からほぼ1年通って村の生活を写真に撮り、村の人びとの話を聞いた。

その2カ月前、宮本は当時の佐藤久村長から、「明るい活気に満ちた村にしたい」という相談を受け、話をしに行った。帰ってくると「美しい村だ。錦鯉もいい。かつては闘牛が盛んだった。やり方によってはおもしろい村になるぞ」と言った。ただ、もう少し村人の生活の様子を知りた

復活した山古志の闘牛　撮影：須藤功

山古志は昭和31（1956）年3月31日に、4カ村が合併して生まれた村で、江戸時代に一帯は「二十村郷」と呼ばれた。滝澤馬琴はこの二十村郷の角突きのことを『南総里見八犬傳』にかなりのページをさいて書いている。角突きは昔からさかんだったのだが、戦時中は中断せざるを得なかった。戦争が終わって昭和26（1951）年に再開するが、村の合併は村人の角突きへの情熱を失わせ、私が村に通っていた昭和46年には、村の角突き牛はわずか2頭だけ、村の角突きは昔語りになっていた。

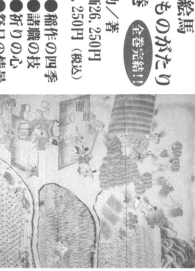

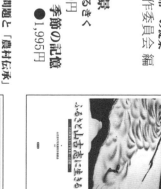

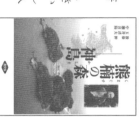

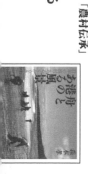

法をさぐった。そうして観文研と村のつながりは12年ほどつづいた。村の人びとに教えられ学ぶことの多かった私の場合は、細々とだが、まだ切れていない。

宮本は話を聞きにきた青年たちに、よく村の立体図を作ってみるようにいった。5万分の1の地図などをもとに、等高線にそって厚紙を切って作るもので、その作業は大変だが、作る過程で自分たちの村の姿がよくわかり、どうすれば活性化できるかという発想が、青年たちから生まれることもあった。山古志村の青年たちも、6畳ほどの大きさの立体図を7年かけて作った。むろんそれだけではない。青年たちは村のために積極的に動いた。役場では、各部署の若手が集まって「活気ある村をつくる山古志村プロジェクトチーム」を結成し、米・牛・錦鯉・公園・雪・道・出稼ぎなどの問題を話し合った。村長が役場の主立った職員を連れて、東京・秋葉原にあった観文研に相談にきたこともある。

宮本の情熱と闘牛の復活

宮本の話には仮定もないわけではないが、多くは具体的だった。サッとでもとにかく見てまわった地域の実情に即して、こうするとこうなると話をした。ときにはきびしい指摘になる場合もあったが、それは人びとに自分たちの地域を考えさせることになった。ただ具体的な提案でも、そのすべてが受け入れられるわけではない。

宮本は9月中旬に訪れたのでハギやススキが美しく、これで秋の村を埋めると大勢の人が見にくるのではと言った。ところが枯れたハギやススキの上に積もった雪は滑り落ちる。雪崩を引き起こす危険があってそれはむずかしいことだった。村は錦鯉の発祥地で、昭和40年代にはどの家でもたいてい錦鯉を飼育していた。色の配合や色つやによって数百万円もする錦鯉もある。その良否は稚魚のときに見分け、形や色合いのよくない稚魚は捨てられる。宮本はその捨てる稚魚を希望する人に無料であげたら村の錦鯉の宣伝になると言った。だがそれも実現しなかった。

思いのほか早く復活したのは、村では「角突き」と呼んでいる闘牛である。角突きは2頭の牛を闘わせるが、徹底的に闘わせるのではなく、どちらかの牛があとずさりしたり、逃げる様子を見せたところで勝負とする。

光開発公社が設立されて、角突きを後押しすることになったからだが、その前年に有志による角突きが開催された。その会場となった池谷集落の角突き場はあふれるほどの見物人で埋まり、山古志村の人びとの角突きへの情熱の復活を合わせ見る思いがした。正式に復活した年の11月には、宮本の依頼で文化庁の調査官が村の角突きを見学し、歴史もあることから文化財指定に向けて資料を作るよう村に助言した。そして昭和53（1978）年に、周辺の町の角突きも含めて国の重要無形民俗文化財に指定される。

宮本常一の山古志村への情熱は、この後もつづいた。〈広報やまこし〉の昭和53年8号には、「宮本先生を囲む座談会開催」の見出しで、8月28日から4日間、村内8カ所で座談会を行なうとある。中2日は朝の9時から夜の11時まで、時間を区切って3カ所の会場が設けられている。すさまじいまでの情熱といってもよいだろう。

残念なのは、こうした情熱も村長が変わると村の対応も変わってしまうことである。（次号通信へ続く）

改作法

前田利常によって慶安四年（一六五一）から六年間にわたって実施された改作法、惣検地を通して中世的名主の解体、本百姓の取立てを行ない、近世村落が次々誕生した。延武の住んだ地域も一七世紀末に、延武・国兼・内山と分村したのである。俗に延武三箇といわれ、その複雑な入会関係もこんな事情が原因と考えられる。

また一方、給人《きゅうにん》が知行地から直接年貢の徴収をすることを止め、武士は蔵米をうけるサラリーマンと化したのである。その年貢徴収も万治二年（一六五九）にはすべて十村《とむら》代官が行なうことになり、有能の人物が十村に抜擢され、帯刀や鑓の携行が許されるなどの権威が与えられた。他藩の大名主・大庄屋に当るものである。

この過程で、若山の初期十村だった延武・黒丸は解役されてしまっている。但し延武はのち、十村につぐ山廻役を代々つとめ、また幕末の安政期から再び十村に返り咲いている。

加賀藩では元和元年（一六一五）以来田畑の売買を禁じており、改作法では他人から利息つきで米銭を借用することを禁じていた。たまたま元禄四・五年（一六九一・二）は不作に見舞われ、貢租未納の百姓が大量にでき、土地問題の紛争に手をやいた藩は、ついに同六年田畑の売買を許すことにした。これを切高仕法という。過重な貢租負担に耐えられない百姓の手から、能力ある強い百姓に土地を渡そうというもので、貢租確保が改作法のねらいとすれば、この切高仕法もその一環であるといえよう。この結果いままで下百姓だった者もだんだん独立して本百姓となってきた。若山町火宮は近世初期、森定《もりさだ》・時真《ときざね》・大尾《だいお》など名主的有力農民を核として生れたのであろうが、これからだんだん戸数も増加するようになり、塩木《しおぎ》などの換金作業の発達を促すことになったと考えられる。

観光保存されている揚浜式塩田。珠洲市仁江町

中世の村

宮本常一

能登の旧若山村の地図をみると、飛地がきわめて多い。その飛地も国兼、延武、兼政のような人名が地名になったものに多くみられる。もとこの地方には国兼・延武・兼政などという武士がいて、それらが土地をひらき、そこに定住したことにはじまるもので、この地名はいわゆる名田を示すものであったと考えられるのである。

しかし能登国田数帳にはこれらの名田の名は見えていないから十三世紀の中頃以降に名田は成立していったものと思われる。若山荘が荘園として成立したのは康治二年(一一四三)であったが、当時すでに五〇〇丁歩の耕地があったという。その耕地を中心にしてさらに未開墾地をひらいて名田が成立していったと思われる。そして、名田主、すなわち名主とその一統の人口の増加につれて、さらに空閑の地を求めて開墾出作したのが、今日飛地となっているものではないだろうか。このような例は若山荘だけでなく、その西の町野荘などでも同様であり、町野ばかりでなく、全国にわたって存在したと思われる。だから飛地のあり方を見ると、一つの開墾集団とでもいうべきものが、どのようにのびていったかを知ることができるが、中世の終りまでは一種の届人主義で、所有している者が政治的にも支配していたから、飛地が多くなればなるほど所領は入りみだれていた。それを豊臣秀吉が全国にわたって検地をおこなったとき、郡村の境をあきらかにして郡村の領域を定め、

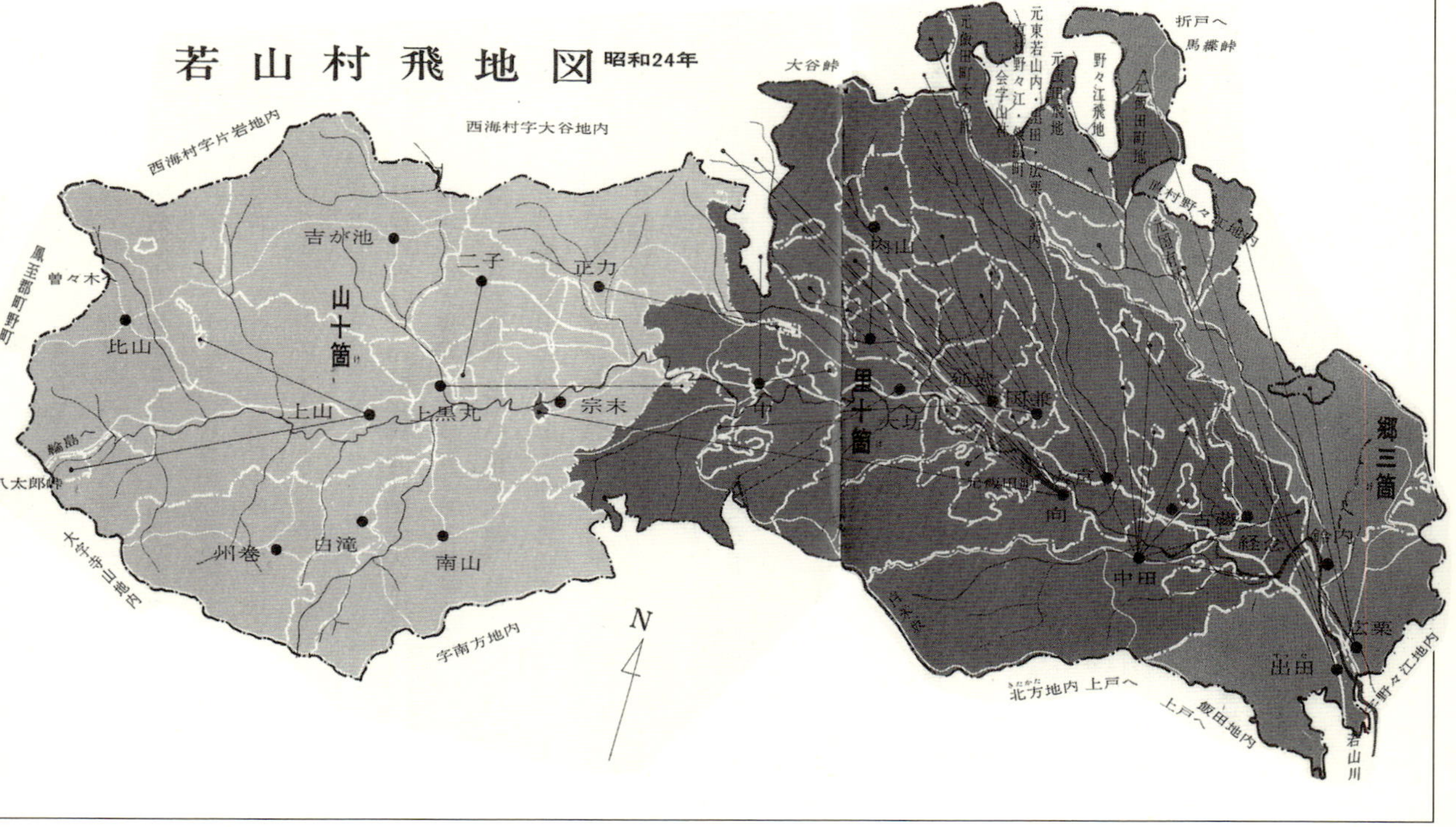

その領域内に他村の地主の所有地があってもそこを他村の土地とは見なさず、その村の土地とみなして納税賦役の義務なども割りあてることにした。しかしその制度が隅々にまでゆきわたったわけではなく、奥能登のように戦争らしい戦争がほとんどなく、平和の長く続いていたところ、あるいは長い歴史をもって土地関係が複雑をきわめた近畿地方では、郷村制は敷いてもこの境界整理がつかずに、明治大正時代におよんだ地域が少なくなかった。

　さて若山村の飛地はよくみると、そこにおのずから法則があるようで、村の西部山地の吉ヶ池・白滝・洲巻あるいは火宮などには飛地が少なく中央の大坊・中のあたりに多い。火宮・大坊・中などはここに名田の発達する以前にすでにひらけていたところであり、火宮・大坊などはそこに古い神社や寺があり、その神領や寺領であったものかと思われる。そしてその開きのこしの部分へ出作開墾がすすめられたのであろうが、火宮の場合はその地区内に名田が発達しなかったのではなく、森定《もりさだ》・時真《ときざね》・大尾《だいお》という三つの名《みょう》があった。面積はそれほど広くなく、名主と下人二、三戸で経営していたもののようである。それは火宮の地区に内包されたままであった。そのように小さな名田は若山にはいくつもあった。五万分の一地形図を見ても通伝（砦）・真吉・兼政・宗末・弥十郎などがあり、地積図を見ればもっと多くの名田があると思われる。しかしこれらは、それぞれの大字《おおあざ》の中に内包せられていた。

　このようにして古代から中世へかけて平地に近い緩傾斜地を水利をもとめつつ、力のある者が少数の下人を使って水田をひらいてゆき、さらに大きな名主は一族や下人をひきいて出作り開墾をすすめたとみられるが、それらとは別に、西部の吉ヶ池や白滝・洲巻などには北山殿・南山殿という土豪がいて流民を受け入れつつ開墾し、人びとは思い思いのところにムラを作ったが、近世初期土豪が退転すると住民の力あるものはそれぞれ独立した本百姓になった。そのように何人かの人があつまってひらいた村を草分け百姓村とよぶ学者もある。このようにして見て来ると、旧若山村の土地の開け方や発展段階もほぼわかって来る。

黒丸家のニワ（土間）。珠洲市若山町

火宮の記録

火宮集落。撮影・大島潤一

能登《のと》火宮《ひみや》への道

昭和四十五年七月二十七日の朝、奥能登の中心地の一つである珠洲《すず》飯田駅に大きなリュックサック、寝袋、T定規、木製のパネルなどを背負った学生の一団が降りた。総勢十四名で、八月二十四日まで同市若山町火宮部落を調査しようという武蔵野美術大学の学生を中心としたグループである。

一行は珠洲市役所に立ち寄り、あいさつを済ませてから、国道二四九号線に沿って、旧東若山中学校まで四キロの道をトコトコ歩き出した。バスで通りすぎてしまうのが少々もったいなく思われたからである。

中学校は若山町中田にあって、すでに廃校になっており、現在は一部製縫工場として使われている。ここがぼくたちの一ヵ月間の宿舎となる。中学校から火宮部落までは一キロほどで、宿舎として絶好の場所であった。

市役所の厚意でぼくたちには教室が三部屋と給食室、宿直室が割り当てられた。まん中の教室を作業場として、その両脇の教室を男子、女子の部屋としてふりわけた。

大そうじをし、柔道場にあった畳を運んでそれぞれの寝所に敷き、仕事場には個人個人の机と、ミーティング用に使う卓球台を配置すると、みるみるうちに武蔵野美術大学火宮研究所ができ上がった。

給食室には米たき用の大きなガス釜とガスコンロがあり、水道もすぐ使える状態になっていた。

この火宮調査は前年、先輩の相沢韶男さん（日本観光文化研究所）を中心に行なった福島県下郷町大内調査をうけつぎ、なおかつ発展させていこうとして計画された。

大内は江戸時代に、会津若松と日光、江戸を結ぶ奥州西街道の宿場として形成され、今なお当時の面影を残している古風な宿場集落である。そこでぼくたちは主に全体配置図、民家平面図の実測をし、図面作成が終ったところで仕事は終ったが、のべ七百三十八日／人かかった。参加した一人一人が学んだことは多かったし、残された課題も大きかった。

相沢さんは現在の問題として、住民の生活を第一に考えた保存と開発を意図していた。だから村の形成と役割の歴史や、過去から現在にいたる村の生活も重視して調べた。

しかし学生側はその生活と実測された図面との関係をつかみきれなかったため、図面と生活は分離した形でしか表現できなかった。今度は実測して描き写す図面の中に生活上の必要な住む人たちの意志がいかに作用しているかをつかむ必要があった。また大内とは違う環境と背景をもった集落を調べることで、より明確に大内が浮き上がってくるのではないかという期待があった。

調査の候補地に能登を選んだのはもともとは漠然としたあこがれであったのだが、調べてみるとこの地方が永い歴史を通じて比較的時代の波に洗われることがなく、より原型的な人間の生活にふれられるような気がしたからである。

五月に三人で能登一周の予備調査旅行に出かけ、あらかじめ選定しておいた十部落ほどをまわった。このうちから火宮に決定したのは、戸数が四十戸ほどで実測しやすかったし、生産基盤である山、水田、畑などもある程度図面の中に入れられそうであった。また用水・道・民家の造りなど、興味をひかれる要素も多く、地元で有力な協力者が得られそうであったことも大きい。

茶話会

「静けさや岩にしみいるせみの声」という芭蕉の句が実感としてわかるような、ひっそりとしたたたずまいをみせる奥能登の村、火宮はぼくたちの眼前にあった。部落の南側を通り抜ける国道も激しい車の往来はない。部落をとりまくように連なる若山川の段丘は、あたかも家々を見守っているかのように見える。くっきりと白壁を浮き出させた切妻の大屋根や、入母屋の草屋根の民家はまわりの木立に埋没してしまいそうに、ひっそりとそのたたずまいをみせている。背後は青い山の重なりがあり部落の前面に開ける水田の青さは日にかがやいてまぶし

調査スタッフ　武蔵野美術大学・グループ核

須藤護・森清剛・長谷川佳津義・松原啓子・北原真由美・佐々木真紀子・峰岸智子・森田正男・桜井常治・川橋康樹・佐藤智洋・山本利一・伊藤悦郎・山崎恵理子・森美恵子・小山光子・久野恵一・右近彰夫・谷進一郎・山本博・吉益宏行・高久巧一・岩田惇・浅井耕三・田中君江・松本ゑり子・代田満里子・吉田真紀子・山口純子・岩下成子・平野弘子

火宮の人々からの聞取りをかねた茶話会

かった。人びとはその清新な青さの中に住んでいる。

七月三十一日は短い奥能登の夏がまとめてやってきたような暑さであった。この日はぼくたちが調査させてもらうために正式に村入りのあいさつをする日である。この模様を某君は日記に次のように書いている。

〈朝七時起床、晴れ、午前中はぼくたちの調査に協力的であったHさんの家の平面図をとらせてもらう。まだ民家の実測に慣れていない人が多かったため、三人が一組になって家を測る人、野帳を描く人、家人に話を聞く人にわかれる。さいわいHさん宅は能登地方の典型的な民家の一つであったので、外観と室内写真の撮影もした。

夕方部落の有力者の一人でもあり、ぼくたちと部落の方々との間にたって世話役をしてくれているTさん宅に今日の茶話会の段取りについて具体的な打合せに行く〉

その内容は、会合場所をTさん宅の茶の間と座敷を使用させてもらう。時間は午後八時から十時頃までにする。あいさつの順序は区長、Tさん、学生の代表の順とする。学生は少し早めにきて、座席の用意やお茶の用意をする。全員で部落の人を迎えるというようなことであった。

このとり決め方が意外に厳格であって、村に入るむずかしさを改めて感じ、緊張した。しかしTさんはいかにしたらぼくたちが部落の人たちとうまく付き合い、多くの収穫を上げることができるか、真剣に考えてくれる。そのために部落の一人一人に対する気の使い方は非常に細やかであった。たとえば茶話会の席上で区長さんは床の間を背にした上座であいさつしたのに対し、Tさんは一番下座で深く頭を下げながらあいさつを行なった。

皆早めに夕食を済ませ、食料品店で区会に納める酒三本とお茶菓子、番茶を買ってTさん宅へ行く。

九時頃には約二十五名の人が集ってくれた。

まず最初に「このたび私共の部落に大勢の学生さんたちがおいでになりまして、民家のこと、生活のことなど調査されることになりました。皆さん方もお忙しいでしょうが、できるだけ協力をして、学生さんたちに良き研究材料を提供してあげて下さい」という区長さんのあいさつがあった。続いてTさんの話は、人の縁は不思議なもので、能登の多くの部落の中から火宮を選んだのは何か通じ合ったものがあったからである。この機会に学生さんたちに色々調査していただいて村の過去や将来について話し合っていきたい、という内容であった。これに対して学生の代表は調査の動機、内容を説明し、部落の人々やこの調査を応援してくれた関係者に対してお礼のあいさつを述べた。

最初は双方とも固くなっていて「お前さん方はこんな所に来て何を調べるのかねェ」とか「能登もけっこう熱いですねェ」というようなちぐはぐな会話がかわされていた。が、ノートを持ってしつこく質問する学生が出はじめると、ムードは次第になごやかになっていった。整然と並んでいた列が崩れ、部落の人を中心とするいくつかの輪ができた。そしてあちこちの輪から大きな笑い声が起っていた。結局はほとんど学生の質問で終ってしまったようであるが、十時三十分頃、茶話会は予想以上の成果をおさめて散会し、宿舎に帰ったのが十一時半頃であった。それからこれからの調査の仕方についてミーティングを行なう。

この茶話会は部落の人から色々なことを聞き出せただけでなく、部落の人は学生の顔を覚え、学生は部落の人の顔を覚えた。

そして道で会うとむこうから声をかけてくれる人が多くなった。

民家の実測

集落の実測

茶話会が終って学生たちは本格的な調査活動に入った。まず集落の実測班（五人）は平盤を使って民家の配置をより正確に実測し、集落の全体配置図を作成する。集落を構成している家、蔵、納屋、道、用水、墓、地神、水田、畑などの要素をひと目でわかるようにする作業である。

一軒二軒ならなんでもないが、一部落全体、さらに周辺一帯となると、まったく気の遠くなるほどの時間がかかる。

真夏の太陽が照りつける屋外で、測量用の杭打ち、バカ棒を持って歩き廻る者、じっと平盤をのぞいている者、巻尺でポイント間の距離を計る者、それぞれが大変な仕事である。火宮は木が多くてかんじんの家の位置を正確に計れないとか、家が散らばっていて、空間がかもしだすおもしろさがない、とか色々不平不満はあったようだがとにかく予定の二週間を大巾に遅れてこの実測は終った。原図を学校に持ち帰り、もう一度きれいに書きなおして、山や水田を入れていった。二百八十人／日もの精力を費やしてこの図面ができ上ったのが翌年の三月であった。全長三・六メートル、巾九〇センチという大きなものである。

全体配置平面図の作成の目的は、地図や航空写真ではわからない面をクローズアップすることにある。たとえば配置図の中に各家の平面図を入れた場合、用水の流れ方と家々の中で一番大切にされている茶の間や座敷の方向が集落全体の傾向としてひと目でみられる。また各家の出入口と道の問題も同じである。火宮の道は国道、旧道（県道）、枝道の三種類あるが、後で説明しているように使用目的によって、それぞれを使いわけている。国道ができてから国道と旧道、また国道と各家とを結ぶ細い枝道が自然に作られた。この道は部落の人の生活と密接な関係を持っているが、地図には載っていない。

手元にある資料ばかりに頼らず、自分の目でものを見て、計り、紙の上に書くことによって新しいものを見付け出していくのが図面作成の第一の目的といえる。いつもは部落の中を歩いていても何となく通りすぎてしまうことがよくあるのだが、図面に写していくあいだにあまり人目につかない些細なことが人々の生活の中で割に大きな比重を占めていたことにも気付くのである。

まずぼくたちの見た村のアウトラインを語っておこう。

●村の領域　火宮は宝立山の山腹から内浦に流れ出る若山川の河岸段丘と、それに注ぎ込む火宮川の扇状地にのった村である。

旧道（県道）沿いのはずれには禅宗の寺があり、西のはずれには真宗の寺がある。そして北西に分れる古い道に沿って、はずれに神社がある。この三つのポイントで限られた地域内が火宮の領域として認識されてきたようである。

●新旧の道　村の中を東西に通る二本の道路はおもしろい対照をみせている。一直線に走る国道はいわば産業道路で、自動車交通が主体である。それに対して曲りくねった旧道は以前はバスが通っていたが、現在は部落の中に入る車が使うだけで主に人間が歩くための道になっている。

そして国道ができたために今まで作場《さくば》道であった細い道が、旧道と国道を結ぶために重要な役割を果たすようになった。この道を広くすることが現在部落での大きな関心事になっている。

最初に火宮に入ったとき、旧道があまりにも曲りくねっているので、とても不便さを感じた。ところがこの曲りぐあいが若山川とほぼ平行に走っていることに気付いた。正確にいうと河岸段丘のすぐ下を段丘差に忠実に沿って走っているのである。そして火宮部落の旧家と伝えられている家はすべて旧道の山側に位置している。

写真で見るとよくわかるが若山川は非常に荒れ川であった。この川の流れていた範囲（氾濫原）は川をはさんだ両側の段丘崖まで、つまり部落の旧道までであって、その間にいく通りか川筋を変えて流れていた。してみると今は曲りくねって歩きにくい奇妙な旧道のコースはきわめて必然的な位置にあったわけだし、それが重要になった時期も推定できるように思われる。

●新旧の用水と新旧の田　現在、若山川の氾濫原はみごとに耕地整理された水田になり、旧道にそって流れる「懸《かけ》の用水」と呼ぶ用水で潤されている。火宮部落の中

ほぼ中央を蛇行して流れる若山川の上、左右に一直線に走るのは国道249号線。火宮の集落はその上部の等高線沿いの曲がりくねった旧道沿いにある。その一段上の河岸段丘には形の不揃いの田がある。

央で火宮川を一時せきとめて東西に分けたものである。

懸の用水の他に、河岸段丘の上のうねうねと畦の曲った古い上田《うわだ》だけを潤している用水がある。大尾上田《だいおわだ》用水・時真上田《ときざねわだ》用水がそれである。

時真上田用水と懸の用水を比較してみると前者はわき水を利用し、後者は火宮川の水を利用している。あきらかに後者の方が川の流れを変えるという比較的規模の大きな治水工事をしたあとがみられ、年代が新しいことが推察できる。時真上田用水は時真上田（中世の名田で時真氏の所有していた水田）が開墾されたときつけられた用水で、懸の用水は若山川の氾濫原が開墾された近世の初期につけられた用水であろうと推定できる。

●**住居の配置**　一般に屋敷の上《かみ》・下《しも》という意識を水の流れと一致させて考えている家が多い。全体配置平面図を見るとほとんどの家が上座敷にある床の間を水の流れの上流に配置している。

部落の中央部に家が密集し、配置が整然としていないのは最近上・下という意識にこだわらず建てかえた家が何軒かあり、国道ができたために出入口を国道側に向けたり、移築した家が何軒かあるからだと思われる。妻入りの大きな家だけを見ていくと大体火宮川の流れにあわせて家が配置されているのがわかる。

この地方は瓦屋根で妻入りの家が圧倒的に多いが、草屋根から瓦に変わるのは明治二十三年（一八九〇）に部落の半数近くを焼いた火事の後からである。

草屋根の民家は平入りであるが、これを瓦葺きの妻入りになおすと屋根からおろす雪が家の前面にたまらないだけでなく、二階に比較的明るい部屋をとることができる。昔物置きであった中二階・二階が現在は老人や子供の部屋などプライベートな部分として使われている。

●**墓地**　中世から存在していると見られている旧家の屋敷の背後には必ず墓があるが、近世以降にできた家の墓は古蔵《ふるくら》の昌樹寺（禅宗）か、部落の中央の小高い丘の上（禅宗・真宗）にまとまって墓地をつくっている。

部落の形はこんなに変った

全体配置図を見ると集落の中央は比較的家が密集しているが、東西に行くと何軒かのかたまりにわかれて、まばらに点在している。特に西側には三軒ずつ二つのかたまりがあり、家の前方、あるいは後方に水田が開けている。いずれも段丘の上である。

一番西側のかたまりには森定家の屋敷があった。森定家は中世に大きな勢力を持っていたと伝えられているが、近世期に没落してしまい、屋敷跡の背後にある古い形のお墓と氏神はもとの家臣であった家が管理している。屋敷の前方には「垣内《かいと》田」と呼ばれていた水田があるが、これはもと森定家が拓き、もっていたものらしい。

森定家の北側のかたまりには他の二軒より敷地を一段高くして時真家の屋敷がある。その東側、段丘の上に時真上田が開けている。前述したようにこの水田専用に湧水を引いた時真上田用水が引かれている。他の二軒ももとは武士であったと伝えられていて、いずれも時真家の家臣であった。

集落の中央にある大尾《だいお》家も大尾上田、大尾上田用水を持っている中世からの旧家であった。

　中世における農業経営のあり方は名主《みょうしゅ》とよばれる土豪が名子《なご》とよばれる家臣を使用して経営にあたっていた。そして比較的水を引きやすい所に水田を拓き、山の斜面やふもとに家を構え、そのまわりに家臣の家を配していた。火宮の西側の二つのかたまりはその形跡を現在まで残している。

　これらの家は共通して北に山や段丘崖をひかえている。これは雪積や季節風など自然に対する配慮であろうか？　そして一つの家の群が他家の群を侵害しないように自らの領域を定めて生活を営んでいたことが図面でもよくわかる。開発当時の住居のあり方はこのようなものであったようである。


　この地方でさかんに開墾が行なわれるのは十七世紀に入ってからで、それにつれて家も増えた。開墾は十七世紀の後半に最高潮に達したといわれている。その後あまり進まなくなり、一戸当りの耕地を減らさないように本百姓の数を何軒かに決めて、それ以上増えないように規制するようになる。これを百姓株、あるいは百姓のツラといっている。

　火宮では村のたちはじまりは三軒百姓・五軒百姓であったと伝えられているが、それは中世以来の家で名主的な家であったと思われる。そのうち現在家系のはっきりしているのが森定、時真、大尾ではないかと思われる。

　ところが、六軒百姓・八軒百姓・十三軒百姓という言葉もあり、これはツラ（百姓株）を持っている家の数で、新田開発が盛んになった頃、他から移住して開墾し、ツラの数を増やしたものである。最初の開拓者である中世以来の旧家が耕地の近くに家をかまえているのに対し、新しく移住してきた家々はかならずしも所有田のそばに家を建ててはいない。むしろ水利や交通に便利なところに家を建て、血縁分家または下人分家が、その近くに家を建て、頭振《こべふり》（耕地を持たず本百姓に入らない）として地主層の土地を耕作した。

　このように耕地と住居が分かれたのは一つには加賀藩の土地所有制度のせいでもある。何年かごとにくじびきで耕地を交換して、不平等な土地所有制を防ごうとした。耕地の移動があるから耕地のそばに住む意味もなくなり、また頭振にしても多くの場合小作地は分散しているからである。

　火宮の組分けを見ると各組にかならず力を持った農家が含まれている。この地方では力を持った農家の主人を「オヤッサマ」とよんでいる。

　オヤッサマは山林を広く持っていることが一つの条件になっていたが、かつて火宮村の山林六十一町歩のうち四十町歩余りを部落の中央にある三軒で所有し、十町歩を他部落の二軒で、他の十町歩を部落全員で所有していた。山林を持たぬ者はそういう山林地主にたよらざるを得なかった。山は農業経営をしていくうえに、また日常生活を営んでいくのに欠かせないものであったからである。

　まず稲作や畑作の肥料として堆肥したり、牛馬の飼料として大量の草を得なければならない。また毎日の食事、

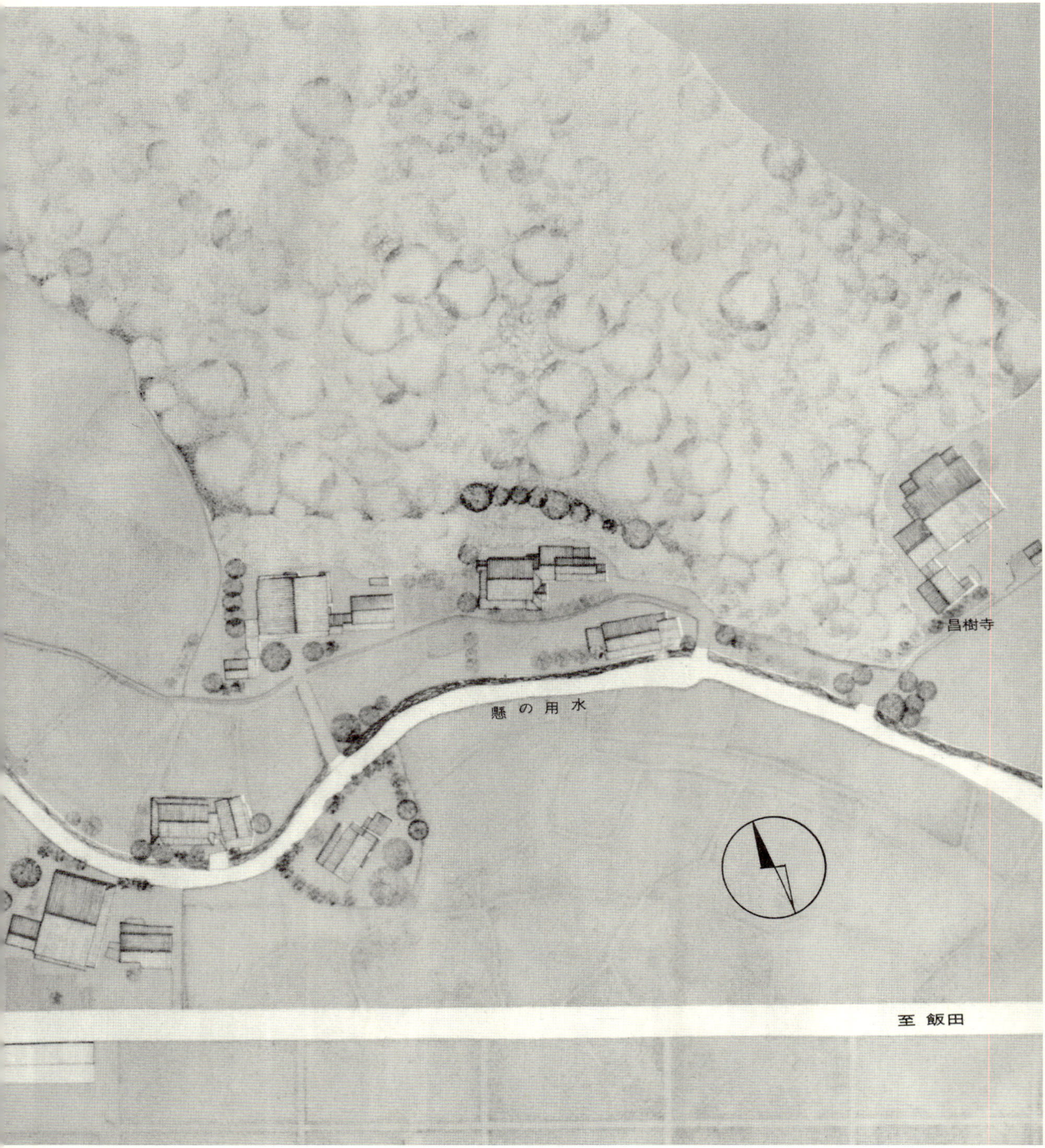

集落配置平面図－1

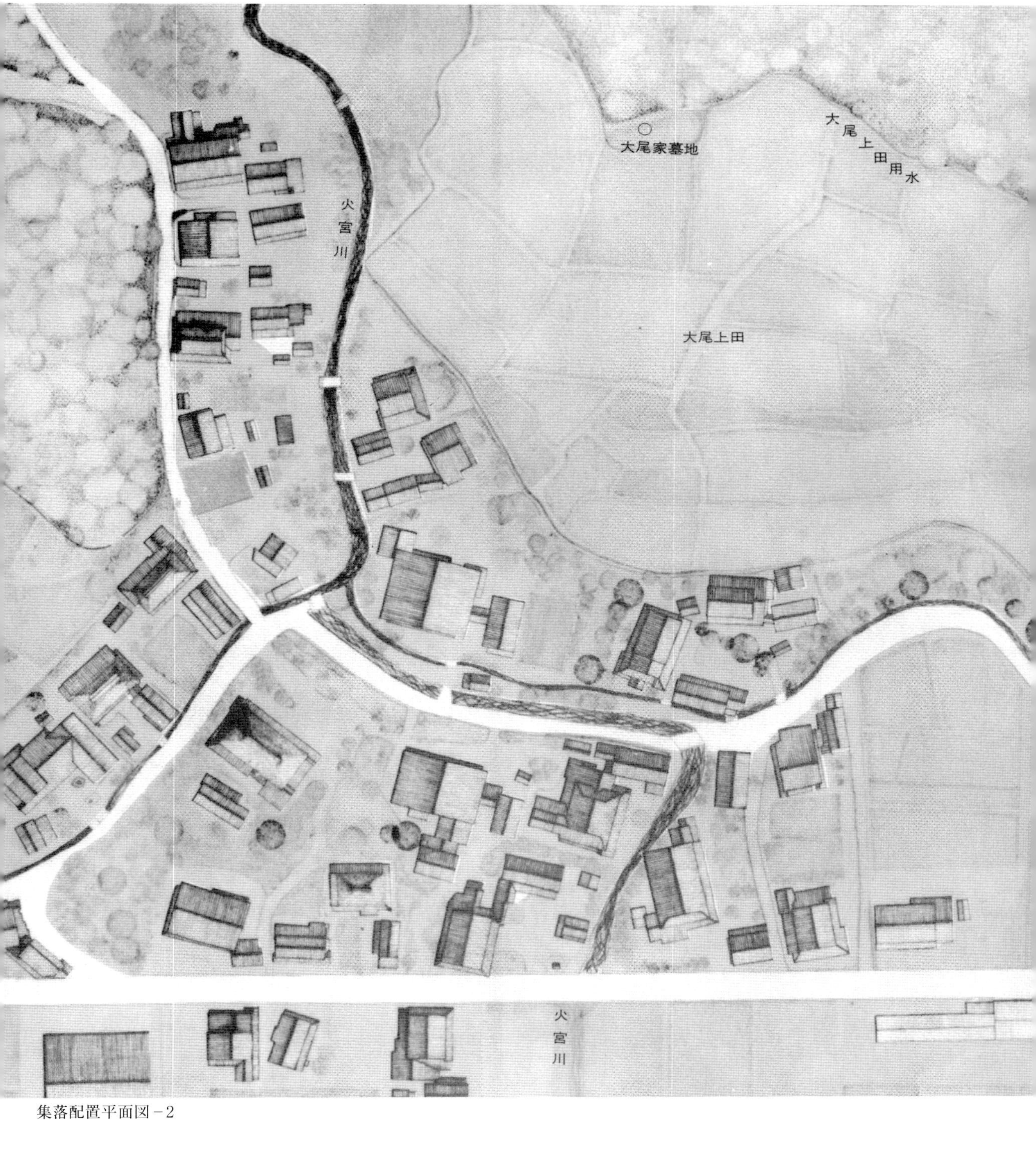

集落配置平面図－2

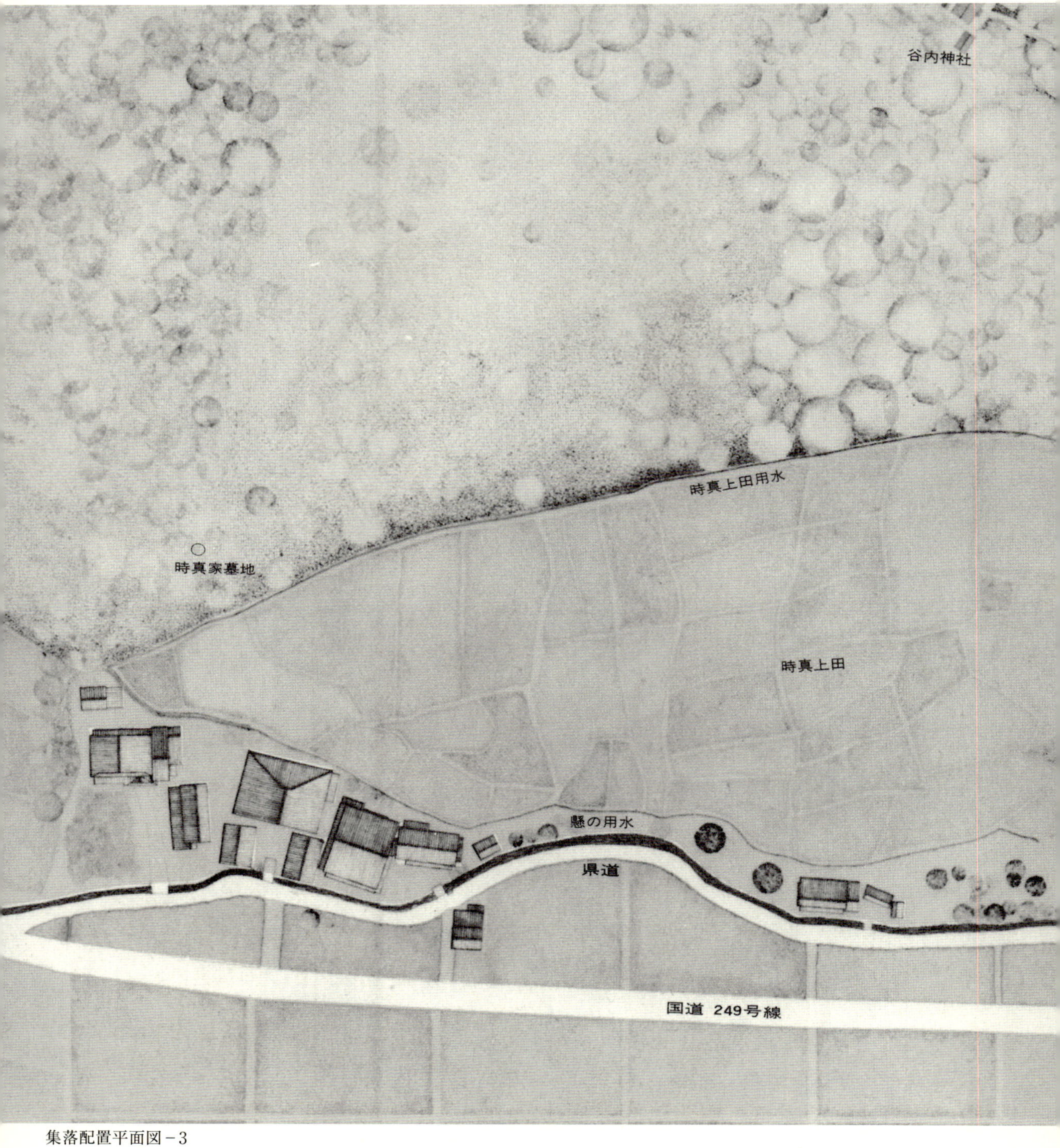

集落配置平面図－3

集落配置平面図－4

奥能登土地利用図

○凡例：　水田●　集落●　漁港◆　鉄道　道

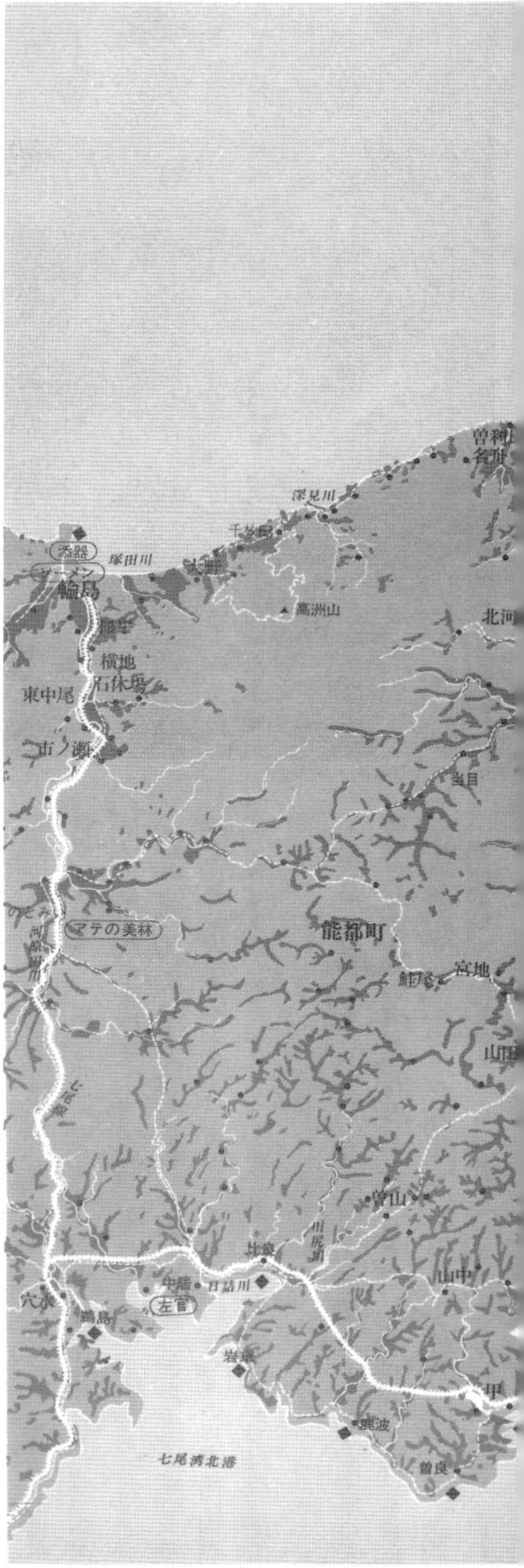

冬の暖をとる燃料も山から切り出した割木を使っていたし、屋根の材料である茅がはえるのも山であった。

このようなことを考えあわせると火宮の中央部に家が密集したのは、そこに四十町歩の山を持っている家が集中していたからでもあろう。

そのうえ部落の中央は火宮川がその流れを変えながら若山川に注ぎ込む地点で、水を利用するのに比較的楽であった。また火宮川をさかのぼって山を越すと大谷という製塩部落があって経済的交流も多かった。

火宮の山は雑木が多い。これは奥能登沿岸で製塩業がさかんであったために燃料用の塩木《しおぎ》をこの山から出していて、山の利用は雑木に頼っていた。山を越して海岸の村に出られる道は主に塩木運搬のための塩木道であった。

このようにして比較的民家が密集し、住居と耕地の分離した近世の村が発達していく様子が測図の上にあらわれて来た。

明治以降になると飯田との結びつきが強くなる。地租改正を機に農民が米を売るようになったからである。しかし山林も耕地も多くは特定の農民の手に集中していたため、農外収入で生計をたてる者も多かった。

その中でも山仕事にたずさわる人々が山の近くに住むようになる。山仕事の主なものは、藩政時代から続けられてきた塩木の伐採と運搬が大きいが、もちろん燃料として使われる割木や、建築用の木材もある。

村というのは外来者をなかなか受けつけないという話をたびたび聞く。そして外来者は外来者同志で新しい村をつくり、旧村と離れて住むことが多かった。火宮の本村から五百メートルばかり北に離れて住んだ人々もこのような事情があったと考えられる。火宮川の流域に相当山の上まで続いている狭い水田を耕作していたのはこのような山仕事にたずさわっていた人々が多かったようである。

明治三十七年（一九〇四）に塩が専売制にかわると政府の塩田整理によって内浦の塩田は次第に姿を消して

いった。しかしまだ外浦の西海岸地方では製塩が行なわれていたため、塩木の取引きは続いていた。が、これも大正末にはその面影を残す程度になってしまう。山仕事が少なくなって山で生活していた人々が生活に不便な山を下って来て住みついたのが谷内神社の下のあたりで、昭和初期ごろからのことである。

　それより前、この地方も出稼ぎが盛んになり、また大正七年（一九一八）には中田部落に石膏鉱山が開業して、その仕事もあり、飯田の発展につれてそこに働き口を見つけサラリーマン化する者もあり、山仕事は少なくなっても生計をたてることはむずかしくなかった。そこで分家する人もふえ、大きな屋敷や家を必要としない人たちも谷内神社の下に家を建てた。それがここだけはいわゆる火宮的でない部落景観をみせることになったわけである。

　昭和二十五年（一九五〇）に国道二四九号線が開通すると飯田との距離も近くなり、自動車交通が主体となった。そして、サラリーマン化する人が増えるとともに専業農家の減少が目だち、飯田町への通勤、通学圏としての生活基地という性格が強くなっている。

村のしくみ

　集落や民家を実測し、それを図面にする作業は目にみえて進行がわかるが、人々の生活を支えてきた生業・宗教・年中行事・共同体の中での生活など村人の生活一般にわたる調査はなかなかその成果が現れてこない。しか

集落の変遷図

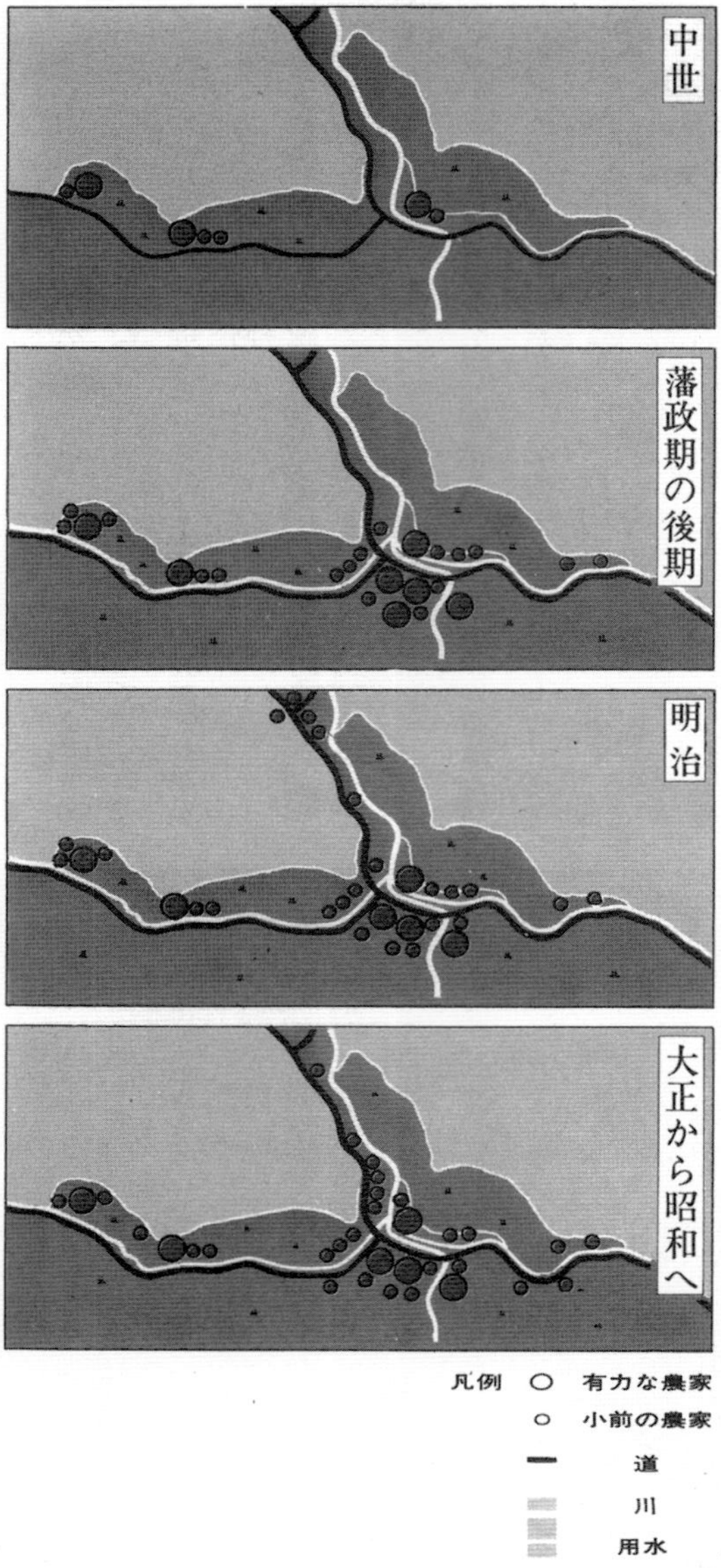

火宮のたちはじまりは三軒百姓、あるいは五軒百姓がこの地に入ったことにはじまると伝えられている。ここでははっきりわかっている家だけをあげた。大まかな時代区分なので細かい家の移動まで図に落とすことができなかった。

1月2日に行なわれる初寄合い

10月25日の昌樹寺（曹洞宗）の開山忌

も現状から時代的にさかのぼってその比較を試みようとするとき、古文書の解読などぼくたちの力では不可能に近い問題もでてくる。

結局最終的には推定の域を脱することができないことが多かったが、このような仕事をこつこつとやっていたのが建築科以外の学生であった。入り方は一人一人ちがってはいたがそれぞれ奥能登の村の経済や文化を調査することによって農民の生活が、どの位エネルギッシュであったのかつかみたいと期待していた。たとえば出稼ぎは村人にとってどういう意味を持っていたであろうか。村に生計を維持するだけの資源と仕事がなければ出稼ぎに出る以外に生活向上の道はなかった。

能登杜氏《とうじ》は越後杜氏、灘杜氏と並ぶ酒造りの出稼ぎ集団である。この集団のリーダーになる人は必ずしもオヤッサマの階級ではなく、腕一本で技術をみがき上げてきた耕地をあまり持っていない人々が多かった。ひとたびこの人のもとに集まった集団にはオヤッサマも小作人もなかった。足の早い者が先に行ってその日の宿をとり、力の強い者が弱い者をかばいながら目的地までの長い旅を続けた。旅先で見た新しいもの、自分たちの村にはない便利なものを持ち帰って村の生活を徐々に変えていった。農業技術の改良も出稼ぎ中の見聞によることが多いといい、家の改良や服装の変化などもその経済的な影響が大きい。そのことは家の増改築年表

生活暦

＊＝行なわれなくなった行事
■＝農耕関係の行事
○＝宗教関係の行事（●禅宗　○真宗）

月	日	行事	記号
1月	1	神様の正月	
	2	仕事初め＊　初寄合	
	4	年頭の正月。里帰り	
	7	七草（七草粥）	■
	15	小正月（田植正月）（小豆粥）	＊■
	28	寒の入り（寒の餅　＊）	
2月	1	人間の正月	
	3	節分。（豆まき。天気占い＊）	
	9	アエノコト（田の神様）	■
		山の神様（初山入）	■
	11	田打正月	＊■
	13	お斎き初め（二日門）	○
	17	若い衆講	○
	18	昌樹寺初お講	●
	20	ハツカ正月（ヤッコ正月）	＊
3月	1	重ねの正月	＊
	15	ネハン会（団子まき）講	●
	20	彼岸中日。講	○●
4月	3	節句（ひし餅）	＊
		般若経の虫干し日。講	●
	22	春の例祭。（谷内神社の祭	
	〜	若連中が中心。みこし、ヤ	
	24	マを出す。ニワ踊り＊）	
5月	2	八十八夜	
	8	花祭り。講	●
	12	火祭り。山下りの日	＊
	22	田植え市（飯田）	
		田の神（オオタウエ）	＊■
6月	5	ショウブ湯	
	30	ミナヅキ	＊

明治時代の生産暦　現在の生産暦

- 1月：富山の薬売りが来る
- 1月：烏帽子ゴに歳暮を配る
- 1月31日：借金の支払い日
- 2月11日：＝オカドを紹介し契約をする
- 3月：春のセンダク（農良着泊り・里帰り）
- 3月：出稼ぎから帰る
- 4月：＝オカドが住み込む
- 4月：種モミ　苗代作業
- 4月：種まき
- 5月：＝昼寝が行なわれる（二百十日まで）
- 5月：本田耕作
- 5月：＝オカドが山仕事から下りてくる
- 5月：＝嫁が近所に田植用品を配る
- 5月：田植
- 6月：野休み（飯田の馬市を見に行った）
- 6月：草取り

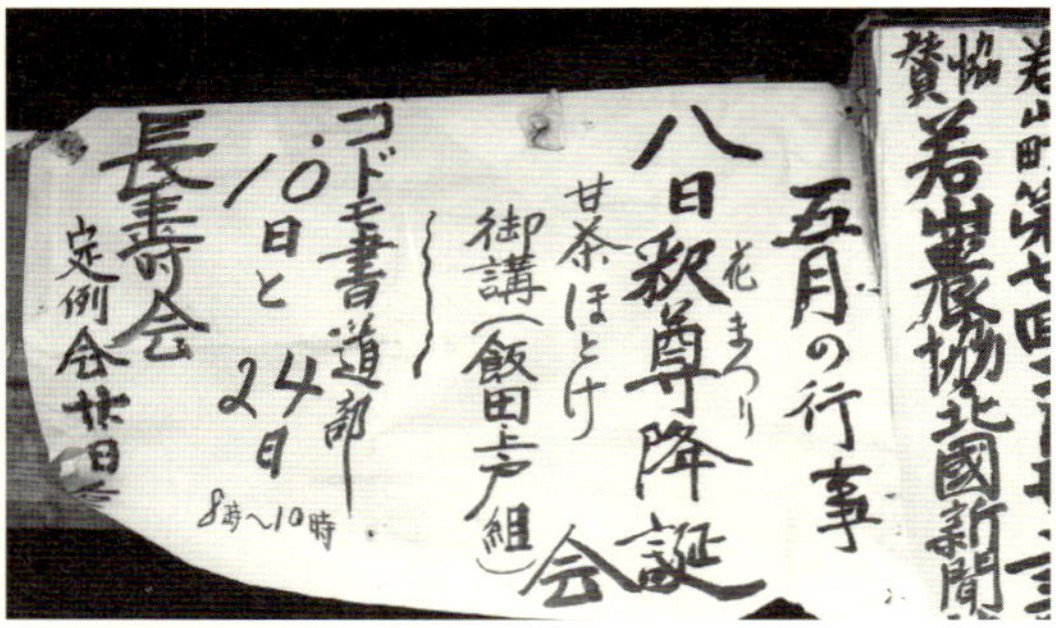

昌樹寺の5月の行事案内。

電車で農村部へ行く漁村の行商人。魚介類と農産物を交換したりする。

毎月2と7のつく日に立つ珠洲市飯田の「二、七の市」。
撮影・大島潤一

月	日	行事	記号	
7月	1	オンノキバ（種籾をいって食べる）	＊	＝夜ナベが始まる。（精米や洗濯、二百十日まで。この後、夕食となった）
	15	虫下し（悪い病がつくと言って、朝仕事も休む）	＊	夏のセンタク（冬仕たくをする）
	30	ミナヅキ	＊	土用の虫干し
				←富山の薬売りが来る
8月	7	七日盆（墓掃除。子供がキリコを出す＊）		14、借金の支払い日
	13〜17	盆（迎え団子、送り団子を作る。墓参り。盆踊り、盆棚を床の間に作る。講）	○●	←婦人が稲刈りの出稼ぎに行く
9月	1	二百十日（ボタン餅）	＊■	＝夜ナベ、昼ねが終る
	15	小正月（アズキ粥）	＊■	
	23	秋の例祭。彼岸。講	○●	
10月	25	開山忌の講。	●	出稼ぎに行く
	28	刈り上げの祝い日（刈り上げのボタモチをつくる）	＊■	輪島の海女が行商に来る（引き替えに後で米を取りに来る）
				脱穀
				稲刈り
11月	3	イネコキ上り	＊■	みそたき
	3	豆落しの祝い	■	
	28〜22	お七昼夜。講	○	
12月		オトロコシ（一日〜二十日）	○	雪囲いをする
	5	アエノコト	■	＝オカド帰る
	31	オオトシ市		正月の準備（山へ松やユズリ葉を取りに行く。餅つき・市へ買物）

ひとこと　表を見ると農耕とお寺さん関係の行事が多い。たとえば農作を神に願い祝う行事は、農耕を生産基盤とする人々の生活であった。その行事がなくなってきたのは暦が示すとおり、農作期間が短縮されて作業過程と行事がかみ合わなくなったり、行事のにない手が出稼ぎに出てしまったりして、実生活が行事と離れたものになってしまったからである。それでもお寺さん関係の行事が残っているのはひとつには、祖先を大切にする心、ひいては自分達の家や土地を守っていこうとする気持の現われと思える。

人々は行事の日に体を休める以外は、早朝の草刈りから、田仕事、その手すきの時は山仕事と、日一杯働き、炉のそばやニワで夜ナベ仕事をする生活であった。

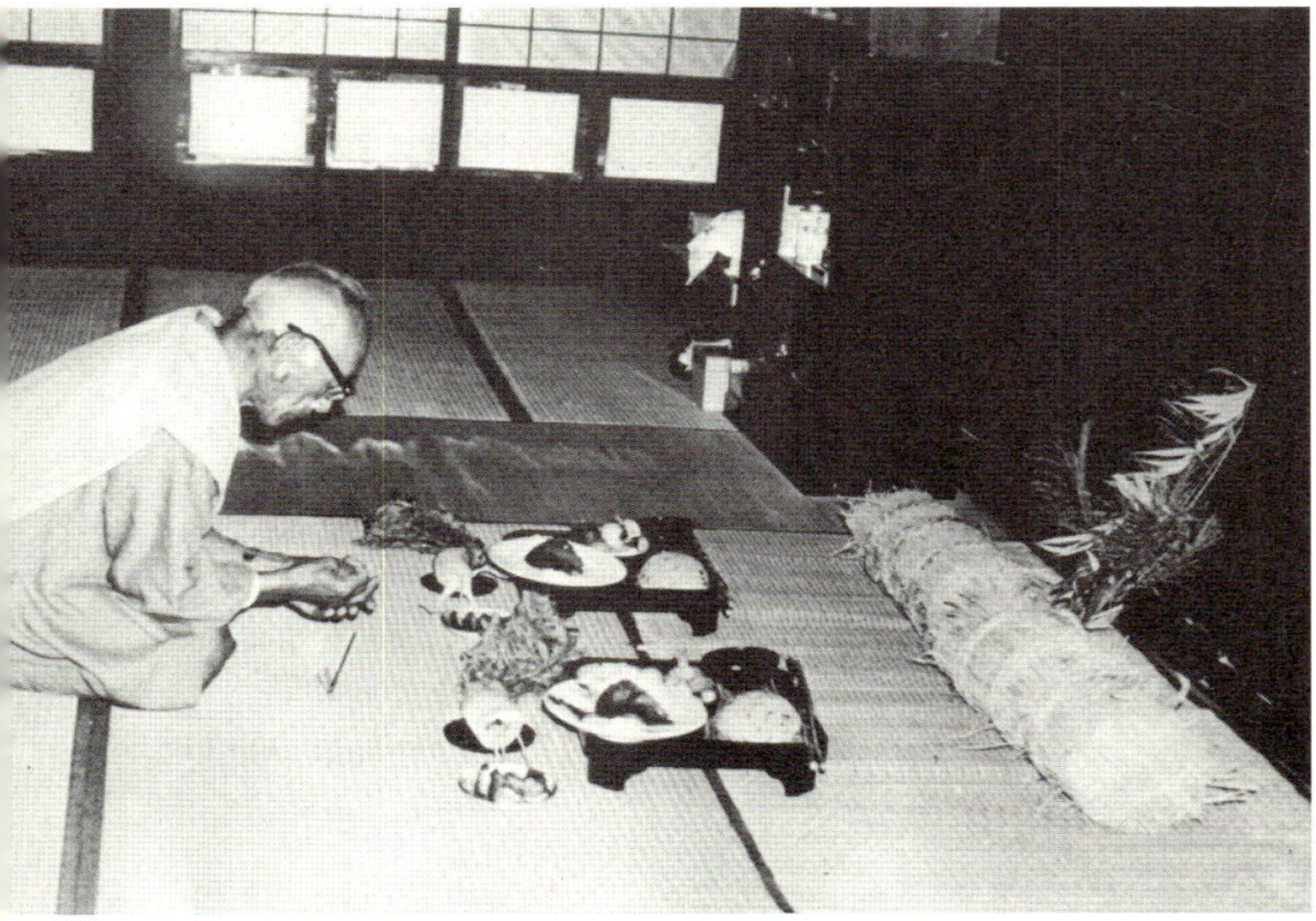

田の神を祀るアエノコト。奥能登を代表する行事

アエノコトの供物

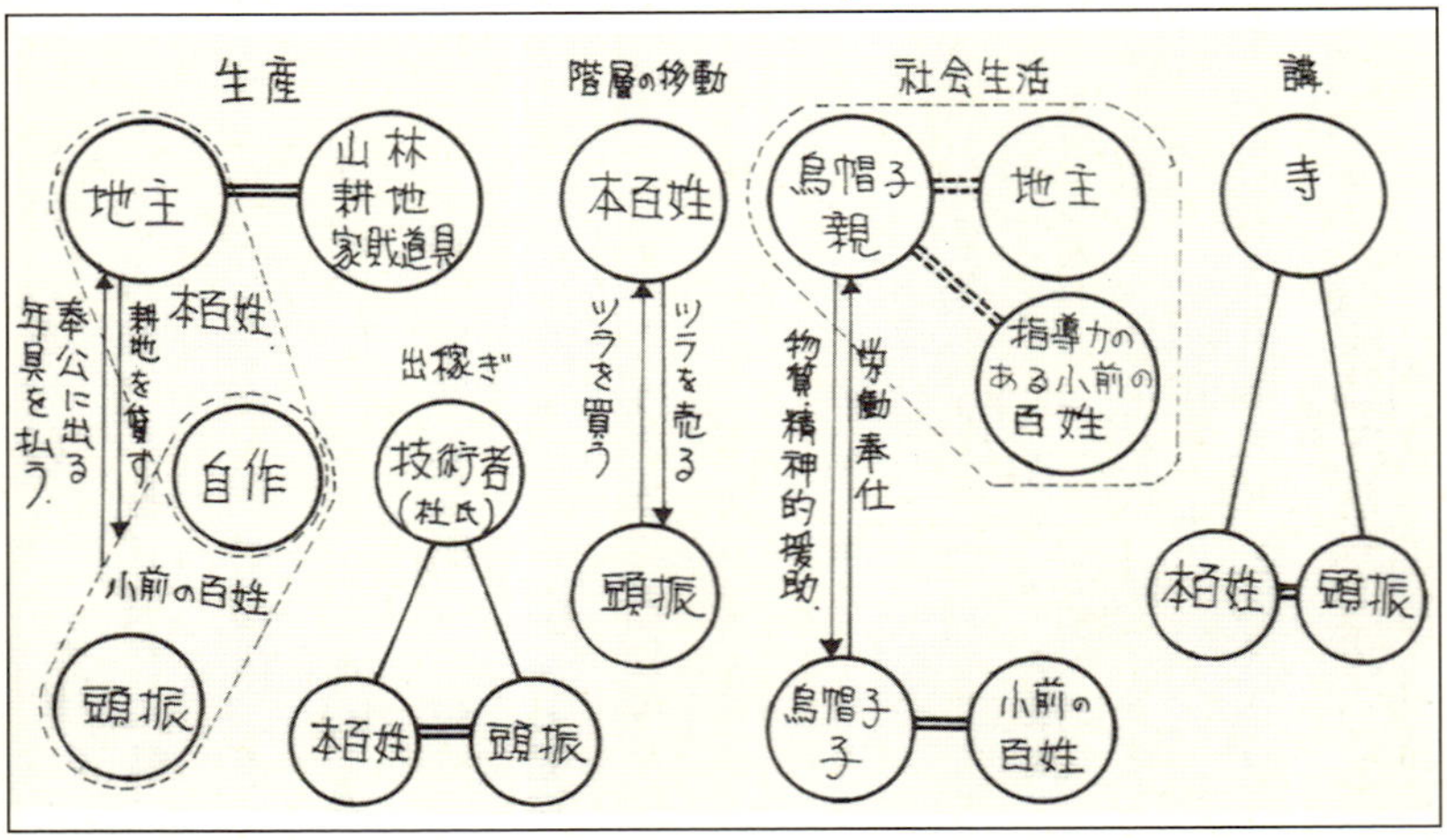

村のしくみ

でもわかる。停滞しがちな半島社会に活気を吹き込み、また他所者を受け入れるおおらかさも出稼者の体験によるものであった。

　火宮にかぎらず若山地区一帯は、村の人たちがお互いに助け合って生活していた頃の習慣が今なお生きている所である。たとえば「烏帽子子《よぼしご》」「かねつけ子」の関係がそれである。烏帽子子は血縁関係のない男同士、かねつけ子は女同士で結ばれる擬似的な親子関係である。

　一般の農民が自分の村の中での役割を果たし、平等に付き合いができるように経済力のある人や、村をまとめていく能力のある人と親子関係を結ぶ。子供は実の親子と同じように物入りのときに使うおぜんや食器類、ふとんの貸借、結婚や離婚の相談など烏帽子親の力を借りていたようであるが、主にこのような精神的なつながりが強かったようである。

　そのかわり烏帽子親の家で田植や稲刈りがあるとき、あるいは結婚式や葬式などとり込んでいるときは、何をさておいても手伝いに出かけていく。町野の下時国家《しもときくにけ》では天井裏にモミをかくす場所をつくり、冷害や旱魃など非常の場合はそれを出して農民に与えていたと伝えられている。今でいう社会保障の制度がこの親子の間で結ばれていたと考えることもできる。

　これは一代かぎりで、世帯主が代ると改めて契約される。このとき次の世帯主が指導力がなかった場合、別の烏帽子親を選ぶことも自由であった。一方頼まれた方では断ることはなかったようで、経済的にも精神的にも相当の負担がかかっていたという。だから当然烏帽子親に頼まれる人たちは多くは水田や山林、家財道具類を充分持った力のあるオヤッサマたちであったわけだが、地主—小作の関係とはまったく別の原理でなりたっていることを見逃してはならない。多くのオヤッサマの屋敷内には床面積が十五坪位の蔵があり、一階は米、二階にはおびただしい数の家財道具がつまっている。

　Tさんは七十三歳になるおじいさんであるが、親子代々烏帽子子を持っている家柄であった。ぼくたちの世話役を引き受けてくれたのも、いわばぼくたちの臨時の烏帽子親になってくれたわけである。茶話会でみせたTさんのきちんとした態度の中に昔のオヤッサマの姿が生きているように感じられた。

　部落の人たちはTさんを信用してぼくたちに協力的な姿勢をみせてくれた。四十人もの多くの学生が割としきたりの厳格な歴史の古い村に入り込めたのはTさんのような烏帽子親になっている人々の協力が得られたからだろう。

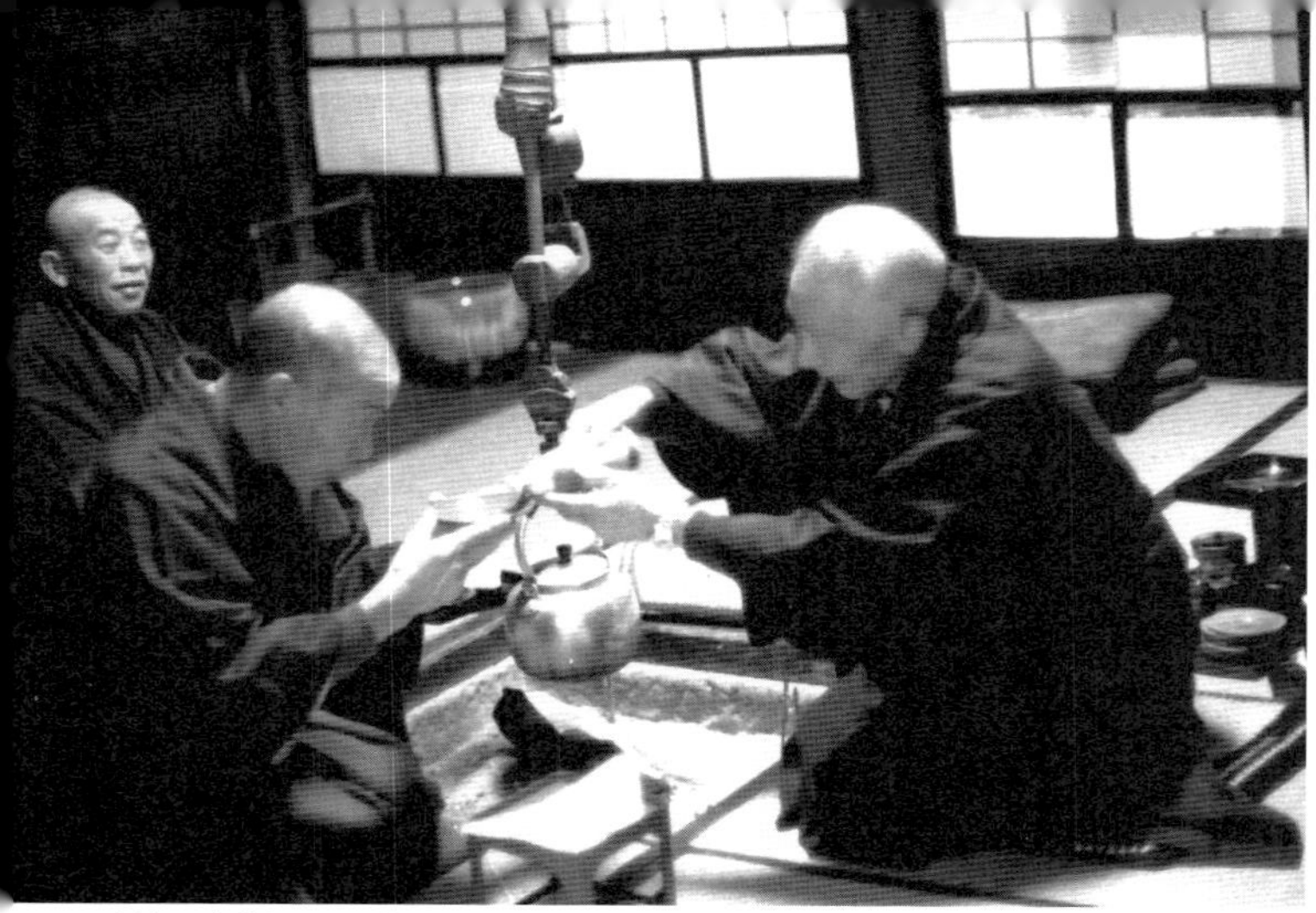

正月に烏帽子子が親にあいさつにくる。

物を借りようとしたときや調査でいきづまってしまったときは必ず区長さんとTさんに相談した。「学生さんたちが困っているから大きなバケツを借してやって下さい」とか「あんたの家の天井裏に上がって測量したいそうだから協力してやって下さい」というようなTさんの一言がなかったなら、部落の人々はこんなに協力してくれなかったかも知れない。

小前の農家の中でも二男・三男、あるいは女子を町の商人や大きな農家のもとへ奉公に出す家が多かった。男の奉公人をオカドとよび、主に塩木の伐採や運搬、農作業が主な仕事であった。女の奉公人はツヅクリとよび子守りや家事雑用をした。オカドが奉公に入るのは四月三日で、十二月五日まで仕事をする。この間の給料は米で二石五斗が標準であり当時では決して安い報酬ではなかったという。しかしオカドを出している側の家では度々米の前借りをしなければならなかったので、十二月五日に実家に帰るときにはすでに実家で食べてしまっていたという例が多い。火宮では七軒ほどの家がオカドを使っていた。大体一人か二人が普通であった。これも力のある農家と力の弱い農家が共存していく良い方法であったと考えられる。

加賀藩への年貢の納め方は村全体の共同責任であった。だから一人でも納められない人が出ると全員がその分を分担する。誰かが転びそうになると皆で起してやろうと努力する。これが一般的な村のしくみである。しかし自力で立ち上がれない者は村の中での役割を果していないことになるので、村の一員という資格を失ってしまう。本百姓から頭振に転落する農家も少なくなかった。だから常に人並であろうと努力する。人並に生活するのは容易ではなかったという話をしばしば耳にしたが、大きな家でも小さな家でも基本的な間取りのパターンが同じであるのは、この現れではないかと思う。

平面図の語る生活の歴史

集落全体の配置図の実測班の他に家々の平面図・立体図・断面図を測量する班があった。このうち平面図が長い歴史の中ではぐくまれてきた、民家やその中での生活をもっともはっきり語っているようであった。

この班は一般民家の中に入り込んで間取りの構成、各部屋の名称や使われ方、生活用具の置かれている位置を細かく図面の中に書き入れていく。柱の太さ、壁や建具の種類、柱や床に使っている材料、家具、棚、設備関係の器具、その他十センチ以上のものはすべてである。実際には時間と人数の関係で手がまわらなかった家が多

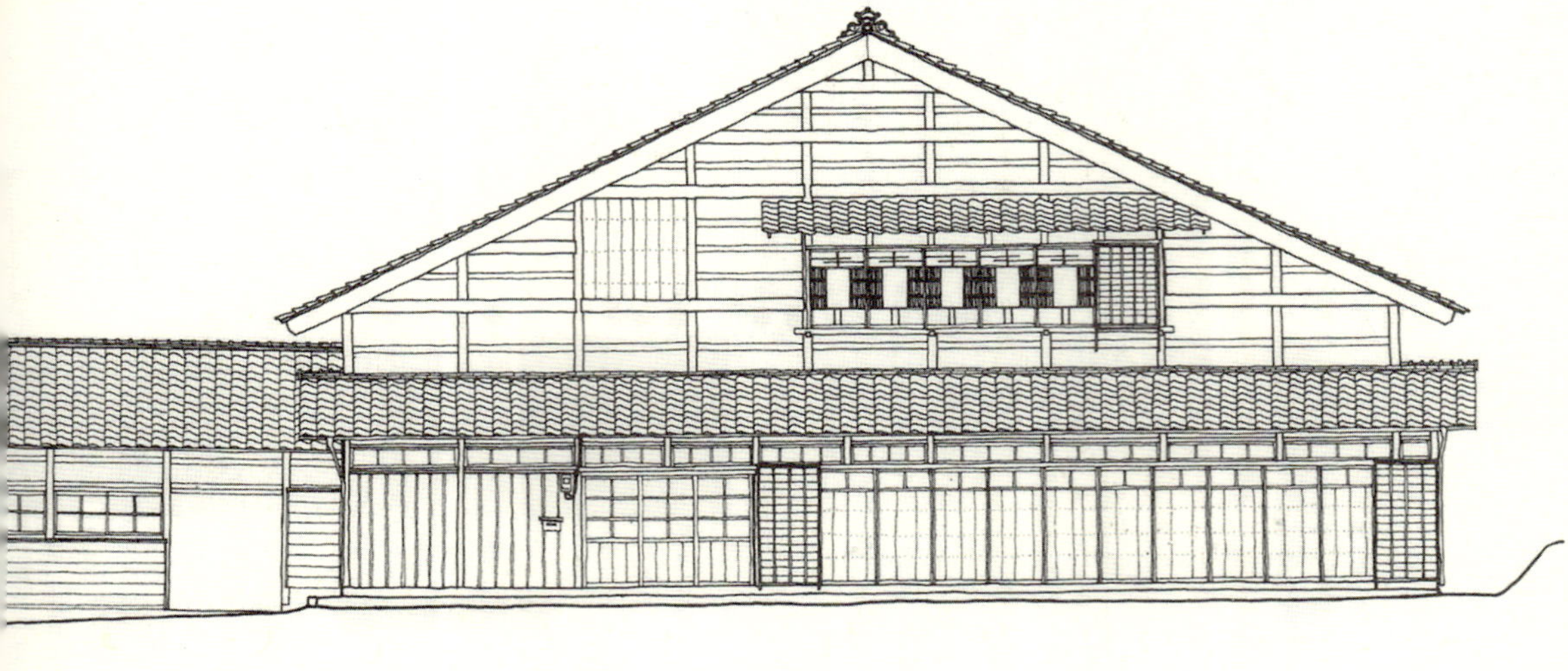

畠中家東立面図

かったが、これは大内を調査したときからとっている方法である。人間生活のもっとも日常的で身近かな部分から民家を見ていこうとしたのである。単に間取りだけをとっていくやり方にくらべて、相当時間はかかるが、人が住む器として民家をとらえるには比較的有効な方法であった。また家の中での動線（人の移動する線）や使い方を見ていくうちにそれらが道具とかなり結びついていることも明らかになっていった。

しかしこの方法で一番問題になることは、他人の家の中に入って隅から隅までスケールを当てて書き出していくことである。誰でも他人に見られたくない場所を持っている。そこで毎日部落の人々に許可をもらいにいくのがひと仕事になった。最初ははっきり拒否していた人も半数以上の家をとり終った頃には許可してくれるようになった。

このようにして各家の平面図を作ったことは、別の結果を生むことになった。部落全体の間取りがわかったから全体配置平面図の作成も可能になり、もう一歩民家の側から火宮の生活に入り込む足がかりとなった。つまり主屋の建坪や各部屋の大きさを数字に置きかえて火宮全体の傾向を見ていったり、増改築された場所や現在どのような使われ方をしているのか図面に落していくことができた。

歴史のある民家の中で人々はなお生活を営んでいるのであるが、平面図がそのまま現在の生活パターンを表しているわけではない。そこで家の増改築の仕方や各部屋の使われ方の変化をみていくと、人間生活の変化と住居右手が母屋で左手が納屋であるが両方を合わせると実に40メートル近くもある。かってては納屋の大きさは農業経営の規模の大きさを示すものであった。裏には一階が米、二階が衣装の入る蔵があり、火宮にはこの規模の家が六軒ほどある。

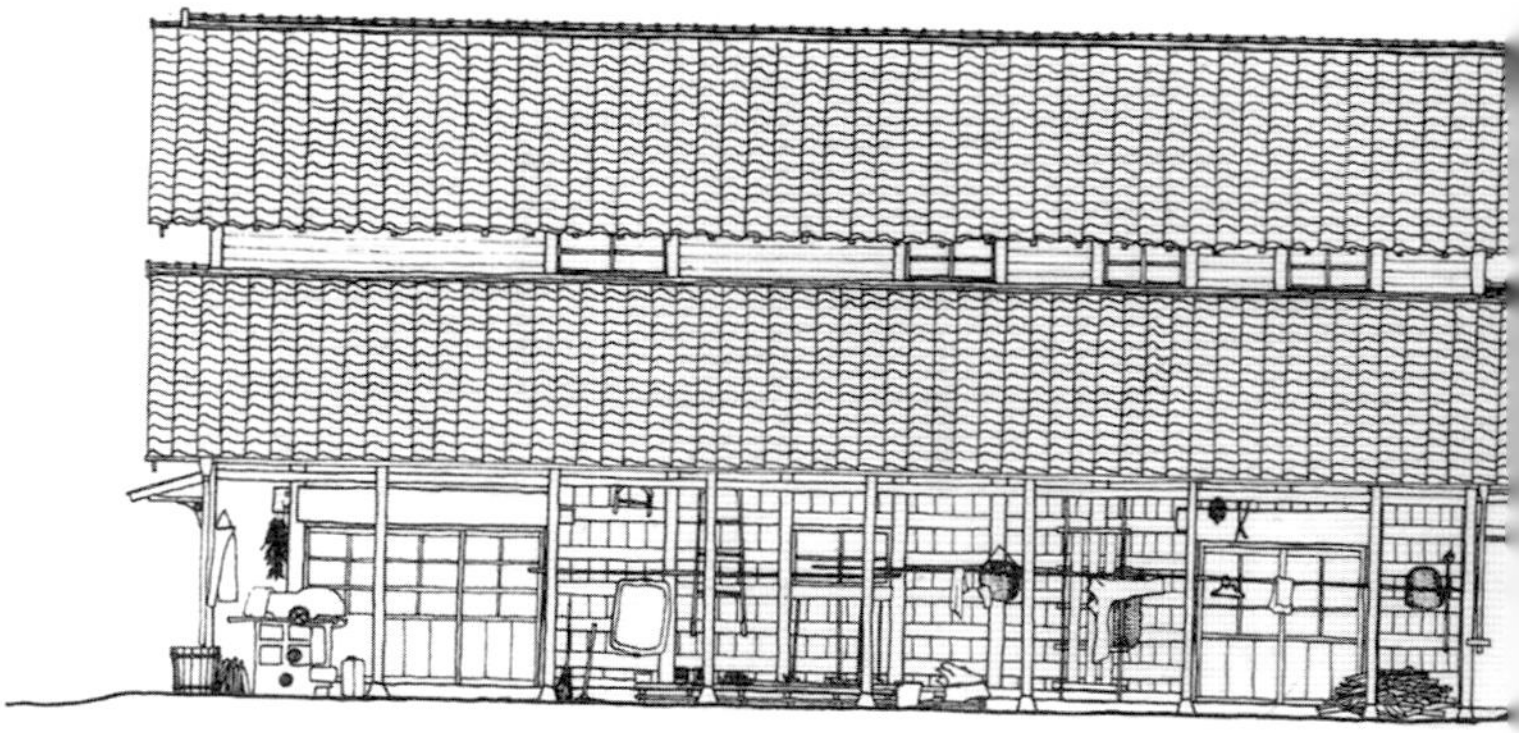

との関係が端的に現われてくる。たとえばどの部分も同じように変わるのではなく、行事の場所はいっこうに手を加えてはいない。生活の場がひっきりなしに増改築されているのである。生活のどんな面が変化しているのか反映していて興味深い。

●家の大きさと農民の階層　火宮の民家は大きなものが多い。一般の農家でどうしてこのような大きな家がつくられたのか、どのような人々がどのように使いこなしてきたのか、大変興味をそそられる問題であった。

　まず大きな特色は農家でも家の大きさによってその階層が区別されていたようである。江戸時代の加賀・富山藩の農家の階層は本百姓（高持百姓）、頭振《こべふり》、藤内《とうない》とにわかれている。本百姓の中でも力を持っているオヤッサマの階級は間口九間、奥行六間の家を持っていることが普通であった。これをクロッケンの家とよんでいる。また間口八間、奥行五間の家は大体自作農の階級が多く、自分の耕地をあまり持っていない家は間口六間、奥行四間の家が多かったようである。大きな家でも小さな家でも基本的には間取りの構成はかわらない場合が多い。

　この地域でも十村《とむら》役をつとめたことのある延武《のぶたけ》家や黒丸家などは加賀藩から特別の許可があって、もっと大きな家を持つことが許されていた。現存している黒丸家は間口十二間、奥行約九間である。

　しかしツラを持った本百姓のなかでも家で不幸が続いたり年貢が納められなくなると力をつけてきた頭振がそのツラを買って本百姓になる場合もあったといわれているから、必ずしも階層が固定化されていたわけではない。

間取りの構成は冠婚葬祭、および年中行事などのために使われる公共的な部屋と家族の日常生活の場所と二つにわけることができる。

上座敷、中の間、茶の間が前者に属し、台所、流し、納戸、下の間が後者である。その他準備用のジョーノマ、ケショーノマがあげられる。

●座敷　火宮川の流れに沿って上《かみ》から上座敷、中の間、下《しも》の間が配置されているのが一般的である。この上下に配された三つの部屋を通して何々間下《くだ》りとよんでいる。八畳、八畳、四畳あるいは八、六、四の組合わせの場合は二間下り、六、六、四また六、四、四の組合わせは九尺下りである。火宮では最高二間下りであったが他の部落では二間半下りという大きなものもあった。多勢の人をもてなすには二間か、二間半下りが一番使いやすいということであった。

上座敷の正面には床の間があり、禅宗の家は三《み》ツ床《どこ》といって床が三等分されている。また真宗の家は二ツ床が一般的である。この部屋には普通神官、寺の住職や社会的に地位のある人しか通すことがなかったという。

ここには正面に向って右側にあるシキダイを通って直接外から入る。そしてスゲタの下《しも》に用意された風呂に入り、体を清めてから上座敷に上がったという。

中の間は一般の客を接待したり、宿泊させるために使用するが、小さな家にはない場合がある。

若夫婦の寝所として使われているのが下の間である。またオヤッサマの家で女の奉公人を使っているときはこの部屋に泊めたという。

財力によって部屋の大きさが顕著に現れるのは下の間であるといわれているが、火宮では大体四畳の家が多い。小さな土間の家は秋の取り入れの際、稲の置場として使われる場合もある。

●茶の間　家の真中に位置し、神棚といろりがある。名前はここがかっての家族の居間であったことを語っているが、現在は家族の日常の生活の場ではない。しかし各家単位の行事はほとんどここで行なわれる。神棚を使う行事には、正月、七草、田の神、お彼岸中日、節句、二百十日、ショーブ湯、小正月、刈り上げ祝日などが上げられ、いろりを使う行事は正月、田の神、節分がある。この他に大田植（オヤッサマの家の田植）のときには、手伝いに集まった人々が茶の間で接待を受けるし、正月に烏帽子子がオヤッサマにあいさつするのもこの部屋である。本来は居間であったわけであるから、日本の居間というものの性格を考える上で、じつに興味深い。

家々の行事は神事的なものと仏事的なものに大きく分けられるが、このうち農業に関連した神事的な行事は年々すたれつつある。たとえば田の神がその良い例である。人々の生活の中で農業に対する比重が少なくなるとこの種の行事は行なわない家が多くなった。それにつれて人々の茶の間に対する意識も変わりつつある。この部屋に茶ダンスや本箱が置かれていたり、通路として使っている家が多いのはそのよい例であろう。しかしひとたび正月など行事があるときはまた本来の姿にもどる。

●リョーノマとケショウノマ　この他に大きな家では行事のとき料理を配ぜんするための部屋としてリョーノマ

（あるいはジョーノマ）があり、着がえのためのケショーノマを持っている。

　これら主に行事に使う部屋を総称して「ハレの空間」とよばれているが、個々の部屋の間仕切をとりはらってひと間として使われる場合がよくある。結婚式、葬式、まつりのときがそれである。ぼくたちが茶話会を行なったときもそうであったが、ハレの場だけで二十坪ほどの広さがあって、四、五十人の人が楽に会食できる。

●納戸《なんど》　このような開放的な場の中で個室の性格を強く持っているのが納戸である。この部屋は主人夫婦の寝室として使用されている。世代が交代すると下の間の若い夫婦がここに移る。

●ニワ　農家で一番必要とされた場所の一つとしてニワ（土間）があげられる。ニワでの農作業の主なものは脱穀である。晩秋になると時雨やくもりの日が多くなり、農作業は屋内で行なわねばならなくなる。作男を二、三人も使って百姓していた頃は十五坪から二十坪必要で、ニワの中に四台ほど脱穀機を置いて作業したという。下の間の上り口である広縁には山のように稲束が積まれ、昔はよなべで稲こきをした。

　現在そういった屋内での農作業はマーヤとよばれるナヤで行なわれている。マーヤは能登馬を飼っていた馬屋であったわけだが、昭和十五年頃から馬が減りナヤに改造されるようになった。そして昭和二十五年（一九五〇）以降自動脱穀機や耕耘機が一般化すると、大型農具をしまっておくためにナヤはかかせないものになり、ニワでの作業も完全にナヤに移る。そうなるとニワの一角に現在の作業の仕方に合わせて、新たに作業場や収納場を増築したり、事務所などに改造する家もでてくる。

　このようにニワの役割は農具と農作業のしくみの変化で大きく変わり、形もまた変ろうとしている。

●ダイドコロ・ナガシ・食堂・風呂　いろりを中心にして食事、休息など家族のための部屋である。ごく親しい人がきたとき世間話をするのもこの部屋を使う。六、七年ほど前まで板の間であって、いろりのまわりにむしろを敷き、その上にうすべりを敷いていた。

　そしてどこの家でもナガシで炊事の支度を整え、ダイドコロのいろりで煮炊きをし、そこで食べた。それが改良かまどが普及したことで日常の煮炊きはナガシに移った。

　この頃からニワでの農作業がなくなり、ダイドコロに畳が敷かれるようになる。そして一方では出稼ぎが活発になり、テレビの影響で都会の生活を知り、電化製品も入ってくる。

　生業が農業から出稼ぎや通勤中心に変った家々からダイドコロやナガシが急速に変化してきた。ナガシを床張りにして食堂に改造し、あるいはナガシをそのままにして食堂を別に増築する。そして食堂ができると食事もダイドコロから食堂へと移って、ダイドコロは名前だけ残して実際はずっと以前の茶の間のようになってくる。家族のためだけの場ではなく、客づきあいもここで行なわれるようになった。

　また風呂ももとナガシの一部に釜やオケを置いて使っていたが、昭和二十七年以降タイル風呂が入ってくるとこの家は母家の建坪が七十九坪ある奥能登の典型的な民家の一つである。室内にある物は大方書き込んだつもりであるが、図面を見ると整理整頓がいきとどいていて、なおさら広さを感じさせる。火宮の民家のほとんどは、きちんと整理されている。

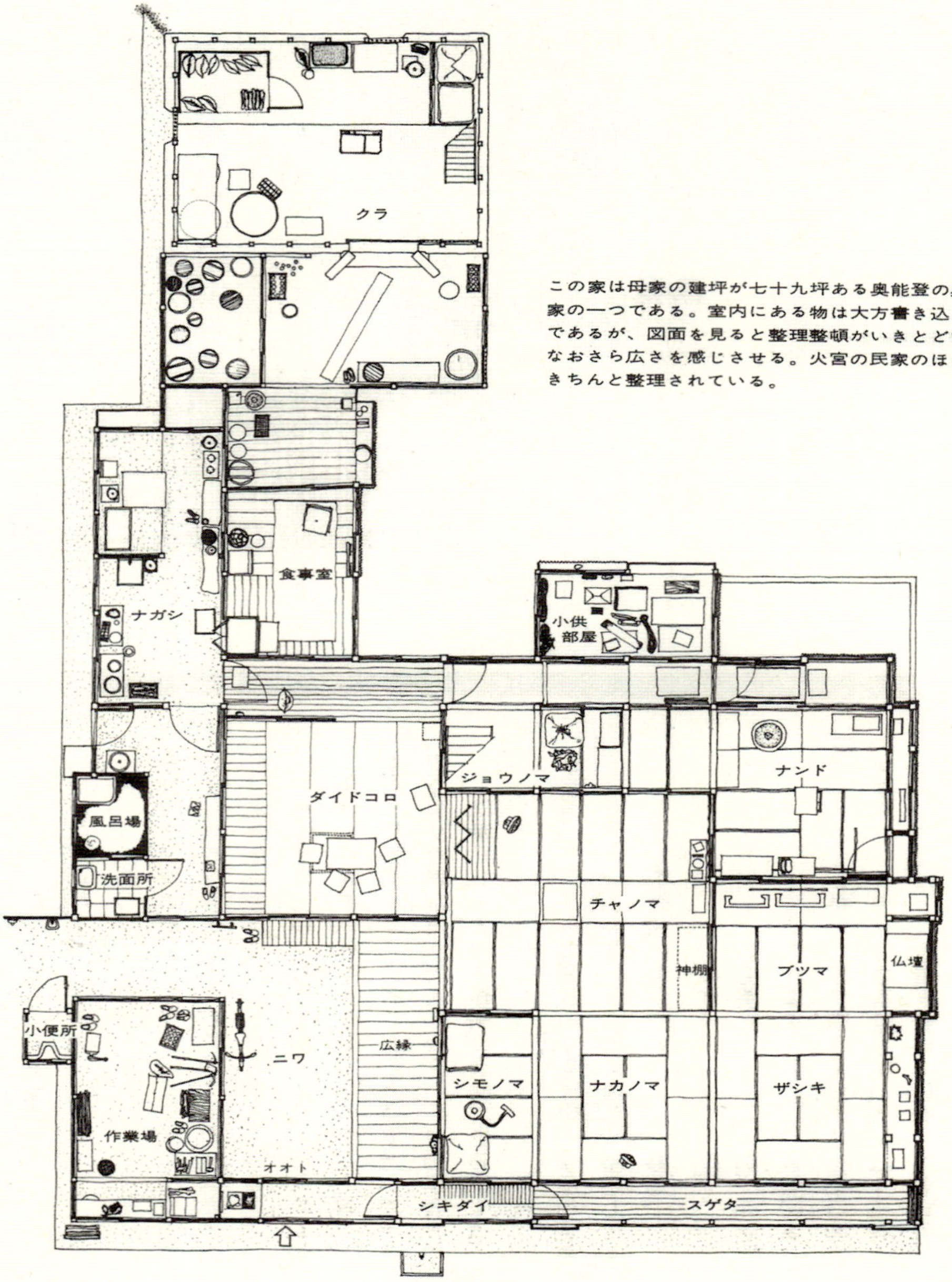

田中家平面図 1820

田中家のニワ（土間）から座敷を見る。奥からザシキ、ナカノマ、シモノマ

アマ（ニワの二階の物置）にあがる梯子《はしご》

盆の床の間

チャノマに春まつりの打合せに集まった若い衆。撮影・大島潤一

浴室が一つの囲われた部屋として独立してくる。今ではもう古い形は見られない。

●便所　便所は大きい家には二種類あった。主屋内の大戸の脇やスゲタの端についていたりする客用の上便所と、マーヤに作られた下便所とである。

しかし一般の家では他の土地の農家の多くがそうであるように便所は主屋には置かず（小便所はある）別棟のマーヤにある便所を使っていた。現在では化学肥料にたよるようになって肥ダメの重要さは減ってきたが、まだ畑には必要でナヤの便所を使用している家は多い。

●二階の改造　以前萱葺きの家であったときは、ダイドコロや茶の間の上は吹抜けで二階はなかった。ニワの上にだけアマといってニワから梯子《はしご》で上り降りした収納場所があり、屋根を葺く茅を貯えたり、薪や雑用物を置いていた。また家によっては作男がここに寝泊りしていた例もある。それが大正の初年屋根を茅から瓦に変えはじめたとき、二階を増築した家が数軒みられる。平入りの茅葺きであったものを妻入りの瓦葺きになおすと屋根からおろした雪が家の前にたまらないだけでなく、二階が作れるようになった。ここ数年来、家族状況をあわせて子供部屋、若夫婦の寝所として二階を改築している。広間型の間取りより個室を重んじるようになってきた。

●大きな民家を支えてきた人々　この基本的な間取りの構成に大きな影響を与えたのは浄土真宗の普及だという説が一般的なようである。真宗信者の家では報恩講などをひらいて同行の者に集ってもらうために広間を必要とした。講は各家でもちまわり行なわれるため、二十数年に一度しかまわってこないが、このときはそれぞれ食料を持ちより、オヤッサマも頭振も一信者として参加したという。だからどこの家でも人の集れる場所を持っていなければならなかった。

もともと茶の間は家族のための生活の場であったが、それがしだいに儀式用の場になっていったのもひとつには真宗の普及と講の発達で各家に立派な仏壇が置かれ、仏間がつくられるようになると仏間と茶の間の板戸を開けたとき、仏壇が茶の間に向うようになり、この茶の間が先祖様の目がとどく部屋となる。したがって家の行事を行なう場としての性格を持った。そのため新たに家族生活の部屋がニワの後半部に設けられるようになったという。

火宮で一番大きな家は一階住宅部分の建坪が八十二坪で、そのうち主な部屋は茶の間が七・五坪、座敷が三つ合わせて十一坪、ダイドコロが七・五坪、ナガシが九・五坪、仏間が五坪となっている。この地域の一般の農民はオヤッサマと深いつながりを持っていたことは前述したが、これらの人々はオヤッサマの家族の一員として扱われていたので家の行事をする場である茶の間は多くの人々によって使われるようになり、次第に公共的な場となっていった。年中行事が小前の家よりもオヤッサマの家に比較的多く残っているが、この現象はひとつには、オヤッサマの家が中心になって多くの行事を行なっていたことが言えると思われる。一方オヤッサマの方では、何か行事があるときにいかに多くの手伝いを集められるかということが、村の内外で自分の地位を示すことになり、そのため普段から何かと村人の世話をやいていたようである。

このように大きな家を支えていたのはオヤッサマの経済力と小前の農民の労働力であったように思われるのである。

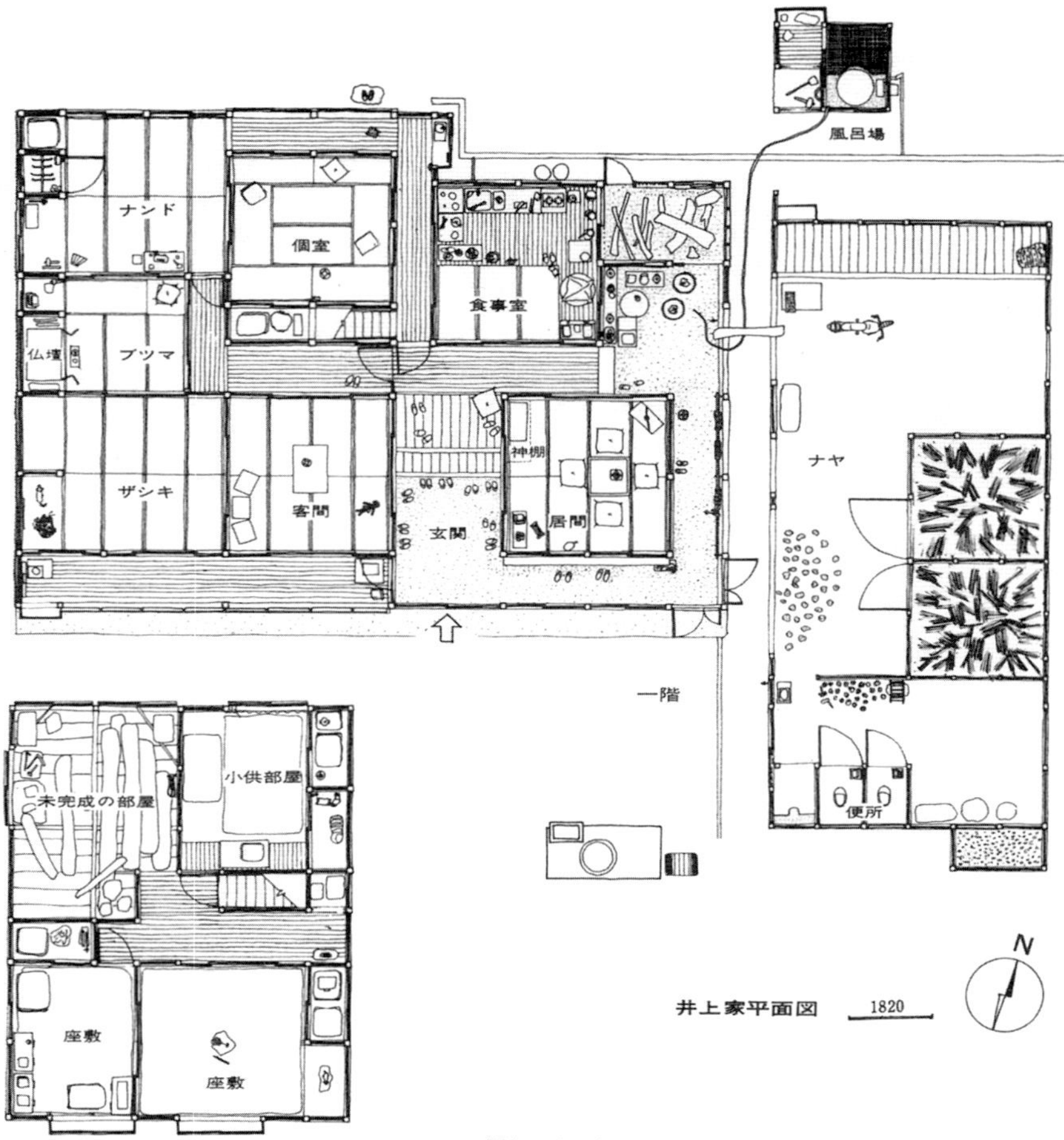

昭和四十三年に新築された家である。茶の間がなくなって廊下がつけられ個室を確保し、ニワがなくなって玄関がつけられた。またダイドコロが居間的な場となり、ナガシであった場所が食堂となった。しかし座敷・仏間・ナンドは伝統的な間取りにしているので、広い見方をすれば増築の傾向と一致しているといえる。玄関に台を置いて畳を敷くと、座敷・客間・玄関・居間がひと続きとなり、大勢の人の接待もできるようになっている。

ぼくたちの学んだこと

長い期間と莫大な労力をつぎ込みいつ還ってくるかわからない報酬を求めてなぜこういう調査をするのだろう。

真夏の太陽が照りつける奥能登で、静まりかえった火宮部落と、何ともせわしない宿舎とを毎日往復するぼくたちのほとんどすべては同じような疑問を抱いていた。

民家や集落をさぐっていくとき、その形のもつおもしろさ、家の配置や民家自体の持つ空間構成のたくみさなどひきつけられるものは少なくない。もちろんそれらは、何代も何代もかけて生みだし受け継がれてきたものだ。能登の古い大きな民家を見ていると、そこに家々の歴史を強く感じる。その歴史は生きており、その中で生活する人々がいる。ぼくたちはその人々を無視したところで調査をしたくなかった。まず人々の生活や考え方や歴史を知らねばならない。

しかしそこを出発点としたとき、大きな障碍がある。まず現地の人と同じ見方で物を見ることができない。そこで生れ育った人でなければわからないものの価値がある。まずそれを理解しようと努力しなければ、一方的な解釈で終ってしまう恐れがある。

とくに調査者がある目的をもってそれに関係あるものをピックアップして明確な体系をつくり出して行こうとするとき、調査者の必要なデータは集っても、それが調査対象の実態を物語るものとは限らない。

それでは現地で目に映ったあらゆるものを総合的に調査するにしても基礎的な教養を持たないと現象の持つ意味を誤解することもある。また細かに忠実に見てゆこうとすればするほど現地の人と調査者の間に摩擦をおこす可能性もある。そのためある期間は地元の人と一緒に生活しながら、調査したいことを一つ一つ了解を得てゆかねばならない。時間はかかるが少しずつ本当のことがわかってくる。では「本当のもの」とは何だろう。

ぼくたちが精一杯努力すれば目に映ったものを図面なり、ノートなりに記録することはできる。これがより正確であれば、客観的な資料としてグループ内で活用することができるし、この調査に直接かかわらなかった人達も他の地方と比較する時の参考資料となる。たとえば平面図に描き現われた民家の間取りや立面図、断面図、全体配置図、村の財産として保存されている古い地図や土地台帳、古文書などがそれである。

しかしそれだけで人々の生活や歴史がわかるはずがない。アンケートや聞き取りだけではそれはムリだ。結局とてもむずかしいことだが村の人々の立場にたって物事を考えていくより方法はない。

残念ながら火宮でもこの方法で必ずしも成功したとはいえない。やっと得られた一つの事実から小利巧にたちまわって色々憶測を出していくことが多かった。

できるだけ多くの資料を集め、それを分析し、信憑性のあるものを選択して蓄積していく作業、目に映った事象を細かく図に落していく作業、土地で得られた資料をコピーする作業などは気の狂いそうになるほど単調な仕事である。しかも主観的な見解をいっさいとり除いたところで行なわれる。小利巧に立ちまわっていたのではとうてい耐えられるものではない。

材料や技術、その土地の風習や文化、これらを支えてきた人々など一つの民家をとりまく要素は非常に多く、その一つ一つが深く巾広い。だから少し足を踏みはずすと、民家と関係のないところまで突走ってしまう。しかし一見関係ないと思われていたことがらの中に、重大な事実が潜んでいることがよくある。事実「能登の民家はどうしてこんなに大きいのだろう」と最初に抱いた素朴な疑問にヒントを与えてくれたのは、年中行事や農作業を細かく聞き出していったその言葉の中にでてくる能登人の生活態度であった。

一見関係のなさそうな事実がごく自然に結びついてくるまでは、相当細かい調査が必要であるし、できるだけ主観が入らないようにしなければならない。だから最初からある目的や体系を組みたてて、それに関係のないものは切り捨てていくやり方にくらべて、莫大な労力と時間を要するのであるが、ぼくたちはそれをやらねばならぬと思う。このようなことが自信を持って考えられるようになったのは、実は大分たってからである。じつはお互いにもっと手っとり早く、多くの成果を期待していたのである。

だからであろう夏の調査はとにかくすさまじいものであった。関心を異にするものが毎夜はげしくぶつかった。ちょうど大学でのストライキが終り、教師は学生を信ずる事を忘れ、学生は教師について行かなくなっていた。そして学校では何とも空虚な授業が繰り返されていた。この調査に参加した学生たちも、何とかそんな状態から抜け出たいと思ったものが多い。

学園紛争に力を入れていた学生の多くは、日本の地域社会を政治的に経済的に、そして文化的に丹念に見ていこうとしていた。これに対して実測班は、当初純粋に建築的な調査に専念していた。この二つの方向は理窟の上では相交わるはずだと思っていても、実際にはなかなか互いの調査の意味や関連はつかめなかった。意見の食違いは時に感情的にまでたかまって、はやくも七月三十一日の夜、茶話会が終って宿舎に帰った後に、実測班と生活班の衝突が起っている。夜を徹して討論が続けられたが、結局お互いに納得できた部分は少なかった。そして次の日あくまで自己の主張を変えなかった三人が帰っていった。後から参加する予定であった学生も、この状態を知って何人かが参加をとりやめた。

こうして夏の調査はそれぞれが全体像をつかみえぬままに、ばらばらなテーマを追って黙々と進められたが、帰京して実測班の全体配置図ができあがるにつれて、実測の必要性を改めて認識するものも増えたし、秋から冬にかけて、二度、三度と火宮を訪れることがかさなってくる頃には、民家の形にしか興味を持たなかったものも、もう一歩深く踏みこんで形を理解しようとすると、生活班の調べた事がかなり役立つことをさとりはじめた。

しかしなお生活班の調査を尊重するものと、純粋に建築的な調査を行なおうとするものと、建築専攻の学生同志でも共通の見通しはたたず、それがまた、新たに甲州街道の上蔦木調査を行なわせることにもなった。

最後まで火宮にとどまり、人々の生活、社会、歴史と建物・集落の形との関連にもっとも強い関心を持っていたぼくたち数人も、翌年春と夏の補足調査を終えたものの、膨大な資料を抱えてうろたえる毎日が続いた。いまだにその関連を完全にはつかめたように思えないし、あまりにも多くを見逃しているようで不安である。ここでは紙面の都合上割愛した部分も多いので、さらに火宮を訪れて、後日もう一度報告書を出すつもりでいる。

＊　＊　＊

調査期間中は民俗学研究室の吉田節子、町井夕美子両助手が民具調査に参加されて、積極的に協力してくれた。このため火宮の人たちも以前使っていた民具の価値を再認識して、百数十点の民具を収集し、武蔵野美術大学の民俗学研究室に寄贈してくださった。奥能登のこの地にも、早く民俗資料館を設立して、生活用具の保存に力を入れていただきたいと心から願っている。

　また美術科の学生、山本秀樹、井上葉子、高木光子、花井佐千子が現地の小学校を中心に美術指導を行ない、子供たちや先生方に大変喜ばれたのはうれしかった。

　後半には民俗学の宮本常一先生、建築科の織本匠先生が相ついで訪ねてくださり、示唆に富んだ御意見をうかがうことができたし、相沢韶男さんもいろいろ細かい世話をやいてくださった。共に疲労の見えはじめていた学生たちにとって、大きな活力源になったことと思われる。

　この調査のために宿舎や美術指導の世話になった珠洲市役所総務課の仮谷氏や駒田氏に、調査の協力をしていただいた珠洲実業高校の和嶋俊二先生、昌樹寺の井舟万全住職に、測量器材の貸出しや調査に色々アドバイスをいただいた武蔵野美大建築科の先生方や助手の方々、そして誰よりも、ぼくたちを常に暖かく迎えてくれた火宮部落全員の皆様に心から感謝したい気持で一杯である。


　火宮という四〇戸ほどの村がどのように発生し、どのように変化して来たかを実地調査を通じて見て来たのであるが、ここでは原初以来の村の姿をほぼさぐりあてることができた。それは政治制度の上の改変はあったとしても戦争による破壊や住民の交代による変化が少なく、原初からの旧家と思われる家屋敷がそのまま残り、後から住み付いた農家も大きな盛衰なしにつづき、村の発展がいつもプラスαの形をとって来たことにあったと思う。このような例はこの村だけでなく、能登にはきわめて多い。自作または地主層は比較的広い耕地を下人を使って経営し、手余り地を分家や下人の別家したものに耕作させ、社会的には高持、無高の区別があったが、実質的には高持が無高を庇護する形をとって来たことが村落生活を安定させたのであろう。一方無高小前の者はわずかばかりの農地耕作では生活はたてられないが、塩木伐り、薪伐りをはじめ、わずかではあるが金になる仕事があり、また製塩労働や旅稼ぎに出る者もあり、細々ながら生きつづけて来た。そしてその間に少しずつ生活を向上させて来た。そのことは時国家《ときくにけ》文書などを見るとよくわかる。このような村では多くの場合村の外部事情の変化が、村の様相を少しずつかえていく。外部の事情がよくなると出稼ぎがふえ、それが村に新風を吹きこみ、また生活を向上させたことは調査事例に見る通りであるが、それが村人の上下の交代をよびおこすことは少なかった。村の中に新しい産業のおこることがほとんどなかったからであろう。

　村落の成立に特色のある企画意図がなく、村の生活に波乱が少ないと、調査するものにとっては物足りなさがあるにしても、村発達の過程をこのようにあざやかにとらえることのできる例もめずらしい。

　生活班も一戸一戸の土地所有、財産のあり方、家族状況、生活のたて方、収入と支出の構成、血縁、姻戚、地縁集団、交際、離村生活者の状況などについで見ていくと、実測班の仕事と結びつくことが多かったのではないかと思う。というよりもそれが大切であったのだが、調査の方法が確立されておらず、また客観的に物を見る眼のかけていたことはいいなめない。したがって実測班に対応する結果は得られていない。

宮本常一

旧名倉村の農家は、名倉川と並行する伊那街道（国道257号線）沿いに点在、茅葺《かやぶき》屋根もあったが、榑木《くれぎ》と呼ぶ板葺きに石をおいた石置屋根が多かった。なお伊那街道は北に進むと美濃（岐阜県）へ、稲武町で右へ折れると信濃（長野県）へ通じる。

宮本常一が撮った 写真は語る

愛知県設楽《したら》町東納庫《なぐら》

奥三河の花祭は、早川孝太郎の大著『花祭』によって広く知られるようになる。その著書の大神楽の項に、〈神楽の行なわれた土地は、いずれも米に恵まれなかったのであるが、一に百両百俵と言われたその百俵の米は、西谷に当たる納庫から供給（中略）、連日駄馬につけて山道を運搬したのである。因に納庫は付近における唯一の米の産地だったのである〉と記している。大神楽は花祭の前身とされる神楽で、江戸時代に七年あるいは三年に一度、いくつかの集落が合同で行なった。神楽にはたくさんの米を必要としたが、それを納庫から仕入れたというのである。

ここでいう納庫は、旧東納庫村、旧西納庫村をさしている。この村は明治二十二年（一八八九）に他の二つの村と合併して「名倉村」となる。

宮本常一の著書でよく読まれている『忘れられた日本人』のなかの「名倉談義」の「名倉」は、この合併で生まれた名倉村から取ったものである。ちなみに名倉村は、昭和三十一年（一九五六）九月三十日の町村合併で設楽町となって消滅した。宮本常一が調査のために最初に訪れたのは設楽町となって数日後の十月六〜八日、その後

学校帰りの小学生が、土壁、杉皮葺屋根の友達の家で道草を食っている。肩掛け鞄の子も布製のランドセル（自家製か）を背負った子もいる。帽子は学童帽ではない。戸袋の貼紙に<いなごおとって下さい　一升八○円>とある。蝗を一升（1・8リットル）80円で買い取るというもので、蝗《いなご》の佃煮を作るのだろう。

耕耘機（メリーテーラー）の運転説明会。他の地域と比較したら収穫量は決して多いとはいえないが、それでも旧名倉村は、江戸時代から奥三河の穀倉地域であることに違いはなかった。村人の稲作作業の改善への意欲は高かったはずである。

も二回訪れ、かなりくわしく村の様子を見ている。

宮本常一は、名古屋大学精神医学教室の村松教授を中心とする、人間関係総合研究班に参加して旧名倉村にはいった。このころの宮本常一の関心は、大地主が土地の大半を持って、小作人の多い部落ではなく、研究者があまり振り向かない、部落の人がほぼ平等に土地を持っているような部落に目を止めようとしていた。

〈名倉はその典型的な一つである。もとより大きい地主のいなかったわけではないが、それが長つづきしていない。そういう村の村人の気風には山のなかにあっても近代性が見られたのである〉

と「名倉談義」の始めの方に書いている。この「名倉談義」を読んでいると、早川孝太郎のいう神楽に必要な百俵の米が、はたしてこの貧しかったらしい納庫で調達できたのだろうか、と思わないでもない。

「日役當番」と書いた木札は、少年の家に掲げてあったのだろう。日役は役場や郵便局のある田口町へ行って、村人からいいつかった用事をする。

霞網で獲った鶫《つぐみ》を腰まわりにさげて帰宅。山里の大事なタンパク源だった。渡り鳥の鶫は、現在は獲ることができない。

土間においた風呂。まだ水道はなかったから、風呂水は小川の水などをバケツで汲んできて入れた。子どもの仕事のひとつだった。外にある男の小便所に、女の人が立小便（尻を便器に向け、腰を深く折ってする）をするところもあった。使った風呂水は、小便と一緒に肥料にするため、小便壺にはいるようになっているはずである。

奥三河の山並。撮影・昭和38年（1963）2月

奥三河
―ふゆ花の咲く山里

文　本江信子
写真　須藤　功

奥三河は愛知県の北東部
信濃国・遠江国に隣接する
杉・檜の森のなかの山里
寒いふゆの季節
この山里の人々は神を迎え
ともに歌い舞う
迎える新たな年の幸いと
豊作を祈り願って
それは心あたたかい
山里の人々が咲かせる
〝ふゆの花〟
夜を明かして舞いつづける
〝花祭〟は
その幕あけ

月は わたしの ふるさと

とってもすてきな
ところです
〝月〟〝槻〟
祭りも人も
お山も花も動物も
月というのは
ほんとうは一部落の名
でも　わたしには
奥三河が全部〝月〟
生まれ
育ったわけではないのに
わたしにはふるさと

御殿《ごてん》山（789メートル）の山腹に家々のある月。戸数約70戸です。

閏年の花祭の日、御殿山の中腹にある月の氏神の槻《つき》神社から、榊鬼《さかきおに》が笛太鼓の音で山をくだります。

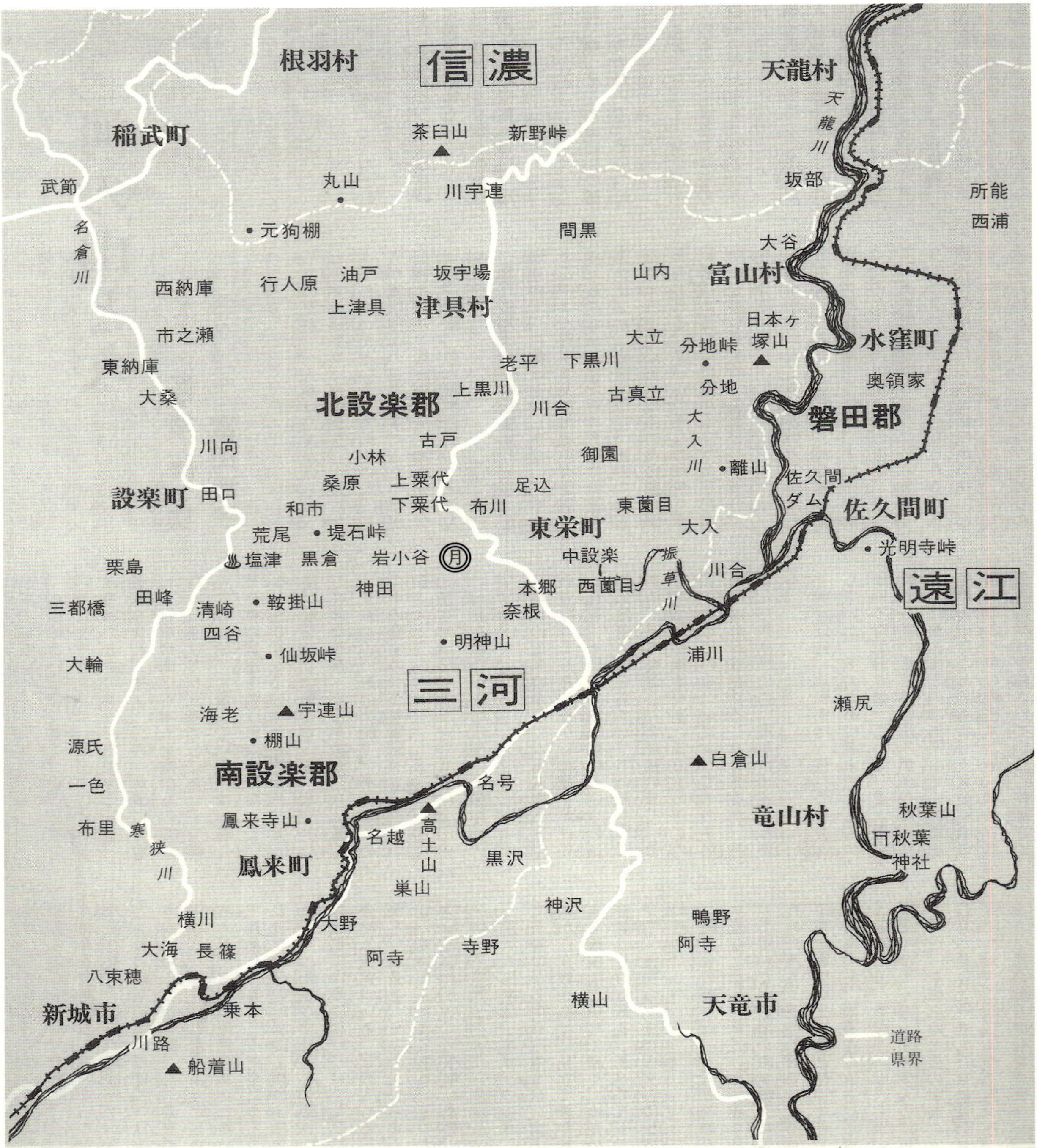
信濃
根羽村
天龍村
天龍川
稲武町
茶臼山
新野峠
武節
丸山
川宇連
坂部
所能
西浦
名倉川
元狗棚
間黒
大谷
西納庫
行人原
油戸
坂宇場
山内
富山村
上津具
津具村
日本ヶ塚山
市之瀬
大立
分地峠
水窪町
東納庫
老平
下黒川
奥領家
上黒川
古真立
分地
大桑
北設楽郡
川合
大入川
磐田郡
古戸
川向
小林
御園
離山
佐久間ダム
桑原
上粟代
足込
設楽町
田口
和市
下粟代
布川
東薗目
佐久間町
荒尾
堤石峠
東栄町
大入
光明寺峠
栗島
塩津
黒倉
岩小谷
中設楽
振草川
遠江
田峰
神田
本郷
西薗目
川合
三都橋
清崎
鞍掛山
奈根
四谷
明神山
大輪
仙坂峠
浦川
三河
瀬尻
海老
宇連山
源氏
棚山
白倉山
南設楽郡
名号
一色
竜山村
秋葉山
鳳来寺山
高土山
布里
寒狭川
名越
秋葉神社
鳳来町
黒沢
巣山
神沢
横川
大野
鴨野
大海
長篠
寺野
阿寺
阿寺
八束穂
新城市
乗本
横山
天竜市
川路
道路
県界
船着山

奥三河略地図

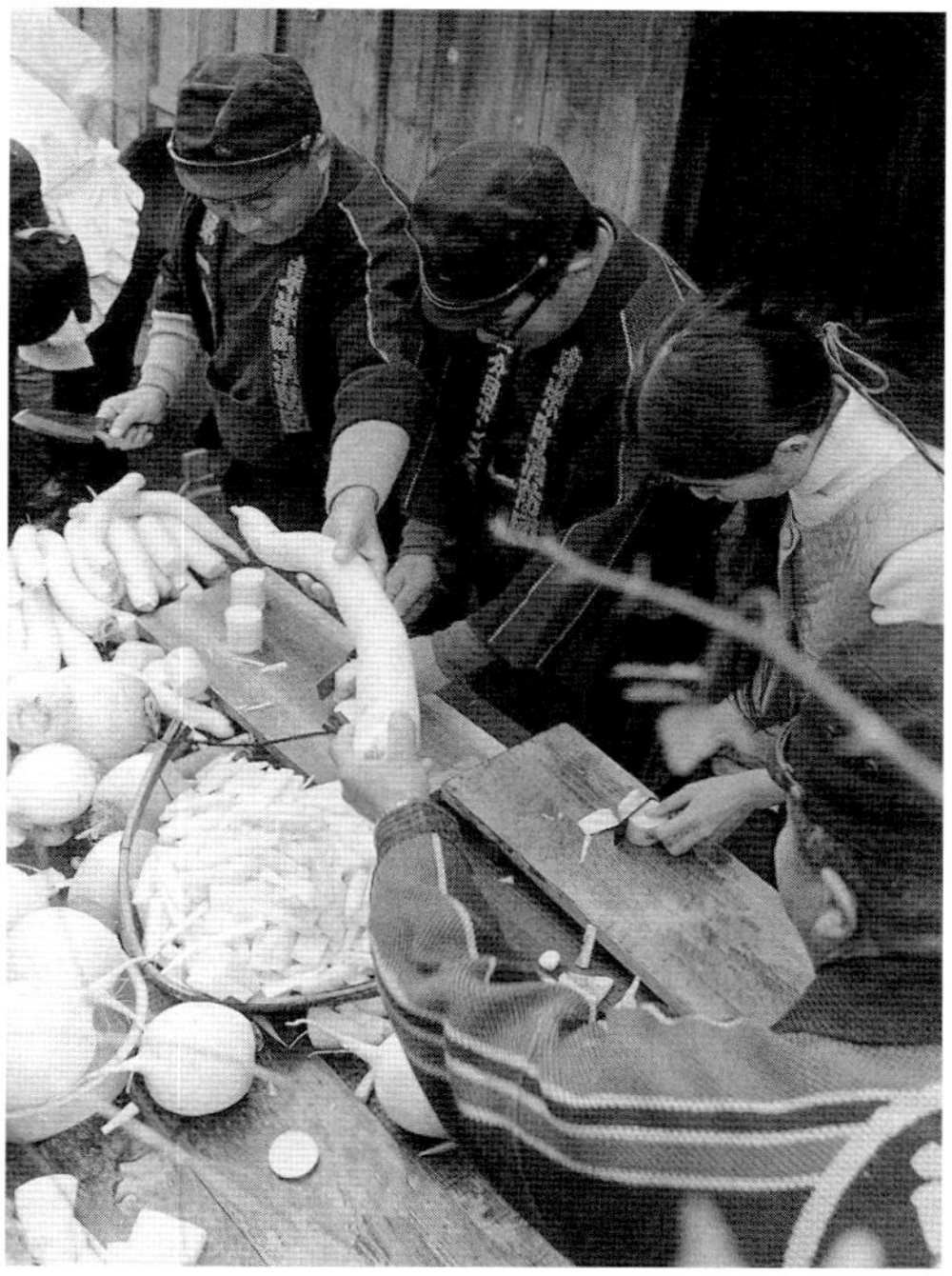

大根を切ったのが、このお話の始まりなのよ。

「月の大根おいしいの」

「月の花祭にいってみない」

いまから三年ほど前のある秋の日、須藤さんが突然、わたしにそういいました。須藤さんはわたしと同じ部屋で写真の仕事をしている方です。

「月っておつきさまの月」

「……」

「花って咲くはなの花」

須藤さんは口をすぼめていたずらっぽくいいました。

「そうさ」

…月ってどんなところかしら…

…月にお花、どんなお花かな…

わたしはしばらく考えて、何かとってもよいことがありそうなので決心しました。

「いってみようかしら」

そういうと、須藤さんはまんまるいエンピツで書いてくださいました。

十一月二十一日、東京駅発二三・三五、ドンコウ大垣行。豊橋着〇四・三九。

飯田線・豊橋駅発〇五・五一。

〃　東栄駅着〇七・二五。駅前からバスで本郷へ。そこで田口行に乗換えて月下車。

泊りは千代姫旅館。

エンピツをおくと須藤さんはつけくわえました。

「おなかがすくから、おにぎりやお菓子を沢山もってきてね」

いわれた通りにおにぎりも持ちました。おみかんも持ちました。クレヨン、クレパス、スケッチブック、カメラ、フイルム、エンピツ、木炭、木炭紙も持ちました。

冷たい風がピーとほほを切ってゆく朝、東栄の駅前にはバスがちゃんと待っていてくれました。杉木立の間をバスはくねくねと進みます。片側がとっても深い谷になっているところもありました。

「月でおりたら幟《のぼり》が立っているからすぐわかるよ」

須藤さんがいってたように、白壁の土蔵の向うに白い幟が見えました。ピョコピョコと小さな坂道をのぼって、わたしはまつりの家の庭に立ちました。村の男の人たちがあっちに行ったりこっちにきたり、とても忙しそうに

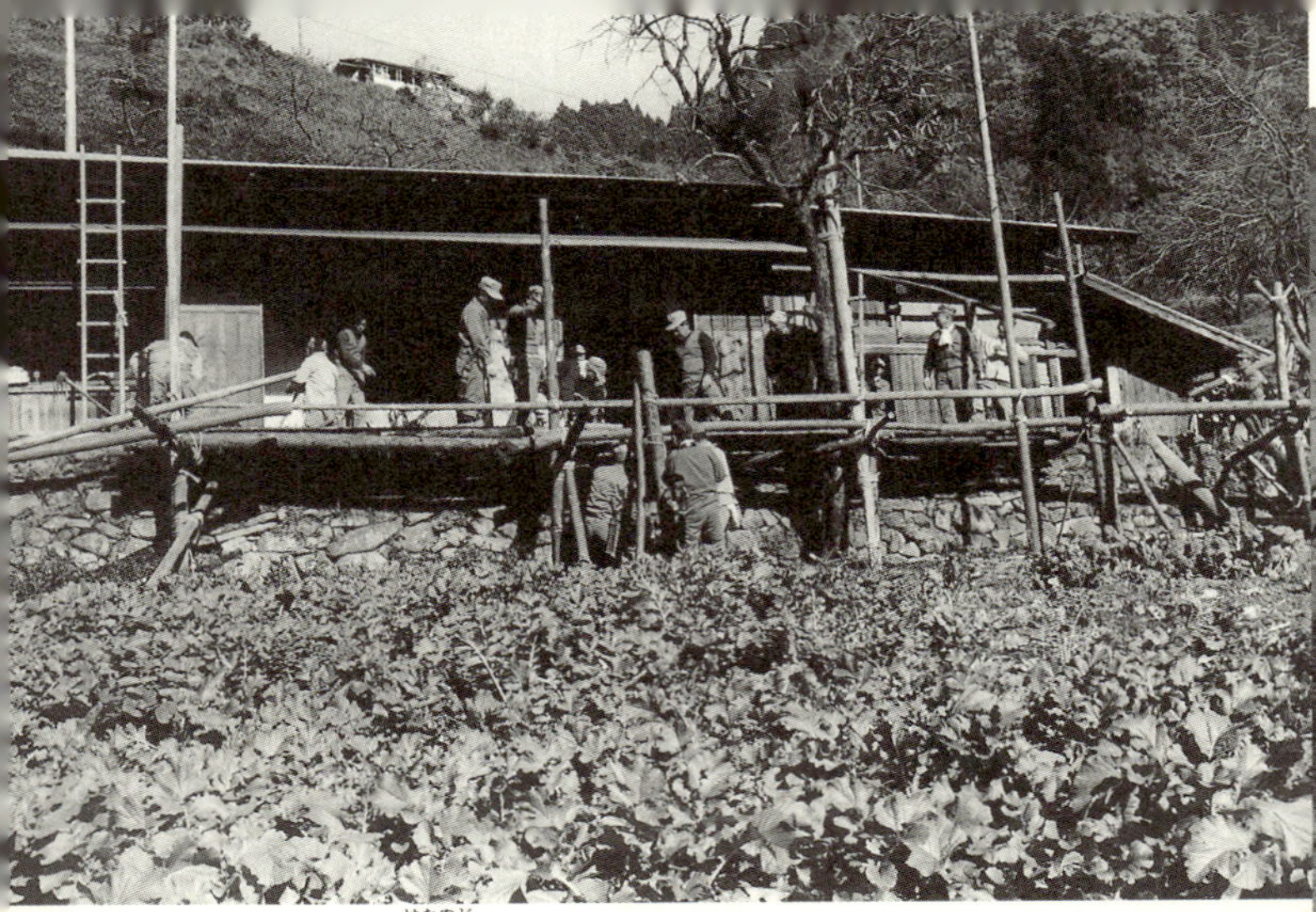

月では一年おきに「花宿《はなやど》」といって民家を祭場にしています。その花宿つくりが始まりました。

各家それぞれに割当てられる役、この年は薪を持ってくる役をもらいました。

花宿の家が用意した昼飯を食べています。

鬼が持つ木製の鉞《まさかり》に紋様をつけます。

舞を舞う土間を「舞庭《まいと》」といい、その上に吊るす飾りをつくっています。

花宿を清める、先頭が「花太夫《はなだゆう》」と呼ぶ花祭の司祭者です。

槻神社から小祠や予備の鉞を花宿に運びおろします。

上に飾り、中央に竈《かまど》をすえた舞庭。その奥は氏神を迎える神座《かんざ》、右（縁側）は見物席です。

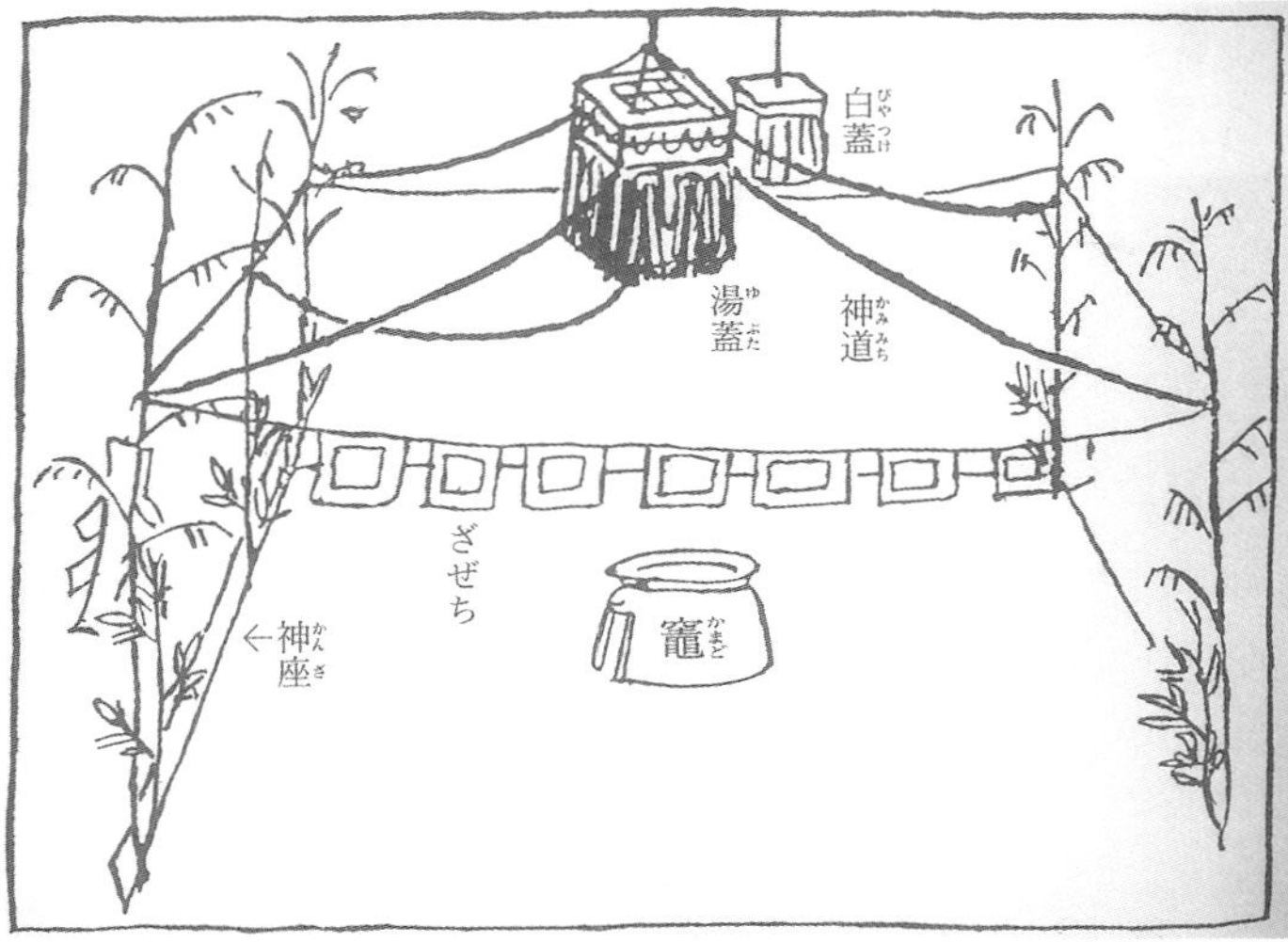

舞庭図。「せいとの衆」と呼ばれる見物人も、この舞庭にはいると見物人ではなく、花祭をする人となります。早川孝太郎著『花祭』挿図

舞庭の上に張る注連縄《しめなわ》につける「ざぜち」と呼ぶ切り絵。7枚あるなかの1枚です。

動いています。木のわくにきれいな紙をはっている人もいます。大きな木のまさかりに模様をつけている人もいます。烏帽子をかぶったおじいさんが、若い人に何か教えているのも見えます。

陽だまりに立って、わたしはポカンとながめていました。そのすぐ前に、新しい木の香りがプンプンする三角形のものを見つけました。これ、お部屋にかざったらすてきな紙入れになるのに、でもナニかしら。

おじさんがやってきて、その前に立ちました。それは小さな用事の取入口だったんです。

陽だまりから土間を通って裏の方に行ってみました。

〝トントン、コトコト、トン　トン　トン〟

軽やかな歌が聞えます。大きな大根、みごとな大根、消防の服を着たお兄さんたちが大根を切っているんです。大きな包丁、小さな包丁、お兄さんたちの手つきはとてもあざやかです。

花宿への上り口に幟《のぼり》も立って、もう“花”は始められるようです。

「おい、こんなみごとい大根みたことあるかー。うまいぞくってみろ」

「たべていいの」

小さな一切れを口の中にほうりこみます。甘い。からくなんかないんです。甘く冷たいしずくが舌の中でころがって、シャアベットよりずっとおいしいんです。

〝トントン、コトコト、トン　トン　トン〟調子のいいお兄さんたちの包丁の音。

「やれるか…」

「うん、やらせて」

〝トン　コト　コッ　コッ　ト　コ　コ〟

やりながら大根をときどき口の中にほうりこみます。

「くってばかりじゃだめだぞ、しっかり手伝え。そんなんじゃ嫁のもらい手がないぞ」

わたしは笑います。お兄さんたちはそれ以上によく笑います。

「このまつりは女人禁制だ、あまりじゃまするなよ」

須藤さんがそっとささやいていきました。

新しくなった男の小便アサガオです。

ゆるされて舞うわたし。本当にうれしかったわ。

「女だって踊れ踊れ」

〝テーホヘ　テホヘ　テホトヘ　テホヘ〟
〝テーホヘ　テホヘ　ト〟

花祭の舞がはじまったんです。色紙を沢山つかったとってもきれいな飾りが天井をうめています。その下には土で作ったカマドがあります。そのまわりも村の男たちが舞い踊ります。

〝テーホヘ　テホヘ　ト〟
〝テホトヘ　テホヘ〟
〝ト　ト　トン　ト　ト　トン〟
〝ト　ト　トン　ト　ト　トン〟

踊る、踊る。炎も人も見る人も。おはやしまでが軽やかに踊っているようです。

わたしこんなのはじめて……

何か心がわきたってくるよう……

小さな可愛らしい舞子がでてきました。お花のついた笠を頭につけ、ツルの模様の着物を着ています。おじさんたちが、その子供たちのまわりを囲んで踊りやすいようにしてやります。その後から大きな声が飛びました。

「ちっとうまいぞ」
「もっと元気よく飛べや」

肩をくんでゆれていた若者たちの声です。小さな子の目が次第にかがやいていきます。このまつりのときにはどんな悪口も無礼講なんですって。

おじさんたちが、今度は見ている若者たちを引っぱりだします。初めはテレていた若者も、ひとたび踊りの輪の中にはいると酔ったようになってしまいます。

〝わたしも踊りたいなァ〟

部落の女の人たちは黙って見ています。踊りの中にはいれなくてオロオロしているのはカメラさんとマイクさんです。とっても目ざわりです。

舞はすべて太鼓のリズムで舞います。

花祭は神事で始まります。右は花宿の裏山で行なわれる「高根《たかね》祭《まつり》」。上は幣《ぬさ》の下の供物で、以前は神事の終わりを待って子どもたちが餅や柿を取り合いました。

舞庭の竈の前で行なわれる「湯立て」。清めに使う湯をいただく人もいます。

月の花祭は、十一月二十二日の午後三時ころからの神事に始まって、少年の舞、青年の舞、そして鬼の舞などが、翌日の夕暮れまで途切れることなくつづきます。

神座の一段高いところに氏神を祀り、その左右に舞に使う幣を並べおきます。

榊鬼はまだ花宿には現れず、体調不良をうったえる人の体を足で踏んでやったりしています。これは「反閇《へんばい》」という邪気を祓う呪術です。

4人が舞う「しきさんば」。まだ神事のうちです。

まつりの庭から外にでてみました。手足をしばりつけてしまいそうな寒さです。月明りの下に、あたり一面が白くなっているのがわかります。

裏方のお兄さんたちの方に行ってみました。わたしも切った大根がケンチン汁になってお客さんたちに運ばれていきます。わたしもお手伝いします。お酒もいただきました。とてもおいしいんです。二杯、三杯、とってもよい気持になりました。

夜がうっすらと明けていきます。踊りはそれでもつづいています。でも静かな静かな踊りです。見物人もほんのわずかです。

大根のお兄さんたちは今度は食器を洗っていました。お手伝いしながら、わたしは踊りの方も気になります。半分洗ってはあっち、ちょっと見てはこっち、とうとう洗い物をしながら体を動かしはじめました。「テーホへテホへ……」と口ずさみながら。

「この娘踊れるぞ」

そばにいたお兄さんが大きな声をだしました。

「踊りたいか」

「踊らせえ」

「ええ、でも女はだめなんでしょう」

「踊りたいなら出て踊れ、もたもたしているとおわっちゃうぞ」

「ええ、でも……」

「よし、オレが禰宜様《ねぎさま》に聞いてきてやる」

お兄さんがすごい勢いで神座の方に飛んで行きました。もどってくると、自分の着ていた消防服を脱いでいました。

「早く、この消防服を着れ」

「でも……」

「女がよごれているなら禰宜様だって宮人《みょうど》だっておんなじだ。女がいなくて子が生まれるか。岩戸の前のウズメの踊りが神楽のはじまりなら女のまつりだ」

もたもたしているわたしに、お兄さんたちは消防服を着せ、帽子をちょこんとのせてくれました。

「似合う、似合う。これでよし。この髪はっと……」

サラサラと流れるわたしの長い髪を帽子の中におしこみながら、

「伝統なんてオレたちがつくるのさ。生きているオレたちが新しくするのさ。文句いうやつがいたら、オレがそういったといってどなり返してやれ」

わたしの心のモヤモヤは吹飛んでしまいました。

〝テーホへ　テホへ〟

〝テホトへ　テホへ　ト〟

踊りたかったんです。とっても踊りたかったんです。

〝ト　ト　トン　ト　ト　トン〟

燃えあがりそうな男たちの中にいても、ちっとも不安がないんです。そんな男たちが容赦なくわたしにぶつかってきます。

〝それ舞えッ　それ舞えッ〟

神座から宮人さんがおりてきて、わたしの手をとって動かしてくれました。足元がおぼつかなかったんです。

「このワラに湯をしみこませてみんなにかけてやれ」

ひと舞いもふた舞いもしたあとで、須藤さんにすごいぞと聞かされていた「湯囃子」のワラで作った湯たぶさを持たされました。

　煮えたったカマドのまわりを、四人の少年が汗びっしょりになって踊ります。長い長い踊りのあとで、湯を湯たぶさにたっぷりとしみこませ、見物人にサッとかけました。みんな逃げていきます。わたしも湯をしみこませました。

「あっちにかけてきて」

「あいつにかけてこい」

　おばあさんの声、お兄さんたちの声、子供たちの声、私はそのたびに走りました。須藤さんにもたっぷりかけてやりました。私もびっしょりになりました。

「お姉さん わたし もうだめ」

「オレたちの村のまつりはいいだろう。どうだ、日本一だろう」

　まつりのあとで、ひとりの少年がわたしを呼びとめていいました。それを聞いて、わたしの体はカーとなりました。わたしも同じようなことを考えていたのです。

　東京に帰ると、わたしは友達に会うたびにいいました。

「わたし月に行ってきたの。とってもすてきなところなの」

月をお月さんと勘違いしてみんなトンチンカンな返事をします。

「来年もこいよ」

「かならずな」

「約束したぞ」

　帰るとき月の人たちがいってくれました。それを思い出し、行きたいなあ、行きたいなあ、と思いながら、とうとう一年たってしまいました。再び月の花祭を見たあと、今度は教えられて月から近い中設楽《なかしたら》の花祭を見に行きました。そこで、とってもすてきなお姉さんに出会ったのです。

　中設楽の花祭でも大きなかがり火が燃えていました。火の粉が、宝石を散りばめたような星空に舞いあがっていきます。寒い夜でした。

〝美しいことって冷たく厳しいんだわ〟

〝でもわたしを凍らせることはできない〟

火の粉が舞い上がる夜、お姉さんに出会ったの。

「花の舞」は年少者が花祭で初め舞う舞ですが、この子はまだ3歳、でもしっかり舞いました。舞い終えると母親におぶわれていました。

ゆかいな「おつりひゃら」。でもうっかりしていると、味噌や飯粒を顔につけられてしまいます。

〝わたしは燃えているんだもの〟

若者の後でわたしはピョコピョコしていました。

「よく見えるね。好きだね」

振返ると中設楽のおまわりさんが立っていました。

「まあ、おまわりさん、おじゃましています」

「ワシの家内だよ」

「まあー、ほんと」

きれいなお姉さんが目をクリクリさせながらわたしを見つめています。

「ほんとだよ、息子もいるよ」

目元のすずしいノッポさんがわたしの目に飛び込んできました。そばにいる若者は従兄弟だと紹介してくれました。

こんな可愛らしい奥さんに、こんな立派な息子さんがいるなんて、そう思っているわたしにお姉さんが声をかけてくれました。

「疲れているでしょう。うちにきて休みなさい。いつでも良いから、中設楽の交番のそばよ」

踊りはつづいています。わたしはつぶれてしまったノドから精いっぱいの掛声をだして飛びまわりました。そのうちに疲れてきました。

フラフラッと外に出てみました。道はシーンと静まりかえっていました。

交番がありました。ここだわ。交番の横の入口をはいり、わたしはブーツをポンと脱ぎすてました。

「お姉さん、きちゃったの」

「………」

「お姉さん……」

戸を開けてお部屋にはいります。

「あんた、だれ」

お部屋に座っていたおばあさんがわたしを見上げていました。

「ここ警察でしょう。ここにくればお姉さんに会えるとお聞きしたので。おまわりさんの奥さんの……」

どうも様子が変です。

「あんた、ここは交番だよ。わたしが家内だけど……」

わたしはブーツをしっかり胸にだいてそこを飛出しました。体の中からスーッと力の抜けていくのがわかりました。

「カゼを引いているのにやめなさい。死んでしまいますよ。肺炎にでもなったりしたら……」

電話口でさけんでいた母の声をぼんやりと思い出します。

フラフラしながらまたまつりの庭にもどりました。太鼓の音も笛の音ももうろうと聞えます。

もうわたしダメ！

そのときノッポさんを見つけたのです。

「わたしもう眠いの、お姉さんのところに行きたいの」

ノッポさんは快よくわたしを連れてってくれました。

「さあ、ねりんさい、ねりんさい」

「……」

「ちょっと食べりんさい」

何か口の中にいれてくれました。

「もう安心していいのよ」

「でも花おわっちゃうわ」

「いいよいいよ、おしえてやるで」

フワンとしたものをお姉さんが掛けてくれました。そのあとはもうわかりません。

あとでわかったのですが、お姉さんの家は交番の前だったんです。それに、おまわりさんはお姉さんの御主人ではありませんでした。ノッポさんは息子同様の義弟でした。

お姉さんの家は〝久保屋〟という屋号です。久保屋には、無口でやさしいお姉さんの〝御主人〟、真正直な〝おじいちゃん〟、おちゃめな〝さとみちゃん〟、甘ったれの〝孝夫君〟、ちょっぴりへそ曲りでノッポの〝久美《ひさみ》さん〟（男の子よ）がいます。そして、わたしもその一家の家族同様になってしまったのです。

「ええかげんってええかげん」

お姉さんはみんなを美しくしてあげる仕事をしています。食事、洗濯、掃除、つくろいとあわただしく朝をすませると、お姉さんはさっそうと自分の車の運転台におさまります。

「ええかげんで帰ってくるからね」

「はーい、いってらっしゃい」

軽やかなエンジンの音を残して消えてしまいます。

山里では陽が早く沈みます。でもお山のてっぺんの方だけはいつまでも輝いています。そんな時刻になるとわたしはいつもソワソワします。お姉さんは帰りがまったくあてになりません。それで、わたしが夕食の仕度をしなくてはならないのです。いまはもうなれたけれども、初めのころはおじいちゃんに聞きました。

「おじいちゃん、ええかげんってどのくらいのこと」

「ええかげんはええかげんじゃ」

「お姉さんは何時に帰るの」

「きよみは何時といっとったか」

おじいちゃんは目を細めます。さらに問いただすとおじいちゃんはもっと目を細めて大声をたてて笑いだします。

「きよみのええかげんはわからんで、いつもええかげんだからの」

そのええかげんな時間に帰ってくると、

「今日はね、ごちそうがでたのよ、おいしかった」

と、戸を開けるなりすぐに話しだします。

ええかげんのお姉さん、でも運転は確かよ。

湯たぶさを両手に、4人の少年が2時間近く舞いつづける「湯囃子」

舞のあと、沸騰《ふっとう》した釜の湯を湯たぶさにつけてあたりに散らします。清めの湯でこれがかかると風邪《かぜ》を引かないともいいます。

花祭は、奥三河の山里十七ヵ所（現在は十五）に伝わっています。祭場は「花宿」といって、希望する家をあてるのが本来でした。結婚や子どもが生まれた家、また新築した家などが希望します。花宿には大勢の人が出入りし、湯囃子《ゆばやし》の湯などで家が少し汚れますが、それもまた誇りになります。花祭を伝える山里の家は、どの家も花宿を受けられる造りになっています。月の祭場は公民館と花宿が一年おきですか、祭が盛り上がるのはむろん花宿の方です。

「お酒もでてね、おもしろかったわ」

「まあ、みんなで、〝花〟は、〝花〟は」

「やったわよ、でたわよ、座蒲団が花の衣裳になって〝花〟がはじまったの……」

「わあー、いいなあー」

「みんなまださわいでいるわ。わたしは酔をさまして急いで帰ってきたの、家で待っていると思ってね。人妻ですもの早く帰りませんとね」

いつもこの手です。でも、お姉さんが帰ってくると太陽が戻ってきたようです。

お姉さんはお花の咲きはじめの春ではなく、自分でお花を咲かせてその中で歌って踊ってというような感じの人です。また、お姉さんは、あれはダメ、これはダメなどと決していいません。〝できないことはやらないからである〟、それはポーラーのモットーよ、というのですが、こんなこともありました。

月や中設楽《なかしたら》ではブロイラーが盛んです。その処理所で、わたしはトリの足を切りはなすのにヤットコサットコしながらいいました。

「わたしここでバイトできるかしら」

そばにいたおばさんが答えてくれました。

「本職でない者がいては邪魔になるだけだわ。この仕事はそんなに簡単にできないわ」

ショボンとしてしまったわたしにお姉さんがいいました。

「だれだって初めからできるはずはないじゃない。あの人だって初めはわたしが教えてあげたのに、忘れちゃったのね。若い人には教えてやらなくちゃ。それ年上の者の役目よ」

人に何か頼まれると、お姉さんは「いや」というよりもどうにかしてやらなくては、と思うほうが先です。

近くの旅館で人出が足らないといえば飛んでいきます。そして座敷を楽しくさせてしまいます。だれかが、だれかさんを好きらしいと聞けば会えるようにしてあげます。おいしいものがとどけられると、近所にもおすそわけします。お嫁さんと聞くと着物の着付の手伝いにも行きます。そのことでは誤解されたことがありました。お姉さんは化粧品のセールスがお仕事です。それが着付けを手伝ったりしたものだから本職さんが職場を荒さないでといったのです。

そのうわさを聞くとお姉さんはすぐ相手に電話をしました。お姉さんを見れば、人をおしのけてもうけようとする人でないことはすぐわかるのに。電話のやりとりを聞きながらわたしの方がおこってしまいました。でも、最後は大笑いをしておさまりました。

お姉さんはどんな小さなことでも早い内に手をうって処理してしまいます。中設楽のあたりではそれができるのです。

わたしの本当の家、神奈川の逗子あたりでは心の中と口にすることが違います。ですから、一年も二年もたってからおかしな話が伝わってきて驚いたりします。でも、そんなことで心を乱したくはありません。その人に会っても知らないふりをしています。それが、やがてその人との交際を遠ざけてしまいます。

わたしがいただいた道具。みんな思い出があるの。

「ノッポさん ごめんなさい」

わたしが久保屋に行くようになってから、ノッポの久美さんが前よりひんぱんに家に帰ってくるようになった、とお姉さんがうれしそうに話してくれました。息子がよく帰ってくるのでおじいちゃんもニコニコです。ノッポさんは名古屋におつとめしています。わたしとほぼ同じ二十？歳です。

それを聞いてわたしは苦笑しました。ノッポさんはわたしの行くのを気にしだしたのです。一ヶ月に一度は必ず行きましたから、ノッポさんならずとも気になったかもしれません。〝花〟に迷いこんできたどこかの娘が、義姉とすっかり仲良しになった上に、兄とも父であるおじいちゃんとも親しくしているのです。その上、家の中をゴソゴソとやりはじめたのですから。わたしは、この日本観光文化研究所の民具班の仕事をお手伝いしようとしていたのです。

わたしは夢中でした。大工道具、山仕事の道具、トウフをつくる箱、茶摘籠、背負子、仕立屋だったころのミシン、そんな物の中にはおじいちゃんのお父さんの代からのものもありました。

おじいちゃんは、こんな物、きたないもんだ、といいながらも、再会できたのを喜んでいるようでした。その一つ一つに忘れられないものがあるようでした。その話になるとおじいちゃんは涙ぐんだりしました。そのたびに、わたしは何かいけないことを聞いてしまったようでドキンとしました。おじいちゃんは、話をしているうちに昔のことを思い出し、胸がいっぱいになるらしかったのです。そんなわけで、古いものでもおじいちゃんにとっては一つ一つが宝物でした。そんなこともわたしを夢中にさせたのです。

久保屋では夕食前にみんなまずいっぱいやります。とってもおいしいお酒です。ごはんの後はみんなでその日にあったことを話したり、テレビを見たりします。そうしてみんなが眠りについたあと、わたしはノートやスケッチブックを開いてその日に描いたものやおじいちゃんに聞いた話を整理します。テレビを見ながらノッポさんも一緒です。十一時が過ぎ翌日になり、やがて深夜劇場もおわります。

はじめのころはノッポさんと冗談をかわしながら仕事を進めていきました。そのうち、朝早くからスケッチをやり、また、あちこちから拾ってきたものを洗ったり手入れをしたりするようになると、夜はつらくて冗談もでなくなりました。

それはわたしが帰る前の晩のことでした。

「もう寝た方がいいよ、寝よや」

「わたしはまだいいの。何もしていないのならちょっと下までできて」

トントントントン、と二人で下の蔵におりて行きます。ノッポさんは「フフン」と鼻先で笑ってからいいました。

「これ知っとるか」

「カノコ、虫除けでしょう。畑仕事に行くときに腰にさすんでしょう」

「よう知ってるな」

「お姉さんに教えていただいたの」

「……」

「まだわからないものが沢山あるのよ。それに、これらをあなたやさとみちゃんや孝夫君が使ったときのことを知りたいの」

「もう、みんな知っとるじゃん。そんなのやーだよー」

トントントンとあがって行ってしまいます。しばらくしてわたしもあがって行きました。

「なぜ、古いものしか見ないんだ。消えていくものは消えていくようにしておけばいい。そんなものに価値なんかないんだろう」

「そんなことないわ。おじいちゃんが一生懸命つくったものもあるのよ。大切よ。それに、こんな道具から古い生活のことがわかるんですって」

「そんなことどうだっていいじゃないか」

「でも、もったいないわ。捨ててしまうなら一つでも集めておけば後に残るわ。いまのわたしにはまだよくわからないけれど、だれかちゃんと……」

毎日夜ふかししているわたしの頭はシンシンしてきます。ノッポさんは「フフン」とまた鼻で笑ってからひとりごとのような小さな声でいいました。

「消えていくものは追わんでよ、そっとしておいてほしいよ」

ノッポさんはそれをいいたかったのでしょう。都会の者に家の中をガタガタされるのが嫌だったんでしょう。おじいちゃんやノッポさんの思い出をそっとしておいてほしかったのでしょう。そんなことが一瞬のうちにわたしの頭をかけめぐっていきます。

わたしがこれまでやってきたのは何だったのかしら。わたしの家に知らない人がやってきてガタガタやったら、父母と仲良しになったりしたら、わたしだって許せない。

わたしは夢中で見えなかったの。〝どうしたらいいの、ノッポさん教えて〟と大声で聞きたかったのです。でも、黙ってしまいました。

「もう寝よや、明日帰るんだろ」

「……」

「また、豊橋まで一緒に行こうか」

ノッポさんがいいました。

雨が降って、今年は野菜もよく育ったのよ。

「雨よふれふれ 雨よふれ」

毎日毎日、雨が降りません。夕方、農協にお勤めのおじさまがバイクで帰ってくると、すぐどこかに消えてしまいました。

廊下兼用のテラスにでておじさまの姿をさがします。田んぼにも畑にも見えません。よりかかった手すりで体がホワーとしてきました。暑さから逃れてさっき川にはいったのです。暑い暑い日がつづきます。

久保屋の屋根もはめいたも、カッカと太陽に口づけされてポッポしています。屋根の上のお風呂の水は今日もチンチンしていることでしょう。木も草も、夕やみがつつんでくれるのを待ちわびてノビてしまったみたいです。かったるい頭を手すりに押しあてておじさまの姿を待ちます。

おじいちゃんが自分の仕事をしているみたい。トントントンと足音が聞えます。シャーという水の音が聞えます。屋根の上からお風呂に水を落しているんです。

おじいちゃんは自分の仕事を心の中でちゃんときめています。履物をきちんとそろえること。山の木を見に行くこと。家にくるお客さんをもてなすこと。電話の用件を黒板に書いておくこと。雨がくれば洗濯物をとりこみます。おじさまやお姉さんが仕事に出掛けてしまうので、おじいちゃんはその間あるじであり雑用係です。ただ、ワーン、ワーンと十二時のサイレンが鳴るときだけは自分の時間です。体操をするのです。腰をギクッとさせてしまったおじいさんの治療法であり健康法なのです。暑い夏の日もかかしません。

お姉さんはどうしてるかな。暑さできっとフウフウ、もしかするとブウブウかもね。

さあー、わたしも台所でトントンと始めなくちゃ。やっと腰をあげたとたんピンと目がさめました。おじさまの姿があったのです。トイレの横に桶と背負棒をかけようとしています。

あー、おじさまは野菜たちに水をのませに行ったんだわ。暑さとお勤めで疲れているはずなのに。おじさまは野菜たちのことをずっと気にかけていたのです。テラスのすぐ前じゃなくて、ずっとずっと向うの畑まで行ったんです。わたしだったら、自分で育てているお花のことさえ忘れてしまうのに。

お百姓さんてなんて大変なんだろう…

命を育てるってなんと責任のいることなんだろう…

「少しでも降ればのう」

「………」

「しばらくはくずれそうもないのう」

おじいちゃんはつぶやくようにいいます。食事のときにも雨のことばかりです。それにくらべて、わたしにはどうもピンとこないんです。水というと飲み水のことしかないんです。同じように寝て、同じごはんをたべて、それなのに都会育ちのわたしには重さが違うんです。

お金を野菜とひきかえるわたしたち。その野菜をせっせと育てるお百姓さん。そのお百姓さんの苦労を知らなかったのです。水がこんなに大切だなんて……

「火がでたらどうなるじゃろ」

「川の魚もゆだらんかの」

「信子さんの方はどうじゃ」

東京に帰ってからも気になるようになりました。あまりよい天気がつづくと、雨よ降れ、雨よ降れと思うようになりました。

しあわせの水たまり

カンカン照りの太陽がまだ残っています。その中を、大きなムギワラ帽子に大きなエプロンをつけて買物にでかけます。

出そろった稲穂がサワサワとゆれています。その上の方をヒラヒラトンボがヒラヒラと流れています。トンボ、でもスイスイではないんです。蝶のように丸味のある羽に赤・茶・山吹色の模様があって、それがみな透けて見えるんです。

「ショウロトンボというに。お盆のころに忘れずにどこからか飛んでくるで、ショウロ様ともいうんじゃ。今年も飛んどったか。少くなってもうおらんと思っとったんだが」

おじいちゃんが教えてくれたショウロ様、ヒラヒラヒラと優しげに飛んでいるのを横目で見ながら、夕食のことを考えます。

〝トリとピーマンとニンニクと〟〝どうしようかな〟〝サラダをそえてみようかな〟〝タマゴをいれてみようかな〟〝今日はおじいちゃんにおじさんに、お姉さんに孝夫君とわたしの五人家族〟

歌いながら小さな坂道をあがっていきます。小さな川

お魚にとってもすてきな世界がある川なの。

に沿って曲ります。プーンと草の香り、もう夕方が近いんです。

「ただいま、おじいちゃん」

「おー、おかえり」

駆けあがったわたしの目に、おじいちゃんのそばにねそべっているノッポさんが飛込んできます。

「おー、早くなんかつくれよ」

人使いの荒い人。

「すぐ行くよー」

気まぐれ屋のノッポさん。

「泳ぎに行くで、あんたも用意しや」

「ほんと」

着替えにはいります。うれしい。川にはいれる。孝夫君も一緒だって。

〝アッダメ〟

昨日、女の子の最後の日、忘れてた。

上の方から声が掛かります。どうしょう。どうしよう。

「早くしやー、行くでよー」

水着だけは着て足をひたすだけならいいかもね。

ノッポさんがハンドルを握って、山に沈むお日様を追いかけるように走ります。

月に近い千代姫橋の下、静かな流れがまるで川のポケットのようです。青緑に澄んだ川底にきれいな小石が見えます。魚も泳いでいます。ノッポさんと孝夫君が岩の上からピョンと飛込みます。二人は青緑の流れに若アユのようの水を切ってゆきます。

絵の中にいるみたい。深い緑の山間に、わたしはどんなふうにうつっているのかしら。水着にならないで岩の上に座ります。ひたした足をチョロチョロと流れがくすぐっていきます。

「アッ、アー」

緑が滑ったと思っているうちに〝ドボーン〟体がスーとします。ノッポさん、きまっています。ノッポさんです。女の子がおわったばかりだというのに。人の気も知らないで、ほんとうに！ ズボンもブラウスもビショビショです。

いいわ……、このまま泳いじゃおっと。口の中に水がはいります。甘いわ。海と違って甘いんです。もうちょっと飲んでみます。

静かに水中をのぞいてみました。重なりあった岩にヤゴがいくつもへばりついています。ヤゴはトンボの幼虫です。ヤゴは夜明け近くに川からはいあがり、岩にしっかりとふんばって背を割り、朝日のさすころにピンと羽をはって飛立っていくといいます。ういういしいトンボは朝の光でかがやくといいます。

岩の上で、岩と同じ色をしたカエルが「コロン、コロンコロン」と歌っています。二匹の川トンボがたわむれています。

ツルツルに滑る岩にようやく登って、また足をひたします。アユがチョコチョコと足先をつつきます。上からみると、川の流れにもちゃんと地図があるみたいです。その中をカエルもアユもヤゴもきちんと自分のところを守っているのでしょう。そうするとバシャバシャと水たまりを荒す二人はさしずめ大悪人。わたしもそうだったのかしら。
「むかしな、あるじいさんが川で馬を洗って家に帰った。ところが馬がさわぐんだ。よく見たけど何もない。外にだしてもう一度よく見たら腹のところにカッパがへばりついている。カッパはシンのゾウをぬこうとしていたんだな。じいさんはカッパをとらえてとっちめた。カッパはすまん、すまんとあやまって、もう悪いことは決してしませんと誓ったんだ。子供や人を川に引込んだりはしないとな。それからは、その川ではおぼれる人がまったくなくなった」

おじいちゃんが話してくれた川、その水たまり、ここがきっとそうなんだわ。しあわせの水たまりなんだわきっと。

陽が沈み、緑が黒くなってきました。ノッポさんと孝夫君が水の中で取組合いをはじめました。わたしは笑いながらそれを眺めていました。

「おばさん ここが 一番よ」

お姉さんの家の近くに自転車屋さんがあります。そこのおじさんはほっそりとしていますが、いかにも律儀そうな方です。

おじさんはまつりのときにはワタアメ屋さんになります。小太りの可愛いいおばさんと一緒です。月の花にも中設楽の花にも、また盆踊りのときにも二人の姿を見ます。冷たい風が雨戸をたたくころになると、店の右端で〝ばんこ焼〟をはじめます。

おじさんとおばさんは、戦前東京の品川でテキ屋をしていました。戦火で家を焼かれるとおじさんの在所であるこの中設楽に帰り、二人で頑張ってきました。

おばさんは、わたしが東京からきたというと懐しがってくれました。東京の言葉をここで聞くと懐しい、でもくすぐったい感じもするの、とわたしがいいました。わたしはここが大好きでよくきている、と話すとうなずきましたが、こんなこともいいました。

「わたしはね、都会の人の方が親切だと思うよ、戦争中だって東京にくらべると食物はあったはずなのに、わた

わたしも好きな中設楽。手前がお姉さんの家よ。

したちには何もしてくれなかったもんね。ここの人は。東京では降りが半分わけてくれたり、またこっちから貸してやったりしたのに。いまはむろん親切だけど、そのころはねー」

ずっとあとになってわたしはふと思いました。食物をくれなかったのは、ここの食物を東京の人なんか食べないと思ったからではないかしら。ここの食物はそのころ粗末だったとお姉さんがいっていましたから。でもそのときに気がつきませんでした。

「そんなもんだよ人間って」

「でも、わたしのこと大切にしてくれるわ、みんなが」

「そんなことないわ、口うるさいし、冷たいと思ったこともあったわ」

「そう、でもおばさん、わたしはお姉さんやここの人たちが大好きなの」

「でもね、ここに住んでいるとしみじみ思うことがあるの。東京に帰りたいって。でも東京にはわたしたちのものはもう何もないもの」

「そう、おばさんのいう通りだとしても、わたしはここが素晴らしいと思うわ。星も山も川も美しいし、みんなもいい人ばかり」

わたしはここに住んでいるわけではないから、ほんのちょっとしかここのことは知らないけれど、おばさんのようには思えないんです。

おばさんの話はつづきます。

「ひとり息子が立派な若者になって嫁さんをもらったの。小柄だけど優しい嫁でね。ところが、赤ちゃんを生むときに赤ちゃんと一緒にこの世から消えてしまったの。毎日毎日楽しみにしていたのに。赤ちゃんを、ここでなかったら、二人ともまだ笑顔で会えたかも知れないのに。医者がね、酒を飲んでやってきたの。わたしの過ちで死なせたとそのときにははっきりいったのに、裁判になったら認めないの。たとえ裁判で勝ったとしても嫁と赤ちゃんは帰ってくるわけではないし。思い出すと腹が立つ。忘れようと思うと盆がきてまた思い出す。あの医者がうらめしいよ」

おばさんは洗濯の手をゆるめ、わたしにゼリーをにぎらせてくれました。

「ね、食べなさい。ひとりで寂しかったのよ。まだ話は沢山あるの」

「おばさんありがとう……」

おばさんは、仕事の合い間に嫁さんと菓子をつまんでペチャペチャやったのかもしれません。思い出すのね。きっと。

その後ももちろんワタアメ屋さんの二人を見ました。

「おじさんとお仕事」

「そうよ、おじさんといつも、二人で頑張ってるのよ」

「おばさんあとでくるわ」

そう約束しても、わたしはまだ二人のワタアメを口にしたことがありません。踊りに夢中になっていて、気がつくころにはいつも二人はいなくなっています。

ああだこうだといっても、おばさんはここが一番いいんだわ。おじさんと一緒にいられるここが。わたしは二人を見るたびにいつもそう思います。

「甘酒ポッポ おじいさん ワーワー」

今日は朝から空がごきげんななめです。おじいちゃん、お姉さん、わたしとかわりばんこに空を見上げます。

「雨が降るなんて具合わるいのん」

「これじゃ餅はまけんかもしれんがの」

「もう少し小降りになればいいのに」

それでも心は神社の方に飛んでいます。今日は神社の春祭で浦安の舞があるのです。

おじいちゃんに傘を渡し、お姉さんとわたしは一足先に神社に向います。雨にぬれて幾度か足をとられました。お墓の横を通り畑をつっきります。幟《のぼり》が見えました。煙が立のぼっているのは甘酒をつくっているのでしょう。お姉さんは会う人ごとに挨拶をします。今日は舞子さんのおめかしの手伝いです。社務所の方に行ったお姉さんの姿は、見えなくとも想像できます。口元をきいっとしめ、目をクリクリさせながら、てきぱきと、それでも優しく仕上げていきます。まゆにかかったおしろいを自分の洋服の袖ではらい、指先につばをつけてまゆを直します。いつもわたしにしてくれるときのように。

集まると、月のおじさん達もよく笑ってる。

「よくきたの」

おじさんたちがわたしに声を掛けてくれます。

「こっちにきゃ、あったまるに」

「まあいっぱい」

甘酒をよばれます。

「ほんとにあんたはまつりが好きだのん」

「きたら丁度まつりだったの、運がよかったの。ほんとに。準備も舞の練習も見せていただいて」

「いいや、まつりがあんたを呼んだんだのう、みんな」

「まつりばかだからのん」

「あんたくるで、また、まつりの方からきたのかもしれんのん」

「準備ったって、こっちにはちっともこなんだな。甘酒つくりをおしえてやったに」

「ごめんなさい。おもちつきの方に行ってたの。甘酒つくりも見たかったけど、からだが二つないもんで」

「いいやゆるさん。ダメダメ。こっちも手伝わにゃ」

「ほんにの、こっちの方がいい男がそろっているだに」

「よくわかるように手とり足とりしておしえてやるに」

ワーッとみんなが笑います。

「やーだー、まあまあ、いいでいいで、来年は必ずこっちにくるでよ」

わたしが冗談まじりにいうと、みんなさらにワーと笑いころげます。

甘酒をフーフーいいながらすすります。あついけど味がすてきです。東京あたりのように甘々ではないんです。

「もう少しはいるじゃろ」

すっと茶碗を替えてくれます。からだがポッポしてきました。

「来年はほんに、甘酒つくりを見ておくといい、覚えるといいに」

ひとりのおじさんが真剣にいってくれました。わたしはコックンとうなずきます。

「オレにもくれ」

「はーい」

「少しでいい」

「はーい」

今度はわたしがついであげます。冷たい水で茶碗を洗います。いつのまにかみんなの間をチョコチョコします。

「いつきたな」

「いつまでいるんか」

「ここはいいじゃろ」

「久保屋の娘になっていい男をみつけてここにきたらいい」

「わしがいい男みつけてやるでのん」

本気なのかふざけているのか、そのうち話が変ります。

「まつりをするのも大変だ。今日だって仕事を抜けなきゃならん」

「つきあいがあるんのん。帰りが遅いとカアちゃんにしかられるし」

「ほんに、こちらを立てればあちらが立たずだ。かなわん」

「いい男はつらいのん」

またどっと笑います。

霧雨の中をおじいちゃんが傘をさして石段をのぼってきます。社前に進むと、ちょっと上を見てそれから深々と頭をさげました。そのまわりを茶色の犬がシッポを振ってじゃれついています。

浦安の舞がはじまりました。笛や太鼓はテープです。化粧した女の子は見違えるほど大人びて見えます。お姉さんがきっと口を結んで見つめています。

舞がおわると、温かい酒の香が社前に流れます。おじいちゃんがわたしを呼んでいます。満たしたお酒をくれました。一息にのみます。湯呑いっぱいに満たしたお酒をくれました。一息にのみます。おいしいこと。うれしそうにおじいちゃんがわたしを見つめていました。まわりの人たちもニコニコしています。楽しいまつりの一日はまだまだつづきます。

編者注　ここまでは本江さんがお嫁さんになる前に、以後は姓が変ってから書いてもらったものです。

「おじいちゃん　ね　ね、わたし」と結婚式のお話。

「広瀬になっても信子なの」

「おおッ　はいり、はいり」

おじいちゃんがこたつから立ってまねきます。

「なんか食べりん、すぐやるで」

お姉さんはいつもの挨拶です。

「このたびは祝言ほんにおめでとうございました」

おじいちゃんは、きちんと座りなおして頭をさげます。深々と、こたつに沈んで見えないくらいです。

「ありがとうございます、おじいちゃん。これからもいままでと同じようにお願いします」

わたしの胸はキュンとなっていきます。

「今度はなんという名かのん」

「広瀬です。でもおじいちゃん、いままで通りでいいのよ」

「信子さんな。信子さん、いままでと同じだのん」

おじいちゃんは目を細めてニッコリします。お嫁さんになって名前が変るってなんとなくさびしいもの。

おじさまがヒョッコリのぞきました。

「ようきたのん。まずはおめでとう。ゆっくりしていきなさい」

おじさまはてれているようです。

「おじさま、お姉さんを私にかして下さって本当にありがとうございました」

わたしもなんとなくくすぐったいようなばつのわるいような気になります。そうそう、父にも同じように感じたっけ。お姉さんは「ククッ」と笑いながらご飯をもっています。

わたしがお嫁さんになる日、お姉さんはわざわざ鎌倉までできてくれました。よく晴れた日で、鶴岡八幡宮参道の八重桜がキラキラと輝いていました。

お姉さんは話します。

式の前に白無垢のわたしの手を取って長い長い八幡宮の階段を昇ってお参りしたこと。みんなお姉さんを大切にしてくれたこと。披露宴で〝花〟を舞ったこと。前の夜、わたしの両親とイチゴを食べたこと。はじめてホテルに泊ったこと。そんなことを友達や中設楽の人達に話してあげたこと。でも、話が山ほどあってまだ全部は話していないこと。お姉さんは目をクリクリさせながらわたしに教えてくれます。

おじさまがブーとバイクでおでかけになったあと、わたしはそっと写真をだしました。

「まあーきれいだよ。でもおじいちゃん、本物の方がもっときれいで可愛いらしかったよ」

お姉さんは座りこみます。

「どれ、わしにも」

おじいちゃんが目をしばたたかせながらメガネをとりだします。

「ほんにきれいだ。よう写っとる。きれいな花嫁さんじゃ」

「わたしこわく写っているから恥かしくて。おじさまのいるところじゃだせんだった」

「いーや、立派に写っとる。ムコさんも大きくて立派な人だのん」

「立派な人よー。おじいちゃんにも見せてやりたかった……」

お姉さんは何回も何回も写真を見直しています。その姿は母にそっくりです。母も、ひとりでつぶやいたりためいきをついたりしながら何回も何回も見直していました。式がおわった日のお姉さんの姿も忘れられません。白いワンピースに風呂敷づつみと紙袋をぶらさげたお姉さんの姿。

その日、母はわたしに何もしてくれませんでした。いいえ、できなかったんです。化粧のみだれや着物のからまり、胸がいっぱいの母に代ってお姉さんがてきぱきとわたしをかばってくれました。

「おじいちゃん、この人が信子さんのお母さん、この人がお父さん。これが仲人の宮本先生。〝花〟の日、わたしの車で東栄駅まで送ってあげた先生。本当はエライ先生なんだから」

「ほう、きよみを知っとったか。一緒の写真にのん」

お姉さんはおじいちゃんに一人一人を説明します。

「きよみ、うちの衆の祝言の写真と一緒にしまっておくといいのん」

「そうだよー。大切にしとかんとね。一番のみやげよ。わたしも一緒にちゃんと写っているんだから」

それからまた話がはずみます。鎌倉でみんなはなんといってたか、お姉さんにどんなふうに言葉をかけたか。わたしの胸はまたまたいっぱいになってゆきます。帰ってきてよかった。こんなすてきな里帰りのできる人って少ないのじゃないかしらと思って。

宮本先生が仲人のわたしの結婚披露宴で、お姉さんと“花”を舞いました。

「もうすぐまた〝花〟の月」

その翌日、研究所の神崎さんと須藤さんと安田さんが中設楽に見えました。神崎さんと安田さんは民具調査のお仕事をしています。

わたしは中設楽の神社に案内しました。四人つれ立ってブラブラと。それから三人は千代姫旅館に行きました。

その夕方、わたしは買物にでかけました。

「おめでとう、よかったね」

「きれいだったんだって。聞いたよ、きよみさんに」

中設楽の奥さんやおばあさんたちです。

「ところで、どっちがだんなさん」

舞の練習が始まった、もうすぐまた花祭

「えぇッ」

ああ、さっき神社に行くのを見ていたんです。安田さんは奥様だから、スマートな神崎さんとちょっと太っちょな須藤さん。

「ううん、ごめんなさい、一緒じゃないのよ。一人できたの」

「まあー、がっかりだよ。どうして。だしおしんだりして、すぐださなきゃ」

「仕事が忙しくって」

「だめだねー。二人でこなくちゃもういれてやらんぞ」

〝ペチャクチャ、ピーピー、キャッキャッキャッキャッ〟

小学校の坂道を、消防さんたちがあふれるように車でおりてきます。紺の制服がいかめしい。先頭は月のお兄さんです。〈死んだ者のいいなりになることなんかない。伝統なんてオレたちがつくるのさ〉。はじめての〝花〟でわたしにさけんで消防服を着せてくれた私のお気にいりのお兄さんです。夏、盆踊りの夜にはビールを飲みながら、お兄さんのはじめてのときの話をしてくれました。

「いいもんだ。そりゃいいもんだ。人間として知っておくべきだなァ。それを知らんうちは大人じゃない、かたわもんだよな」

まじめな顔で話してくれたお兄さん、今日は酒がはいっていないようです。

「よッ、いつきた。結婚したんだって。だがちっともムネが大きくなっとらんな」

まあー、酒がはいっていなくても、気になることをはっきりいうんだから。

「亭主は一緒か。お前は見あきたから亭主をつれてこい。つれてきてここを見せてやらなきゃ。〝花〟もうすぐだな。あー、今年は〝花〟にこれんのう」

「そんなこといわないで。きちゃうもん。〝花〟にこれないなんていや」

「一緒にくりゃいいのん」

大きな目をクリクルさせて、お兄さんはたんかを切るようにしゃべります。

「お兄さん、赤ちゃんができたら舞えないの」

「舞えんことがあるものか。人間のすることをしてできたもんが……。そうだ、はらみ女をやれ、今年は本物のはらみ女だぞ、な、みんな」

少年は草鞋《わらじ》を背に出番を待っています。

消防さんたちの笑顔が合唱のように聞えます。

今年ももうすぐ花祭です。ゆかいな消防のお兄さんたちと、顔なじみになった子供やおばさんたちと、そして、あたたかい久保屋の人たちと……。

わたしにはもう笛が、太鼓が、かけ声が聞えます。

自家の花宿で4人兄弟による「四つ舞」。一生の語り草になったようです。

少年の「三つ舞」。月の人々は、「花の舞」を舞った子が、順番に難しい舞を舞うのを楽しみにしています。

舞庭ではどんな悪態《あくたい》も許されます。上手な悪態は笑いを誘います。

「湯囃子」の湯をかけられた仕返し？　ではありません。これも舞のうちです。

奥三河 水車たずねある記

文　安田水樹
絵　富田清子

水車小屋。設楽町川向

水車は女の仕事場

ことしの春も奥三河にでかけた。設楽町の納庫《なぐら》から田口にいく途中の山峡の村川向《かわむき》で、ふと水車小屋をみつけた。急な坂をのぼりつめると目のまえに水車が現われたのだ。老人に聞いてみた。ここではクルマヤーと呼ぶのだといいながら、

「むかしのことじゃて細《こま》こうには覚えとらんけど……わしがほんの小さい頃、この水車《クルマヤー》が建ったんだが、そのときな、天保の頃に生まれたおおおじいさんを水車の前の丸太橋まで板にのせて運んでやったら、生きとってよかったと涙ながしとったよ。水車造るんは男じゃが使うんはおなごじゃからのう。粉にしたり搗《つ》いたりしとったもんだ」

水車は女の仕事場だったのだという。どんな仕事をここでしたのだろう。もう二十年の余も使っていないという水車小屋の中は干草がいっぱい積まれてあった。

家に帰って水車についてすこし調べてみた。

『日本書紀』に日本に水車がはいったのは「推古天皇十八年（六一〇）春三月、高麗《こうらい》から渡ってきた僧曇徴が碾磑《てんがい》を造って冶鉄《かねわか》する（水車で送風して冶金する）」、というのがはじまりだという。水力を利用したのはおもいのほかはやいようだ。そのうち天長六年（八二九）太政官符によると朝廷は唐にならって灌漑用の水車を奨励している。

ところで、わたしが調べたい奥三河でみかけたような穀物調製用の水車となると、はっきりわかるのは江戸中期になってからであるという。これは町の飯米需要の急増と関係があるかも知れない。このころの北斎漫画にも村の水車三題が描出されている。

水車の利用は穀物調製のほかにも冶金の送風、灌漑、酒絞り、油絞り、製材、製糸と多方面にわたっている。奥三河の足助《あすけ》などではヤマゴボウの根洗いにこれをつかう。

四月も末の午後、紹介されて設楽町大

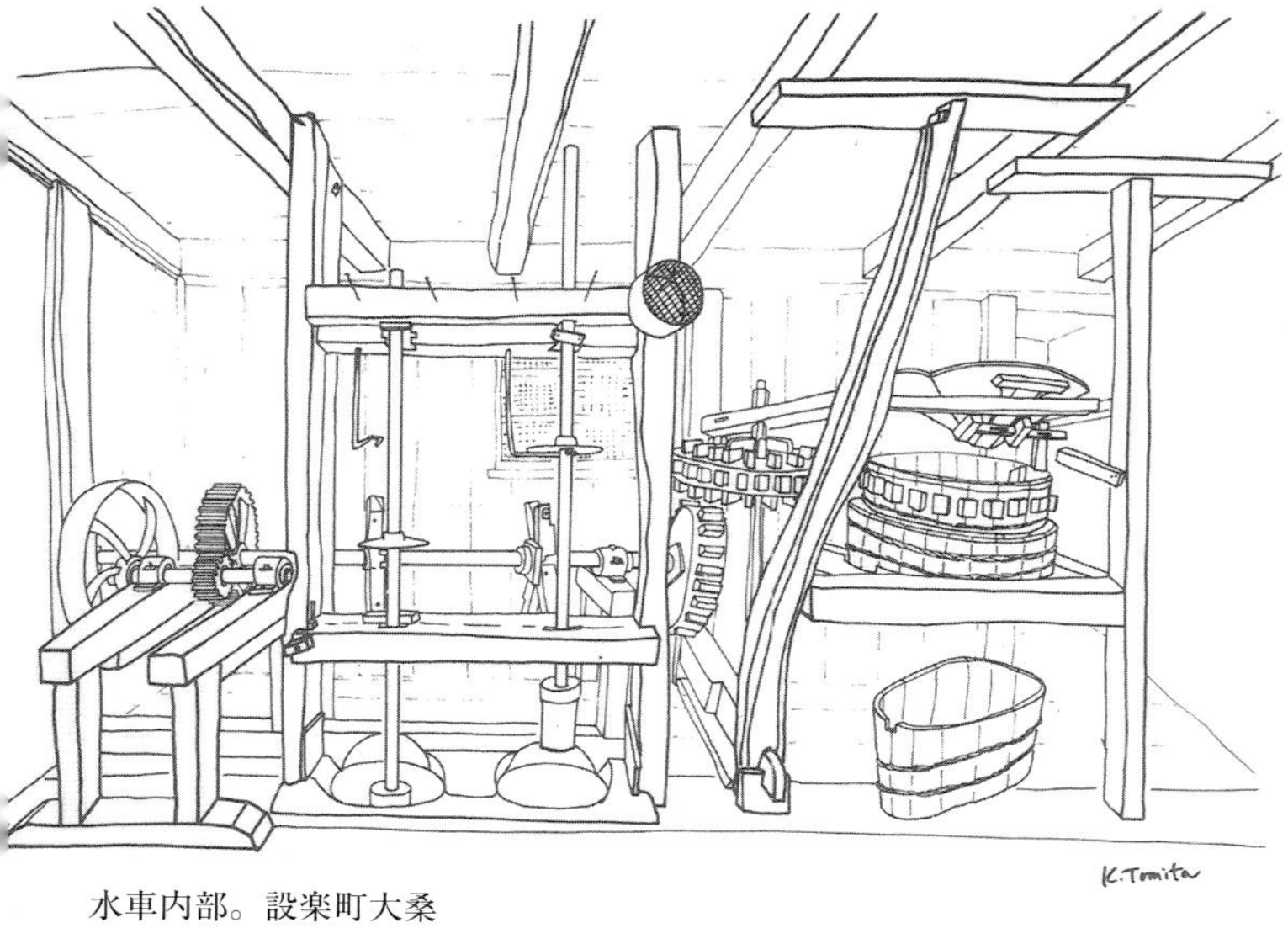

水車内部。設楽町大桑

桑の後藤鶴夫家ではじめて水車小屋の内部をみた。

そこには土に埋めて固定した二台の二斗入搗臼《バリつきうす》があった。もともとは三台あったのだが、ここの二階を作業場に直したとき一台を作業場の動力源にしたのだ。杵のあったところにプーリーをつけてベルトを二階に渡してある。

二本の杵は同時に臼を搗くと水車は回転のバランスをくずすので、軸に取りつけた羽（カム装置）を少しずつずらしてある。横木に吊ってある輪投げの輪のようなものは、臼の中に据えて穀物がまんべんなく搗きあがるようにカエシをするためのワッパである。この輪は木をくりぬいたり、藁を編んだものだったりで、穀物の量によって使いわける。

搗き臼の右、入口に近いところには一台の大きな石の碾臼《ひきうす》があった。目立ては手まわしの石臼とおなじで左まわりだが、径二尺もあるという大きなもので、量感があふれている。外側に木の歯車を着せ、この歯車の組合せで回転速度や方向をかえるのだ。

この碾臼の工夫がまたおもしろい。たとえば、粉にする穀物の種類、碾き具合によって臼の間隔を調整する。一回転ごとに上部につけたじょうごから一定量穀物を臼に落すために竹のバネと板切一枚で調節する。臼の外側にでた粉を集めて下の桶に受けるのに上臼にチビたタカキビの箒《ほうき》がつけてあったり、という具合にどれもユーモラスに巧妙であり、人間的ですっかり気にいってしまった。説明を聞きながらもあっちこっちたたいたりさわったり、まるであいさつでも送るような気持だった。

水車は小屋の外で流れを受けてまわる車が半分ほども朽ちていて動きそうにない。いまこれをまわすはずの豊かな流れは石垣だけを打って落ちている。茶の間のわきの庭にすえた筧《かけい》の音にはじめて気づいた。

日暮まで、この水車小屋の働いていたころを想ってすごした。どこかに働いている水車をみつけたい。

ボンクラはひとりで動く

“水車・すいしゃ”とこの山里を訪ね歩いていると、きっとはなしにでる道具の名があった。それはボンクラとカラウスという。

カラウスとは唐臼と書く。手杵のあと

カラウス

の形で、シーソーの原理で動く。一方の端に石の重しをつけた杵を据え、もう一方には横木を渡し、この横木を踏んでは臼を搗くのだ。踏むのは一人から三人ぐらいで、調子を揃えてやる。臼は土中に半分うめるか、固定して置く。これは男の仕事だというおじいさんもあったが、耕地の狭い山里では、男手を山仕事にとられることになるので、女も子供も家中でやったものだと聞いた。

「一日の仕事がすんで夕飯あとの仕事での、一晩に二時間も踏むと凍るような寒い晩でも汗びっしょりになったぞ。一臼に七升はいるが、一斗搗くにゃたいへんぢゃった。それでもわしら米はめったに食べやせん。麦やらヒエやらを食うとったよ。麦搗くんも大変ぢゃった。水入れて一晩搗いて、あしたの晩までムシロに広げて干しとくんだ。夜になって糠《ぬか》をとってからまた搗くんだが、あの真中のスジな、あれを細うにするのはえらかったぞ。子供のころカエシをやらされるんがいやで大きな柱のうしろに逃げてかくれていると、働かんもんは食わんでもエエと食事をぬかされたこともある。あれは毎晩の仕事で、そのうえ雨降りにゃ朝から搗いたもんだ」

東栄町の振草川の上流小林で老人たちは、せいいっぱい働いた昔をたいへんだったといいながらも懐しむように語ってくれた。

もうひとつの道具ボンクラ。これはツキヤー（搗屋）、ボットン、ボットリなどとも呼ばれる。カラウスとおなじ原理だが、カラウスの足踏み部分が水力になる。径一尺もある太い松など水に強い木をスプーンのようにくりぬいて水を受けるフネというものをつくる。

流れを引き込み、このフネに受ける。重くなったフネはさがり、水が流れ出してしまうと再びもとの位置まであがる。反対側についている杵は土中に埋めてある石臼を搗く。

カラウスは土間で使える道具だが、ボンクラは流水を利用することから、流水がその性能を決定する。流水の利用できない家では使えないことになる。

流水も量が多すぎると杵があがりっぱなしになるし、少ないと精穀時間がかかって、穀物がくだけやすくなる。またこのフネから流れ落ちる水の排水溝も必要となってくる。

このように立地条件もむずかしく、しかもカラウスよりも七分の一の能力しかないボンクラがカラウスにかわって水利のよい山里では各戸に据えていたという

ボンクラ。設楽町東納庫

のはどうしてだろうか。

やはり一日の野良仕事を終えて、さらに夕食後の重労働を必要とする道具に較べて日に何回か見るだけでよいボンクラの方が楽だということだろうか。これにかわると、穀物の調製仕事は全て女が担当したようである。男はたしかに楽になったのだ。一斗搗くのに一昼夜もかかる。季節、天候により水量が変化するボンクラはもっぱら主婦の仕事となる。

一間四方の小屋を建て、ここに石臼を据える。小屋のそとには流れを受けるフネだけが突きでている。だいたいは自家製のようだ。

「一臼で一斗搗けた。一斗搗くにゃ朝入れて翌朝か昼前にはできたよ。夏や冬は水がすくないで秋や春より二～三時間は多くかかったぞ。干水《ひみず》のときは困ったよ。あのころはどこの家も家族が多くて、麦の多いごはんを毎日四升も炊いてよ。ごはんは、すくい飯して米はべんとうにいれてやってな。一日に四回も食うたよ。仕事をやって朝オチャノコがあるだろ。それからアサハンが十時、コヂャハンが二時半、ユーハンが六時よ。晩には足りなくて炊くこともあったよ。これでわしが入れるくらいのおひつは空っぽ。食べたも食べたがそれだけ働いたということだ。だから毎日、一年中ボッタン、ボッタンやってねえ。精米機ができて、スイッチあげれば一時間で一斗は搗けちゃうんだから、楽になったよ。けっど機械じゃ搗くときに熱がでて米のうまい味が逃げてうまくなくなったねえ。昔の米は糠がついて黄いろいが、洗うと水晶のようにうつくしゅうなったもんよ」 川向でお昼をよばれた家のおばあさんが忘れたといいつつも、ボンクラの仕組みを教えようと身振りまで交えて語ってくれた。

「ワシが嫁にきて二十五年になるが、嫁にきたころには、もうこの部落でもツキヤーはこの家とあと一軒しか残っていなかったよ」

別れ際のお嫁さんのことばだった。このボンクラも働いているところは見られないかな。

このおばあさんが二度ほど米を搗いてもらいにいった家が、ここの境川のかみの滝瀬にあるというのででかけた。

大きな水車を持つ家でクルマヤーと屋号と別に呼ばれて、他家の穀物も頼まれていた。観音さまで有名な田峯《だみね》では、水利が悪く部落のうちに水車がなかったので隣の清崎《きよさき》まで馬の背やら、背で負って頼みにいったもんだという。話だけでも聞けたらとおもってでかけた滝瀬のクルマヤーは雑草の繁るにまかせた荒地になってた。クルマヤーは先代までだったからわからんという。戦争のあと、使わなくなっていた水車小屋に戦災で焼けだされた一家が住んでいたというから、ずいぶん大きな建物だったのだろう。

サンマ一匹五人分

ここへくる途中、滝瀬橋の手まえで懐しい人にあった。奥三河にはじめてきたときに機織りのはなしをいっしょうけんめい教えてくれた依田ツヤさんだった。

田口の町からおばあさん三人連れだってフキ採みにきたのだという。

「泊りに来い。帯もあのあとたんと織ったでみせてやる」

その夜はツヤさん手織りのふとんで寝かせてもらった。雨が降りつづいていて肌寒かったので二人で地酒を飲みながらふとんにもぐっておしゃべりした。

翌朝、ツヤさんの若くして亡くなった御主人のアルバムから、実家の話になり、そこにボンクラがあることを知って、田口から東栄町へぬける道にある和市《わいち》へむかう。

久しぶりにわしもいくというツヤさんと二人連れでなんとなく楽しい。杉木立の暗い影を落としたところをいくつか曲ると斜面に棚田がつづいた明るい村にでる。そこが和市だった。

　ツヤさんのお兄さんのお嫁さんである金田しずえさんは六十七歳になるというが、家族がみな外にでて働いている中で、ひとりで百姓仕事をして、耕耘機も運転する。

「女の子はおかずをたんと食べるものではないといって、サンマ一匹を五つに切ってその一切が一人前だったよ。サカナ一匹尾頭つきでたべられるのは年越のときだけじゃった。ここへ嫁にくるまで白い飯は一年になんども食えんかったぞ。年中ヒエ飯ばかりじゃ。米など探さなみつからん。いまの親は赤ん坊が生まれてすぐに靴下はかせて、ぬがせるということを知らん。これでは丈夫な子供にはなりゃせん」

　このあとしずえさんに会いたくなって、八月のはじめに訪ねた。ちょうど蚕の上蔟がはじまって忙しいときで、汗にまみれたわたしを気づかいながらも蚕に話しかけながら仕事に夢中だった。黄色く透けてきた蚕をえらんでマブシにつけてやる。土間から座敷一面の蚕棚だ。嫁にきてから一年もこの仕事を休んだことがないという。

「かわゆいぞ。いきとるもんは」

　人間は土で闘うようにやっととると元気だぞということば通りに豊かで逞《たくま》しい農婦だった。

　しずえさんの家のボンクラは母屋から四十メートルほど離れて、新しく補修された水路わきに建っていた。おじいさんが造ったのだという。まだしっかりしていて竹や木の桶さえつければすぐにでも働きだしそうな印象だ。

　これが家に近いと夜中もボッタン、ボッタンうるさいし、遠すぎると運搬に不便だからこのくらいの距離がいいのだそうだ。

車大工は水車の大工

　しずえさんの在所の東栄町の粟代《あわしろ》に水車があるという。月を経て中設楽《なかしたら》から下粟代にむかう。途中の布川ちかくで小さい車がとまって運転のおばあさんがきれいな歯をみせて笑っている。

「そうかね、下粟代に水車があるかね。ワシのいる小林の柏原にもクルマヤーがあるよ。島という屋号の家でね。いっしょに行ってみるかね。おばあさんがいると思うよ」

　すっかりその気になった。このおばさんが気にいったのかも知れなかった。地図を広げて見ると柏原は振草川の上流にあった。

　島のおばあちゃんは内藤ひさえさん七十歳。ひさえさんはソバを作っていた。粉を練りはじめたばかりで、カマドには大なべに湯がたぎり薪がパチパチとはぜて、赤い火が土間を照らす。ひさえさんの手元にみとれる。

「クルマヤーはやめようとおもうが、節句に柏餅をつくるのに皆が米を持ってきて碾いてくりょというので、やめられないねぇ」

　ソバは練られ、まるまり、ひろがり、棒にまかれてうすく延びた。巾の広い包丁で細く細く気をつめてきざんでいく。

「細うないとうまくないよ」などと、わたしの関心がソバづくりに移ったのがわかるのか教えてくれる。切ったものを湯に投じ、差し水を二度して湯の表面にソバが浮いてくるとスイノウですくって水に放す。これをザルにあげてできあがった。

　ソバを切る手元をみつつ、一緒になって息をつめていたわたしは、自分も一仕事終えたようにくたびれた。いわれて引き込んである湧水を一つ飲んだ。あまいつめたい水がのどを通る。おいしい。おばあちゃんが笑う。ひさえさんともう仲良しになっていた。一緒に水車小屋をみにいく。

奥三河の水車は搗臼は二台から四台据えてあり、大きな水車にだけはじめにみたような碾臼があった。和市の東隣の村の黒倉では二十年ぐらいまえまで、十一戸中クルマヤを持つ家が四戸、このうち碾臼の所有は二戸であった。この部落にはボンクラはなかったという。逆に津具《つぐ》村の行人原《ぎょうにんばら》のように五十戸中ボンクラを持つ家が三十戸あったというが、ここには水車は見あたらない。和市では十七戸中ボンクラ十五戸、そのうえクルマヤーを持つ家は四戸あったというから、水利や作物の違いなどからそれぞれである。しかし水車一台あれば十軒はまかなえるということはほうぼうできく。

この水車を作る大工を車大工と呼ぶ。車大工は農閑期に水車を造ったり、修理したりして歩いた。また碾臼の目立てもおなじようにして石屋がまわったものだという。

設楽町の納庫に金田文治郎さんという上手な車大工がいたが、近年亡くなったという。その後、訪ね歩いたが、車大工をした人の話を聞くことはできなかった。

また、ここの水車は個人所有が多く、共有していた水車の話は聞かない。

道が水車をなくする

この山里でカラウスからボンクラや水車にかかわったのは毎晩の重労働からの解放ということになるだろう。

しかし昭和のはじめには、これらがすっかり減少してしまったのだ。

ところが精米機が二割の搗き減りなのに較べて水車やボンクラは一割と搗き減りが少ないことから、敗戦後、これが一時復活しもてはやされたことがある。

戦後の食糧不足によって米の交換価値があがったので、このわずかの差が放置されていたものを修理させ、活躍させたのだ。山村は平野の村に較べて雑穀の種類も量も多かったので、ヤミ需要に応じられたということだろうか。

しかし人の心を荒した戦後の苦しさは、ここでも水車やボンクラから夜のうちに米が頻繁に盗まれることにあらわれるようになった。

ボットン、ボットンという音は米を抜

牛蒡《ごぼう》洗い水車。足助町

くとかわるので、あとに雑草を入れてごまかされたもんだという。

　搗き減りが少なくてもこうなっては何にもならない。そんなこともあって昭和二十六〜七年にはすっかり減ってしまった。そのうえ、戦後農協で精米をひきうけるようになると、盗まれないし、手間がはぶけるし現金で済むということから、合理的、民主的という時流に乗って一里の山里を農協へ通ったのだ。

　しかし、すっかりこれらの道具が姿を消したのは昭和三十年代に入ってからのことになる。小型三輪トラックの急激な普及によって山奥の不便だったところへも道が通じ、自動車で運べるようになった。また道の拡張は水路をかえてしまうことになり、ボンクラや水車に水がこないところもでてきた。そのうち自動精米機を共有したり、個人所有したりする人たちも多くでてきて、使える道具を持っている家でさえ精米機に切りかえてしまった。このとき水車やボンクラを毀した家も少なくない。

　粉にするにも農協へ出す。そのころになると、食生活改善運動の波はここにも伝わり、雑穀の種類、量ともに、すっかり減ってくる。

水車はまわる

　島のおばあちゃんの土地には、むかしから良質の冷泉が湧いていた。これをなにか利用しようという皆の努力で水車小屋の隣に立派な〝東栄町老人クラブ〟が建った。ここでのんびりして温泉に入って長生きしてもらおうということなのだ。まだやっと一年、来年からはこの隣に食堂もつくり、「ここの老人ばかりでなくみんなに使ってもらいたい。東京に帰ったら宣伝してくれんか」と館長さん兼老人クラブ会員の伊藤さんがいう。

　いまは週末に年寄りが利用している。今日は土曜なので、お年寄がボチボチ集ってきた。

　雑貨屋の御隠居さん。館長さん。神官さんとひさえさんがわたしの相手になってくれた。すすめられて好奇心にもさからえず、わたしも温泉にはいる。いい湯だ。陽のあるうちから申し訳ないみたい。

　お風呂あがりにさっきのソバがでた。神官さんがソバ粉を持ってきて、ひさえさんがこれを作って、畑から採みたてのサヤエンドウがたっぷりはいった。雑貨屋さんは野のワサビを採みに走り、わたしは皆の笑顔のなかで茶を入れる。久し振りの手づくりソバにみんなごきげんなのだ。ドンブリは空になったが三人のおじいさんの話ははずむ。

「ボンクラや水車やカラウスをつかっていたころ、その時分は大麦の飯にタマリに仕込んだ大豆をかけて食うとったのう。味噌もつくっとったし、あとはタクアンだけ。ごちそうというと、何といっても餅が一番じゃった。食うたんは正月と節句と盆じゃ。モチグサ・ササゴボウ・ヤマゴボウの葉をたたいて混ぜた草餅。トチの実でつくるトチ餅。それにボタモチ。あまいもんか、砂糖なんて尊いもんじゃったから、わしら柿の皮干して粉ふいて白うなったのを細こうにきざんで入れたりしとったよ。これより一番は栗のあんだった」

「栗といえば、このあたりはどこも栗の木でいっぱいだったよ。朝山へ行って昼までに一斗ぐらいは拾ったもんだ。一石拾った年もあったよ。おふくろさんと一緒に行ったなあ」

「いまじゃ山は杉や檜の値がよくなって、こんなのばかりを植林しているから、栗もすっかり減ってしまって。山の下生えのジネンジョやヤマユリ、それに栗が好物の猪もでるようになるんだよ。でたくてでてきてるんじゃないいんだよ」

　奥三河の明治の末からの話がつづく。

コビキのはなし。新城の手前の海老という町へいったことなど。気づくと外は暗くなっていた。

　その夜は老人クラブに泊めてもらうことになった。いつのまにかひさえさんがゴヘイモチを作ってきてくれた。わたしも火にあぶるのを手伝う。老人はひかえないとといいながら大きなのを二本ずつペロリとたいらげた。木の芽の香りがする甘味噌がこげてなんともおいしい。

　翌朝、きょうは帰る日なので、できるだけ歩きたいと思った。東栄町までの道をたのしむことにする。途中寄りそびれた下粟代のクルマヤーに寄る。

　そこは笹橋という屋号の家で、その家のお姉さんが塞を止めてあった水車の流水を解いてくれた。ギ・ギ・ギッギーッとまわりはじめた。径二間もある水車で、この奥三河で目にした一番大きなものが、いま動いている。両側に搗臼部屋と碾臼部屋を振り分けにした水車小屋だ。

　この春漬けた桜の湯と、摘みたての新茶をごちそうになった。風の道をふさぐための大きな森が田のむこうに黒々とそびえている。

「こんど花宿になるのよ、花まつりにこない？」

「手伝いにこようかな」

「うれしい、助かるわ、きっとよ」

「ええ、きっと」

　奥三河で別れるときにきっともらうことば、

「おだいじに」

　このやさしいひびきをもらって歩きだす。振りむくとお姉さんはまだ手を振っている。

ツララのさがった水車小屋。東栄町古戸

富士山は内浦のどの浜からも見える。志下

伊豆内浦

文　神野善治
写真　杉本喜世恵

沼津市歴史民俗資料館

海辺の村で

沼津の町に住み、海沿いの村々を歩きはじめて二年が過ぎた。ほとんど海と関わりなく育った私には、そこで見たり聞いたりした、海にまつわる生活のひとつひとつが、みな発見であり、驚きだった。そういう意味で毎日が旅のような生活だった。

我入道《がにゅうどう》でも静浦や内浦、西浦でも、訪ねるたびに新しい知りあいができ、沼津の町にも居心地のよい場所ができた。旅が日常の生活に変わりつつある。そして今、私は旅の日の緊張感から遠ざかっている自分に気がついている。一生沼津の町に住みつくことになるのかどうか、それは私にもわからない。が、あの緊張感を忘れず、もう一度新しい気持で歩きまわってみようと思う。

私にあるく機会を与えて下さる沼津市の歴史民俗資料館と、何度も何度もお訪ねする私を暖かく迎えて下さる村の方々に、心から感謝したい。

狩野川河口にひしめく漁船。我入道

マグロ漁のころ

伝さんと大将

入りくんだ海岸線をもった内浦の海には、洞《ほら》と呼ばれる小さな入江がいくつも続いている。この穏やかな内浦の海が、かつては静岡県きってのマグロ漁場だったという。それは私にはとても思い浮べがたいことだった。

昭和十二年から十四年にわたって、アチックミューゼアムから渋沢敬三氏の手によって刊行された、有名な『豆州内浦漁民史料』を通して、私たちはこの内浦で建切網《たてきりあみ》（大網）によるマグロ漁が、近世初頭から明治時代に至るまで、盛んに行なわれていたことを知ることができる。

しかし、実際に内浦の海を訪ねてみても、あのおびただしい量の古文書に記録されてきたようなマグロ漁の様子は、現実の風景とはとても結びつかない。たとえ本当にこの海にマグロの大群がおしよせてきた時代があったとしても、それはすでに遠い昔の物語でしかないのだろう、私は勝手にそう思いこんでいた。

はじめからもうダメだと決めてかかっていると、実際には難なく理解できたり、実現できることも不可能にしてしまうことがあるようだ。

私がはじめて内浦長浜の菊地伝治郎さんからマグロ漁の話を聞いたのは、この海岸を歩くようになってからすでに一年近くもたってからのことだった。

もうマグロ漁の体験者も、当時の道具も何も残っちゃいないと言う人もいて諦めていたのが、何度も内浦を訪ねているうちに、「それならシンタクのお爺さんに聞いてみるといい」と教えられた。しかも、このシンタクのお爺さん・伝次郎さんという人は、渋沢さんの船頭をしていた人だと聞いて、私は『漁民史料』の序文の中に登場する「伝ちゃん」という漁師の名を思い出した。

『豆洲内浦漁民史料』を編纂《へんさん》した渋沢敬三さんは、明治・大正期の日本の実業界の代表的指導者であった渋沢栄一の孫として生まれ、本人も優れた財界指導者で、日銀総裁や大蔵大臣などもつとめた人であった。昭和六年（一九三一）十一月、渋沢栄一が逝去した前後、看病から葬式へとの約一ヶ月間、おそらく文字どおり身を粉にして敬三さんは働いたにちがいない。過労から急性の糖尿病にかかってしまい、この治療を目的に、内浦の三津《みと》浜に長期療養にやってきた。

渋沢さんは、三津の松濤館《しょうとうかん》を宿にして、「長浜の伝ちゃん父子」など、以前から馴染の漁師たちと釣にあけくれる毎日をすごしていた。この間に、偶然、長浜の大川四郎左衛門家の膨大な古文書を発見したのだ。その時の仔細を渋沢さんは『漁民史料』の序文に、「古文書を釣る」と題して書いている。

〈海へ出れば手ぶらで帰ることは少かった。内浦から大瀬崎にかけての海は先づ大体穏かであるし、殊に早春の朝、白雪を着た富士の姿は平な駿河湾から直立して美しかった。晴れた日には大正七・八年にわたって踏破した南アルプスの山々が聖岳・兎岳・赤石岳から北方へ連山

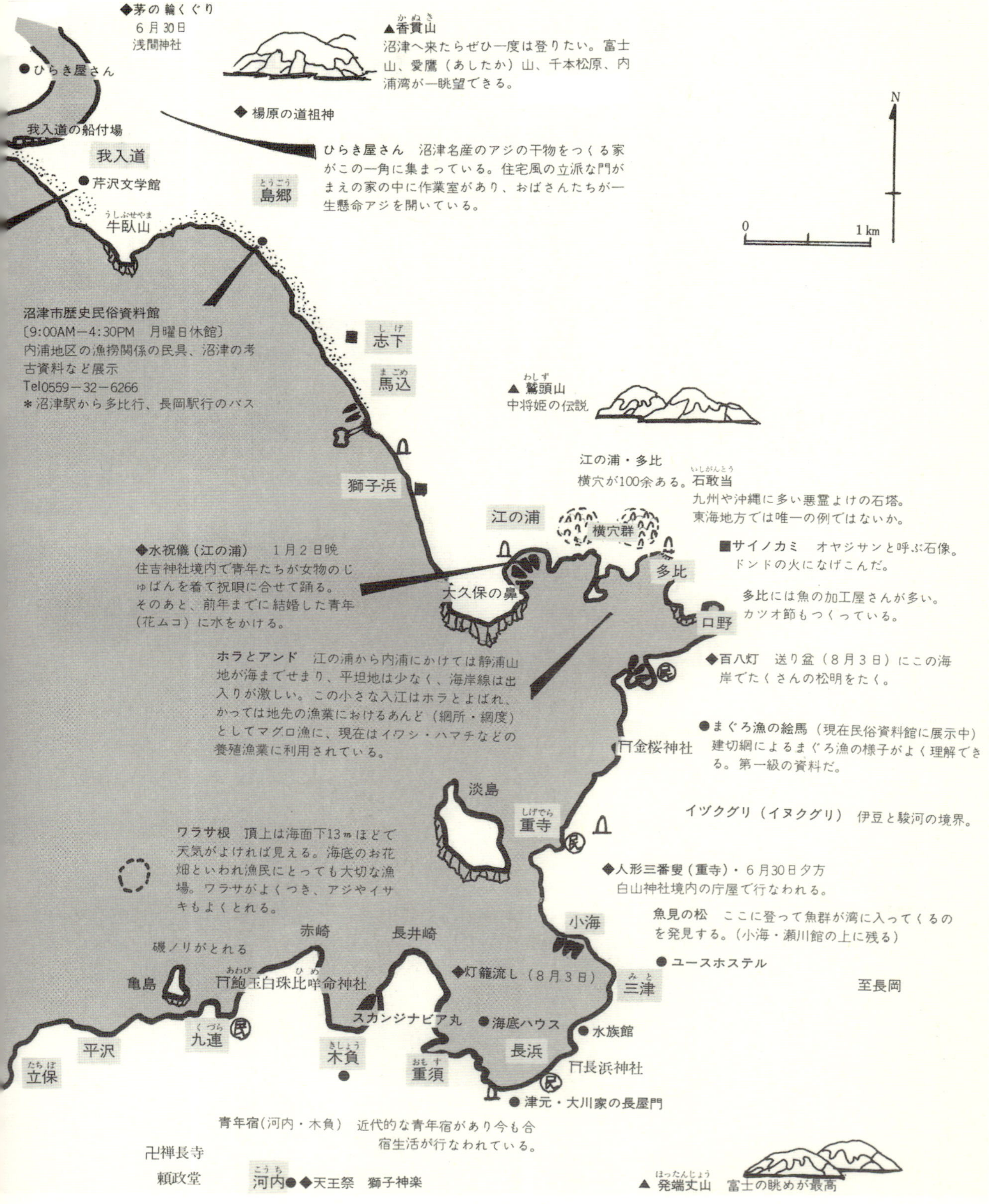
◆茅の輪くぐり
6月30日
浅間神社
▲香貫山《かぬき》
沼津へ来たらぜひ一度は登りたい。富士山、愛鷹（あしたか）山、千本松原、内浦湾が一眺望できる。
●ひらき屋さん
◆楊原の道祖神
我入道の船付場
ひらき屋さん　沼津名産のアジの干物をつくる家がこの一角に集まっている。住宅風の立派な門がまえの家の中に作業室があり、おばさんたちが一生懸命アジを開いている。
我入道
●芹沢文学館
島郷《とうごう》
牛臥山《うしぶせやま》
N
0
1 km
沼津市歴史民俗資料館
〔9:00AM－4:30PM　月曜日休館〕
内浦地区の漁撈関係の民具、沼津の考古資料など展示
Tel0559－32－6266
＊沼津駅から多比行、長岡駅行のバス
志下《しげ》
馬込《まごめ》
▲鷲頭山《わしず》
中将姫の伝説
江の浦・多比
横穴が100余ある。石敢当《いしがんとう》
九州や沖縄に多い悪霊よけの石塔。
東海地方では唯一の例ではないか。
獅子浜
江の浦
横穴群
■サイノカミ　オヤジサンと呼ぶ石像。
ドンドの火になげこんだ。
◆水祝儀（江の浦）　1月2日晩
住吉神社境内で青年たちが女物のじゅばんを着て祝唄に合せて踊る。
そのあと、前年までに結婚した青年（花ムコ）に水をかける。
多比
大久保の鼻
多比には魚の加工屋さんが多い。
カツオ節もつくっている。
口野
ホラとアンド　江の浦から内浦にかけては静浦山地が海までせまり、平坦地は少なく、海岸線は出入りが激しい。この小さな入江はホラとよばれ、かつては地先の漁業におけるあんど（網所・網度）としてマグロ漁に、現在はイワシ・ハマチなどの養殖漁業に利用されている。
◆百八灯　送り盆（8月3日）にこの海岸でたくさんの松明をたく。
民
●まぐろ漁の絵馬（現在民俗資料館に展示中）
建切網によるまぐろ漁の様子がよく理解できる。第一級の資料だ。
⛩金桜神社
淡島
イヅクグリ（イヌクグリ）　伊豆と駿河の境界。
重寺《しげでら》
民
ワラサ根　頂上は海面下13mほどで天気がよければ見える。海底のお花畑といわれ漁民にとっても大切な漁場。ワラサがよくつき、アジやイサキもよくとれる。
◆人形三番叟（重寺）・6月30日夕方
白山神社境内の庁屋で行なわれる。
小海
魚見の松　ここに登って魚群が湾に入ってくるのを発見する。（小海・瀬川館の上に残る）
赤崎
長井崎
磯ノリがとれる
●ユースホステル
亀島
⛩鮑玉白珠比咩命神社《あわび　ひめ》
◆灯籠流し（8月3日）
三津《みと》
至長岡
スカンジナビア丸
●海底ハウス
●水族館
平沢
九連《くづら》
民
木負《きしょう》
長浜
⛩長浜神社
立保《たちぼ》
重須《おもす》
民
●津元・大川家の長屋門
青年宿（河内・木負）　近代的な青年宿があり今も合宿生活が行なわれている。
卍禅長寺
頼政堂
河内《こうち》●◆天王祭　獅子神楽
▲発端丈山《ほったんじょう》　富士の眺めが最高

内浦案内●神野善治

（注・執筆当時のもので、現在はなくなっているものもある）

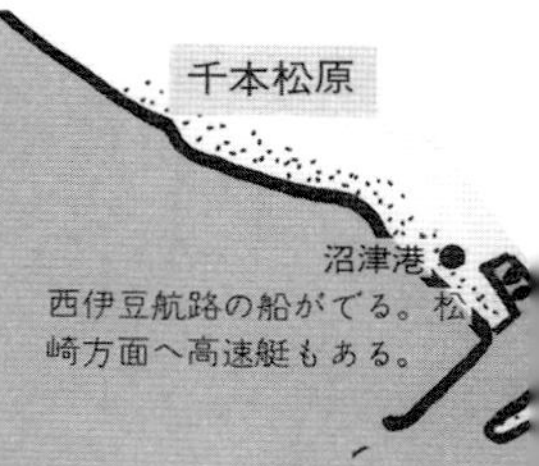

大瀬崎　海へ細長く突き出た岬の先にある淡水の神池は伊豆七不思議のひとつである。この岬自体の形成過程も興味深い。同様の砂嘴（さし）は西伊豆の海岸線に他でも見られる（戸田・井田など）

大瀬神社　式内社引手力雄命神社。駿河湾一帯の漁民の信仰を集める。この岬の前を漁船が通るとき、石を海に投げこんで豊漁を祈願し、漁があると帰路ここで魚を海に投げ、大瀬に手を合せて拝んだ。

◆大瀬祭　４月４日、桜の花のトンネルを大瀬崎までバスで行くのも楽しいが、祭りの日に内浦や静浦から漁船に便乗させてもらって大瀬神社までの船遊山を味わうのがいい。駿河湾にはあちらこちらに大漁旗で華やかに飾りたてた漁船が行きかい、また雪を頂いた富士の姿も海上からはことのほか美しい。船上では青年たちのバカ踊りが行なわれ、御神酒がくみかわされる。普段はあまり喜ばれない女性の乗船もこの日は大っぴらに許される。志下・江の浦・多比・小海・長浜などの各村の青年会に前もって頼んでおくとよい。少しでも御祝儀を忘れないように。
境内のビャクシンの樹林（天然記念物）の老木の股などに投げられた石が乗っている。長い年月の間に幹にくいこんでいるものもある。大瀬崎に住む天狗の仕業だという伝説もあるらしいが、漁民が縁起をかついで、漁を占って投げあげたものともいわれている。「漁師は神をまつるよりイヤ（石）をまつれ」と言うそうだ。

奉納漁船模型　神社には30艘余の漁船の模型が駿河湾沿岸の村々から奉納されている。
この一帯の和船の資料として大変貴重なものだ。（一部、民俗資料館に展示中）

西浦みかん　明治以前にも地ミカン・コウジミカンとよばれる小ミカンがあったが、温州ミカンが伝えられてから西浦の耕地はすっかりミカン畑へ転換した。山の斜面にも石垣を築き、槇の防風林をととのえてミカン畑がひろがっている。（木負～江梨）

三浦《さんうら》　我入道から大瀬崎までにある22のムラは、大きく３つの浦にわけられる。志下・獅子浜・江の浦などを含め口野までを静浦といい、重寺から重須までを内浦という。そして木負から江梨までが西浦。

老人会のバス　村の埋立地などが駐車場になっていて、老人会が管理している所が多い。古いバスを事務所にしている所もあり、ここを訪ねれば必ずお年寄が何人かいて、昔の話を聞かせていただくことができる。

海食崖　伊豆半島の海岸でしばしば見られる海食崖がここにも。脆い感じの堆積岩の地層が重なりあい、斜めに縞模様をつくっている。これが大瀬崎の成りたちと神池が淡水だという不思議をとく鍵だろう。

井田（戸田村）　伊豆の幹線道路から外れているので、のんびりしたかつての西伊豆のよさが残る。

民宿のあるムラ　昔から釣宿をする家があったムラと、ごく最近になって民宿を営むようになったところがある。

桜並木　４月の大瀬祭の頃、西浦の海岸にそってくねくね走る道路は桜の花のトンネルとなる。

芹沢光治良記念館
9:00AM−4:30PM　月曜日休館〕
作家芹沢光治良の全作品とその原稿など展示
Tel 055-932-0255
＊沼津駅から牛臥循環のバス

Ω唯念上人名号碑　大きな自然石などに独特の書体で「南無阿弥陀佛」と刻む。唯念さんは幕末～明治の念仏行者で、駿河、伊豆、相模など富士山を中心とした一帯に、念仏をひろめてまわった人。沼津市内にも相当な数の名号碑があると思われるがまだ正確にはつかめていない。なぞの人である。

■道祖神（サエノカミ）　信州などに多い双体像の道祖神はほとんどなく単体のいわゆる「伊豆型」の道祖神石像がまつられている。また社に車のついた曳車を道祖神として子供たちが小正月のドンドン焼の日に曳きまわしたものが我入道東町との多比にある。

■楊原の道祖神　この周辺の道祖神の中心的存在である、うかがい石がある。

◆天王祭（河内）・獅子神楽舞　７月14日・15日村の上の宮から下の宮に神輿がおろされ、境内で獅子神楽が舞われ、各家で祓をしてまわり、辻切が行なわれる。15日には上の宮（御崎神社）まで神輿の渡御があり、途中女装した青年たちのバカ踊りや村の旧家で神楽がある。

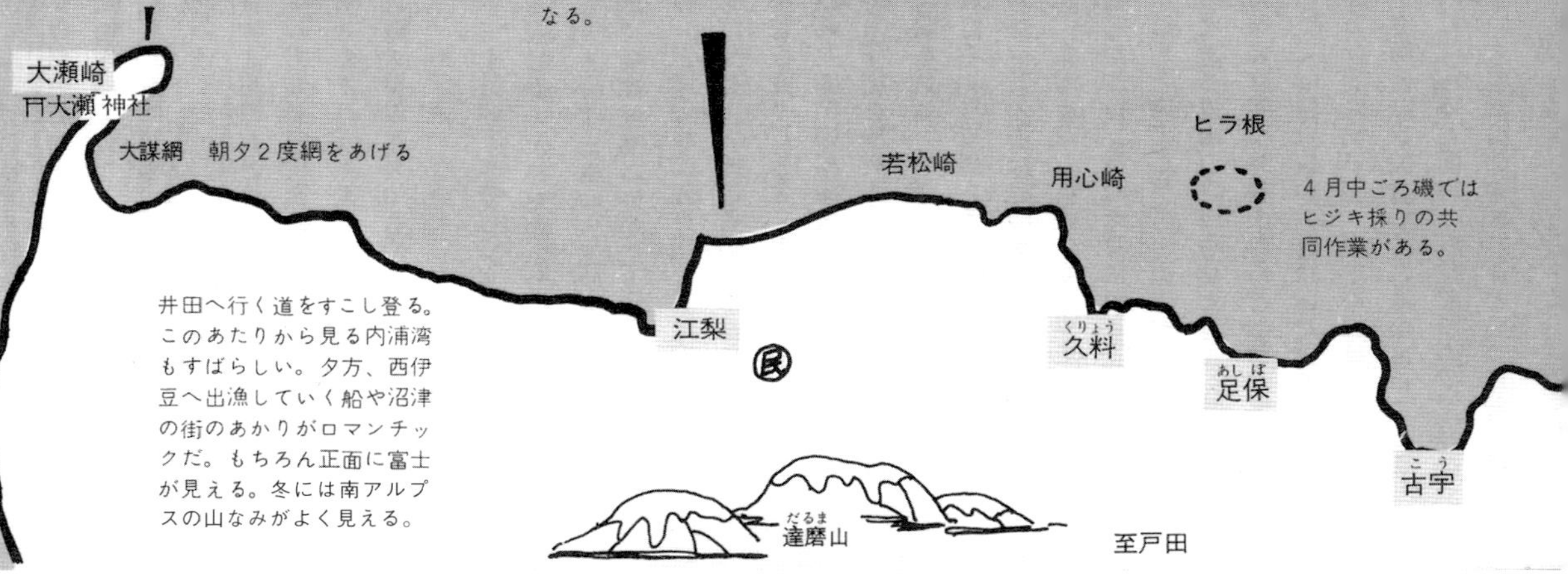

若き日の菊池伝治郎さん（上）と釣った
鯛を手にする渋沢敬三氏（上右）

がクッキリと見え、静浦の裏の鷲頭山の後には箱根外輪山から丹那峠が聳え立ち、枯草の山肌には所々青い色がにぶくはあるが浸込んで見え若草の萌え出る春の近きを思はしめて居た。或る日、漁師の伝次郎《ママ》君にこの浦の古いことを聞いて居る内に、色々と面白い節があるので、誰か昔の事に詳しい人の話は聞けまいかと云った所、しばらく他所していたが丁度最近帰って来た長浜の大川老人なら知って居ますから、その旨を伝えて置きませうということであった〉

　その日の夜、大川四郎左衛門翁は宿へ渋沢さんを訪ね、こんなものが家に伝わっていると、天正十八年（一五九〇）の秀吉の朱印状を持参し、このような文書がほかにも長持に一ぱいあるといって、大川家の来歴や浦の故事を語って帰った。これが渋沢さんが大川家の古文書と内浦の漁民史にふれるはじめであった。

　私がはじめて伝治郎さんを訪ねたのは、ちょうどお婆さんが亡くなられた直後だった。すっかり意気消沈した様子で語るお婆さんの話やら、自分の病気の話をひとしきり聞かされてから、私は渋沢さんのことを尋ねてみた。

「渋沢さんのことですか。よく覚えてますよ。大将は毎日のように家に来ては、私と一緒に釣に出たもんです」

　話が渋沢さんのことやマグロ漁のことになると、伝治郎さんはいかにも懐しそうに、いきいきと当時のことを語り始めた。伝治郎さんは渋沢さんより一つ年下で、お互いの間では「伝ちゃん」「大将」と呼びあって、気のおけない仲だった。

　伝次郎さんの家は、三津《みと》から水族館があるフタマタとよばれる洞《ほら》にそう旧道を通って、長浜の村に入るとっつきにあり、シンタクと呼ばれてきた。子供のころから父親につれられて漁をしてきた根っからの漁師で、いつも横鉢巻《よこっぱちまき》きをしめて櫓をこいだ。いく分前の方で手ぬぐいをねじってひっかけるのが、伝治郎さんのトレードマークだった。小脇《こわき》の網所《あんど》（網度＝漁場）はゴツゴツした岩場の続く磯だが、伝さんはこんな所も素足で平気で走りまわっていたので、「シンタクの足は小脇の岩だ」などと言われるような、元気のよい漁師だった。渋沢さんが来た当時、伝治郎さんは三十五歳の働きざかりだった。

「大将は釣には特に熱心で、本当に毎日船に乗りました。朝早くやってきて、さあいこうというわけで、私も海は好きだが、こう毎日ではいいかげん飽きてしまってね。今日はカゼをひいたから休みだと、ソラをつかった（嘘をついた）ですよ。すると大将、そりゃあ大変だ、無理をさせて悪いことをした。東京に自分の知り合いの医者がいるからすぐにでも来てもらおう、というんですよ。こりゃ大変なことになったと、私はすぐに謝まっちまい

マグロ漁を描いた大絵馬。口野・金桜神社

ましたが、大将の方が一まい上手で、私の仮病に気づいてたようでしたね」

「またあるときは、釣に出ていて腹がへってきたんで、ちょうどお盆に近いころだったので家で作った小麦マンジュウを出して食べ始めると、伝さん、うまそうなものを食べているじゃないか、自分にも食べさせろという。こりゃあ、大将なんかが食べるものじゃない、田舎の粗末なマンジュウだというと、それでもいいから食べさせてくれというんで、あげましたところが、うまいうまいと三つ四つ食べました。それから、ああまた小麦マンジュウが食べたいねなどといって、その後も家でつくると、ごちそうしたものです」

「ある日、大将からこの村に昔のことをよく知っている爺さんはいないか、と聞かれたですよ。それでオオヤのお爺さんを教えたんです。それから大将は、何度もオオヤの蔵に入って古い書類を調べているうちに、東京から書生を呼んで、それを整理しはじめました。多勢の若い人が、何度もやって来て熱心に調べていました」

こうして長浜のオオヤ（大川四郎左衛門宅）を中心とする古文書類が、およそ九年間かかって『豆州内浦漁民史料』として世に出されたのである。それは日本の漁村を知るためには欠くことのできない、約四百年間にわたる漁村の記録となった。

そして、この『豆州内浦漁民史料』に残されているような地元のマグロ漁は、伝治郎さんが青年のころまでは確かに続けられてきたというのだ。

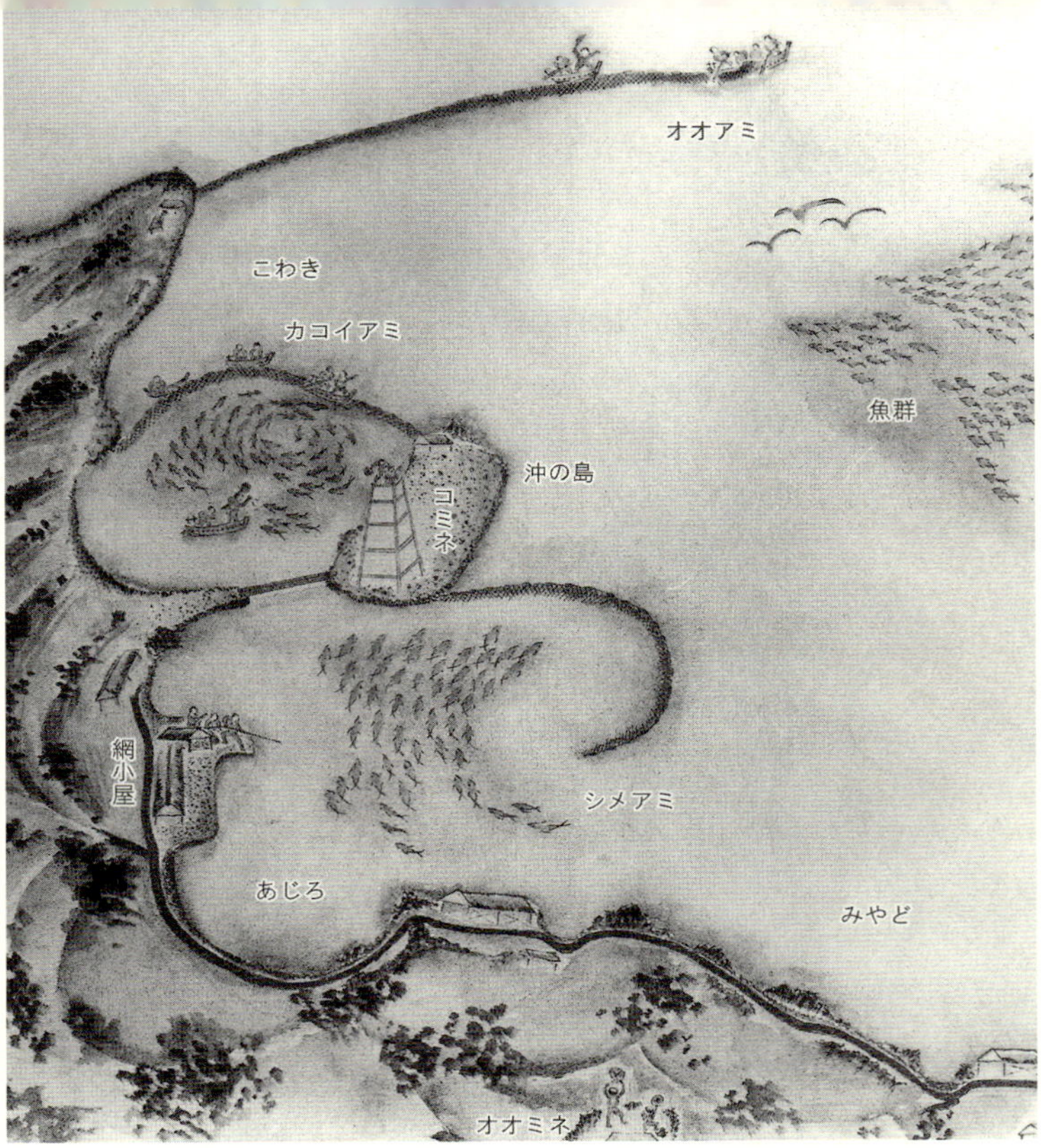

長浜のマグロ漁場図

マグロ漁の話

「ええ、ええ、獲れましたとも。毎年ハンコを押したように来たもんですよ。私が十六歳で長浜の青年の仲間に入った頃には、前もって帳面にのせておいてもまちがいないくらい、必ず来たもんです。それを獲るのが楽しみでね」と伝治郎さんは語りはじめた。

今では遠く南太平洋やインド洋にまで漁場を求めているマグロ漁も、つい五、六十年前までは、駿河湾のさらに奥の小さな入江でも可能だったという話なのだ。大型の廻遊魚であるマグロは、黒潮に乗ってやって来て、駿河湾内に入ると、いったん田子の浦の方まで北上してから沼津の千本浜の沖を通って、内浦の海に入って来たものだという。内浦の入りくんだ地形が、マグロ漁に何よりも利用された。

四、五月の桜の咲く頃にはメジ（メジカ＝メジマグロ）、九月になるとマグロ（クロマグロ、キワダマグロ）が決ってやって来た。年の暮頃、寒くなってからシビマグロがひょっこりやって来ることもあった。

「漁の時期がはじまると、魚見役の人は毎日、峰《みね》に登って魚の来るのを見ています。長浜には六ヶ所でしたか、松の上や島や高台の見はらしのよい所に峰があって、宮戸の山の中腹にあった一番高い峰を大峰と呼んでいました。いまでも小屋が残ってますよ。村の中から目がよくて機転のきいた、指図のうまい漁師が選抜されて登っておったもんです。ミネシとかミネドンとかいいました。私もね、はやく登りたいもんだと思っていましたが、なにせその時分はまだ若かったですからね。主に私は小峰に登っていました。小峰というのは沖の島に立っていたヤグラのことです。

いつ来るかわからない魚を待っているんで、いねむりをする者もいるが、私は好きだから昼寝なんかしていたくない。ええ見えますとも。魚の群が遠くから来るのが見えます。マグロやカツオ、それにイルカなんかはウキウオといって水面近くを泳いでくるんで、峰から見ていると、水をおすというんですが、海面にサアーッと波が立ちます。それに鳥もつくんですよ。ウはだめですがカモメなんかが、マグロの食べ残しのイワシなどを獲っちゃ食べるわけです。カツオ船などはマトリというやつを見るんですが、これは灘《なだ》（沖合い）でなきゃいないですよ。マグロの群はシャチの野郎なんかに追われて来るんでしょうね。本当にオカをあるくですよ。秋のキワダなんかは磯の端《はた》をヒレがペラペラ見える位に、岸をついて泳いだもんです。

長浜には大峰のすぐ下にヒッカケ根というのがありますが、この根にマグロがあがってきて姿を見せるので、ヒッカケ根のカゲには気をつけろ、といったものです。ちょうど私が交替した時でした。先にヤグラに登ってた者が、眠くなったし昼飯も食べなきゃならんというんで、オレァ行くからオメャーは降りてきな！　と交替したんです。その人が降りるまでは、なーんにも来なかった。それが私が登ってタバコを一服すっておったら、ちょっと向うにカゲが見えたですよ。オッ、来たゾーと大声で言いましてね。その時はあまり大きくはありませんでしたが、じいにはキロといわれるとわかりませんが、十貫目位のが七、八十本は来ました。大騒ぎしてこれを獲ったですが、この時は夕方までずっと来ましてね。獲りきれなくて網をかけっぱなしで、家へ帰るでしょ。朝いってみると、マグロが網にくるまるように入って死んでたってこともありました。こんな大漁も二度や三度じゃなかったですね。私が覚えて一番多かった時で六百本位でしたか。

峰から群を見つけると、そら来たゾーと声がかかります。長浜では、いつも網代《あじろ》の網所《あんど》の小屋に、当番の組の衆《し》が一日中ひかえていて、昼寝をしたりバクチ打ったりして待っているわけです。船にはいつも網を積んでかまえている。声がかかると船にとびのって、網にかけてあるオオトバ（チガヤで編んだ雨よけ）を海へ放りなげて、櫓をこぎはじめます。何でも機敏が第一で、船の繋ぎ方にも、ミザオをスッと抜けば外れるような工夫がありました。網船《あんぶね》も水切れがいいように下が細くできていて、

『天保三年伊豆紀行』に描かれた長浜のマグロ漁

沼津市口野の三島神社に、大正３年（1914）に奉納されたマグロ漁の大絵馬の部分図。マグロは入り江に追いこまれている。岸の右端の漁師は両手を挙げて漁船に合図を送っている。左の二人は、鉤のついたシビカギを持っている。小屋の脇には大きなイケスカゴ（イキョウ）が置かれている。

漁船は、追いこんだマグロが再び海に出ないよう、入り江の入口に網を張っている。

この大絵馬の裏に獲れたマグロ五三〇本余、水揚げは七〇〇〇円余になったとある（当時は大金）。以後、これほどの大漁はなかった。また水揚げについて網元と漁師の間に紛争がおきている。

長浜の網船はとくにサンガイブネといわれて、側板《かじき》が二段になった速い船でした。これで網代の先の小脇《こわき》の鼻先から今の水族館あたりまで、ずっと網を立つんです。いくら若い時でも、この時ばかりは心臓が破れるかと思うほどでした。

峰ではマグロの群の動きを見ていて、網船にトンボ笠で指図をします。ちょうど手旗信号のように「どんどん網を張りまわせ」「オモカジ、トリカジ」「だめだから網をあげろ」などと伝えます。

網はワラ縄でできていて、目は一番大きい所で一丈二尺（約四メートル）。魚が逃げるに、わけはなかったですが、マグロはおびえるですね。大網を立つと、おじてオカの方へ来る。そこへシメ網をまわします。大網よりひとまわり小さな網です。さらに麻糸でつくった麻網《おあみ》をあてて、そこまで追いこむと、みんな裸で海へ入ってカギで魚をひっかけるですよ。それこそあんた、非常にゆかいだったですよ。マグロは心のいい魚ですから、食いつかれるような心配はありませんからね。カギは上からひっかけると肉が切れる。下から腹の方をひっかけて、オカへ放り投げるんです。跨ぐと足が地につく前に尻がつかえるほど大きなやつもいて、カギのかけどころが悪いと、海の中へ曳きずりこまれる人もいました。うっかり人間をカギでひっかける心配もあったですよ。浜へあげたマグロは木刀だのカケヤだのでぶん撲る。首ねっこやハナヅラなどの急所をいっきにはたかないと、ミがやけて味が悪くなり、売り物にならなくなるんです。まったく魚との戦争ですね。すっかり獲り終るころには、網所は血でまっ赤に染っていました。

まあ、このあたりで一番終りまでマグロを獲ったのは、私らの年代が最後じゃないでしょうか。やーあ、本当に今でも夢に見る位ですよ」

大峰の魚見小屋

伝治郎さんから話を聞いたのちに、長浜の菊池仙太郎さんや大村仁左ェ門さんたちからもマグロ漁の頃の様子

生簀の浮かぶ長浜漁港

が聞けたし、重須《おもす》の米原与作さんからは網についての詳しい話も聞けた。そうして長浜の海や、峰のあった高台、網所だった磯を歩いてみると、今までは想像もできなかった漁の有様が、手にとるように浮かんでくるから不思議だ。今までにも見ていた網代の番小屋に再び入ってみると、梁に昔の若い漁師たちが暇にまかせて書いたと思われる落書を見つけたり、磯近くに立っている太い木の幹に、曳網でこすれた所が深いキズとなって刻まれていることに気がついたり、新しい発見が次々とあった。

特にうれしかったのは、宮戸の山の中腹に残っていた大峰の魚見小屋を確認できたことだった。春先の風の強い快晴の日で、雑木の枝をはらいながら急な山道を登って行くと、蔦《つた》におおわれた小屋が、まだしっかりと立っていた。間口一間半、奥行一間ほどの小さな建物で、その前から見下ろすと内浦湾がすっかり見渡せる。正面には湾の入口をふさぐように三角形の淡島があり、その向うには富士がそびえる、何ともすばらしい展望であった。強風に乗って数十羽のカラスが、すぐ目の前を下から上へまた上から下へと忙しく飛びまわっていた。

窓から薄暗い小屋の中に入ってみると、話に聞いていたローフーが置いてあるではないか。それは三メートル余もある竹製の巨大なメガホンで、魚群を発見したときに、その動きを網船に伝えるのに使われたものだ。あるいは腐らずに残っているかもしれないと聞いていたので、もしかしたらという期待はあった。それだけにこの発見には一人雀躍《じゃくやく》してしまった。小屋の中はおよそ三十年前の状態そのままに、すっかりほこりをかぶって眠っていた。畳四帖の中央に小さなイロリがきってあり、太い番線の自在鉤には鉄ビンが吊下がっている。イロリのまわりには瀬戸物の手あぶりと湯呑が数個おかれていて、隅の方には小さな帳机と大正十四年と書かれた小さな算盤、座敷ぼうき、インク壺などがちらばっている。そしてローフーと、つぶれかけたトンボ笠が二つあった。

海側は引戸ですっかり開け放せるようになっており、さらにその外側にはアゲ戸があってツッカイ棒でおしあ

内浦のあちこちで見る干し魚。長浜

げると、これが陽除《ひよ》けになって目がちらつかないよう工夫されていた。この縁側に座って一日中海を眺め、睡くなると濃いお茶を飲んでは目を覚まして、魚群の発見につとめたのだろう。峰に登るミネシたちにもカシラがいて、彼が指揮をとった。海を見張っている連中が気付かないのに、小屋の中で横になっていたカシラが「ソラ来た、シメロ！」と大声をだしてとび起きたという話もあるほどで、よほど勘をきたえた熟練した人でないとカシラは務まらなかったという。年をとっていても魚を見のがせば「六十にもなって魚が見えないようじゃ、シンコで腹を切れ」などと非難されたものだそうだ。

私は眼下いっぱいに広がる湾を眺めながら、今にもサーッと波がたって、マグロの群が寄せてきそうな錯覚にとらわれてしまった。

一期一会

内浦を訪ねるたびに、必ずといっていいほど伝次郎さんの家へ立ち寄った。行けばひとしきりリウマチの話だ。聞きたい話は山ほどあるが、この話がひととおり終らないことには話してもらえない。足首の痛みがひどく歩くのがつらいという。今まで病気なんかしたことがないのに。若い頃「小脇の岩だ」などといわれて、働きすぎたのが悪かったのだろうか。週に一回、牛臥《うしぶせ》の病院で足首に注射をしてくるが、その痛さを顔をしかめて話す。こんなこんで動けなくなるようじゃあ、死んだ方がましだ、ともいう。そのうえ、Yシャツに着かえてくるから、葬式用の写真を撮って欲しい、とまでいわれた。縁起でもない、ととりあわず、帰りがけに二つ三つと知りたいことを聞いて帰るのが常だった。

半年あまりも伝次郎さんを苦しめたリウマチも、さわやかな秋風が吹く頃には、すっかりどこかへ行ってしまった。「あの薬は本当によく効く。またお友だちが香港か台湾へ行くことがあったら、幾つでも買って来るように頼んで下さいよ」と、たまたま私の弟が香港から土産に買ってきた萬金油なる塗薬を差あげたことを、大層喜んでくれていた。

その年（昨年）の暮、一週間ほどだったが、日本観光文化研究所の仲間たちと台湾へ行き、東部のアミ族の漁村を訪ねた。いつもは土産など買ったことのない私も、その旅では伝治郎さんに持って帰る萬金油を探して薬局を問いまわったりして、結構、町を歩くことも楽しんだ。

一月末、薬を届けに伝治郎さんを訪ねた。この時は私も忙しかったので、以前から知りたかったイヤ石（網のおもり）の結び方を教わっただけで早々とひきあげてきた。それが伝治郎さんとの最後のお別れになった。

二月に入ったある日、中伊豆の鈴木保さんが私の所を訪ねてこられた。鈴木さんは伊豆の地方史を、地味だが精力的に研究されている方で、特に内浦については、当時は入手困難だった『豆洲内浦漁民史料』を手書きで写しながら勉強されていたという、大変な熱心家である。渋沢さんのお墓だけはお参りしたいというほどに、その業績を尊重されているお話をうかがって、私は伝次郎さんのことを紹介した。鈴木さんは、その日のうちに伝次郎さんを訪ねて、有益な話が聞けたことを喜んでおられた。

その数日後の二月九日。伝治郎さんは風邪をこじらせた高熱で、急に亡くなられた。七十八歳だった。長浜の区長さんから連絡があって、葬儀に出席させていただいたが、自分の祖父や伯父の時には出なかった涙がとめどもなく流れた。ぼんやりかすんだ眼をこすりながら、私は葬列の写真を何枚も何枚も夢中で撮っていた。

葬儀の翌日、鈴木さんが再び私の所を訪ねられた。先日、伝治郎さんの家で見せてもらった長浜村絵図について、その年代を考証した原稿を書かれ、それを土産に伝治郎さんを訪ねる予定だという。鈴木さんは、伝次郎さんが亡くなったことに大層驚き、線香をあげて帰ってこられてから、「今日ほど一期一会という言葉を身にしみて感じたことはありません」と、一言もらされた。この言葉は、私の心にも強く残った。

巾着網が小海へ

オオリョウシとコショウバイ

内浦の漁業は、大正の初めまでは建切網《たてきりあみ》によるいわゆる大網漁業を主体にしていた。それは網組や村中が力を結集して行なう共同漁業であった。しかし網所《あんど》の順がまわってこない時や夏場の漁期以外には、個人個人が思いのままに小釣や、小規模の網漁に従事した。大網漁業にたずさわる人をオオリョウシといい、個別の漁業のことはコショウバイ（コリョウ）といわれた。

共同漁業とコショウバイのバランスは、各部落によって異なる。それは磯や海底の岩場《ネ》や魚道など海に関係した条件はもちろんのこと、背後に土地があるかどうかという条件によっても左右されており、その部落の性格をよく表わしている。内浦で比較的コショウバイに熱心だったのは、小海の部落だったようだ。村の中を歩いていても、軒下に釣竿や磯突の竹棹、水メガネがしまってあるのをよく見かける。大きなヤス（フシ）も見る。

大網漁業に関する限り、小海は魚道の関係で条件にめぐまれていなかった。北側から内浦湾に入ってくるマグロの群は、淡島という地先の島を利用した隣の重寺《しげでら》の漁場でとどめられてしまったし、淡島の外側から入ってくる魚群は、まっすぐ長浜の漁場にいくことが多かった。そうした悪い条件を克服して種々の漁法が工夫され、技術も磨かれてきたのである。マグロなどの大型の廻遊魚が沿岸に姿を見せなくなってからは、これがかえって小海の漁業を支えてきたのであろう。他の多くの集落がみかん農家や民宿などへ生活の基盤を移していった中にあって、現在でも小海が積極的に漁業にとり組んでいる背景が、そういう所にあるのではないかと思う。現在小海には内浦漁協の事務所が置かれているし、青年たちが熱心に漁業にうちこんでいる村でもある。

さらに同じ部落の中でも家によって漁のやり方が違っている。巾着網を主にする人、小釣や刺網をする人、延縄をする人、磯突《つきんぼ》を得手とする人などさまざまである。

小海で巾着網をやっている武田重吉さんも、「だから

富士山の見える浜に干し魚を広げる。馬込

私だけに話を聞いちゃいけないよ、三十軒が三十軒なりのやり方をしている」といいながら話をしてくれた。八十二歳になる武田さんの場合は、他の人たちとはかなり違った道を歩んできたのである。

内浦の漁業暦

武田さんは、明治二十九年（一八九六）に中伊豆の大《おお》仁《ひと》で生まれた。二歳の時に両親と死別してからは小海の勝又さんの家で育ち、二十五歳に朝鮮に渡るまで小海で青年時代をすごしている。

当時行なわれていた網漁は、手繰網、エソ網、棒受網、ゴチ網などで、小釣や磯突《つきんぼ》をする者も多かった。

小型の底曳網である手繰網が何よりも活躍するのは冬場の時期で、ヒラメやアマダイなど底魚を曳いた。いちばん寒い時期の夜間に操業するので、太い網を曳く時は手が冷えて痛くなる。「テグリと土方をやれば金のありがたさがわかる」といったものだそうだ。

春先きの漁には手繰網に代ってゴチ網が使われたが、それは大正初期、武田さんが十七、八歳ころに普及してきたものだ。ゴチ網が使われたのは、もちろんそれなりの理由があった。

内浦の海底の岩場には十二月から一月頃ナノリやノリが、二月になるとアオコブが出たしイシワタもついた。三月になるとオブがつく。この海草が成長しはじめると、そこにはバショウ（モンゴイカ）やハズ（カワハギ）、タイなどが集まって、よい漁場となる。オブは四月の大瀬祭の頃にはさらに成長してオオブ（ハオブ）となり、五月には枯れて腐りだしてドロオブとなる。
四、五月頃になると底曳の手繰網には大量のオブが入って、これを取除くのが大変な仕事だった。ドロオブが入るようになると、もう手繰網の操業は困難になった。それに比べて、ゴチ網は一種の巾着網で網に底がないから、このような海底の状況には適していた。こうして冬には手繰網を曳き、春先き、特に田植え時分にはゴチ網の盛猟期になっていったのだという。

海底にも季節の移りかわりがあり、それは獲れる魚の種類が変わるというだけでなく、そこに成長する植物も、漁法に大きな影響を与えていることを教えられた。

武田さんは、夏には棒受網《ぼーけ》に従事した。船から二本のツキダシとよばれる竹を張り出し、その先にカンザシと称する竹をつけて、これと船との間に網を沈め、この上にカガリ台に松の根を燃やした灯《あかし》をとぼして魚を集める。イワシなどの群がついたら、頃合いを見計って取り縄をひっぱりあげる。この時「サーヨ」とかけ声をかけるので、この網をサーヨボーケといった。他の部落では七月に行なわれるのに「多比《たひ》の天王さんのバカッパヤ」といわれ、六月の半ばごろに行なわれる静浦の多比での天王祭の頃が棒受網の盛猟期で、コアジが多く獲れて桶で何杯と数えて売った。それが七月も過ぎ、三島の明神さん（三島大社）の祭ごろになると、漁獲も減って網の目合も魚にあわせて大きく変える必要があった。魚は本数で売るようになる。この頃になるとウズワ（ソーダカツオ）が釣れはじめる。サルスベリの花の咲く八月頃はウズワの最盛期なので、この花をウズワ花という。

盆行事も終えて棒受網を終えれば釣が主となり、九、十月のイネを刈る時分にはイナダが、西浦のヒラネやクルミなどという漁場ではタイが釣れた。

武田さんが語る一年間の漁の話には、しばしばオカの自然の移ろいが重なり合っている。咲く花の色どりや、

鰹節の形を整える。

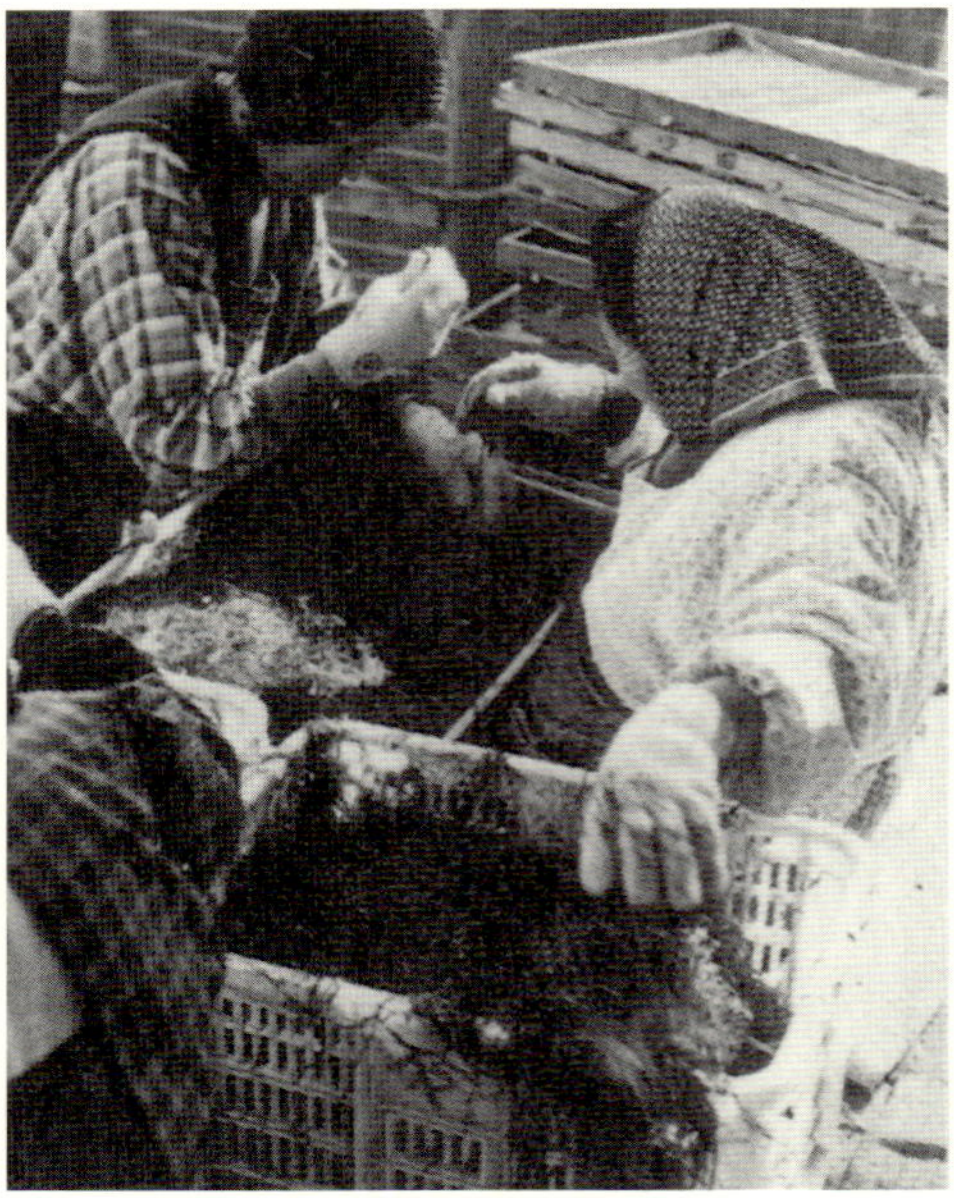

ナノリの簀立て

渡ってくる鳥の姿、海の光や色までが、話を聞く私のイメージの中に浮んでくるようだった。

武田さんが幼い頃には春四月の桜の咲く頃、華やかな大瀬祭とともに、メジマグロ（メジカ）の季節がはじまった。五月の節供、ツツジの花の咲く頃がメジの盛りで、チドリの群が内浦の海を飛びかったという。内浦の人々はこの鳥をメジカドリと呼んだ。六月、麦刈りが終りスクモ（麦ガラ）が海いっぱいに流れ出す頃までに、この漁は終った。七月から十月まではキワダマグロ。ソバの花の咲く頃にはもう大網漁業は終り、十月半ばの秋祭が内浦の村々にやってきた。

二十一年間の旅

「数えで二十一歳の時に兵隊検査があって、村の者はみな沼津へ行くのに、自分ばかりが韮山へ行かされたんで妙に思ってね。それではじめて自分は小海で育てられた勝又の子でなく、本当は武田という姓であることを知ったんですよ」

干物作業場におかれた魚。馬込

雑魚をいぶして削り節を作る。多比

自分は武田という名前だ。あるいは甲斐の武田氏の子孫かもしれない。これからは野武士のように一人で生きていかなくてはならない。武田さんは自分にそう言いきかせた。

そして大正九年（一九二〇）、二十五歳の六月、武田さんは朝鮮で漁をするために、知り合いの人たちと下関から連絡船にのりこんだ。まず東海岸の蔚山《ウルサン》の近くの田《デン》下里《ガリ》という漁村におちついた。そこの村人はチョンマゲを結って赤い米を食っていた。内浦からはカチ網と手繰網とを持っていったが、これでメバルがジャクジャクと獲れたものだった。それから大正十一年（一九二二）ごろまで、蔚山の近くでイワシの地曳網の監督をやったりしてすごしたが、そこですっかり朝鮮語を覚えた。網針はパネリ、糸はシリ、網はコモリ、網を修理するのをコンチャースといったのは今でも忘れないという。

大正十二（一九二三）年には、やはり蔚山の近くの方《ホー》魚津《ギョシン》で、香川県の観音寺町の島から来ている人の所で、瀬戸内のシバリ網の船にのった。ところが沖へ出て操業しているうちに、この網がすっかり裂けてしまった。オカへもどっても誰も修理できる者がいない。武田さんが小さい時から兄さんたちに聞いていた通りにその網を見てみると、裂けてはいるが少しもとられている所はない。そこで一人で四時間もかかって直してしまいました。雇われる時には、お前は櫓がこげるかとさえ言われたものだが、網を直した翌日から、いっきに船頭の月給をもらうことになりました。

しかしシバリ網はたんとハバシクいかない。大正十二年の春、ちょうどハヤシカネという会社（大洋漁業株式会社の前身）が船を作ったのでこれに入り、十一魚青《ぎょせい》丸に乗りました。そこでやったのが巾着網です。初めての網だったが、すでに小海でも二隻でやるゴチ網をイッパイゴチに改良してやった経験があったから、巾着網を知ってもそんなに驚かなかった。そして五月には自分でガラソ（麻の繊維）を材料に片よりの糸をつくり、網をつくってみた。清津《セイシン》という所を根拠地にして、ロシア境の豆満江《トマンコウ》に近い雄基《ユーキ》で操業したり済州島へもいきました。そのころは日本人十五人、朝鮮人二十人ほどを使っていた。

昭和元年、三十二歳の時には、台湾の総督府から五年の許可をもらって、朝鮮から長崎、天草、枕崎、奄美、沖縄をへて、台湾の宜蘭《ギラン》の沖の蘇澳《スオウ》の瀬という漁場で、サバやクロアジをさかんに獲りました。どこの港へ行っても日和待《ひよりまち》をしている間は、まず魚市場を見てまわり海岸で船を見ることにしていました。

台湾からもどって昭和四（一九二九）年に結婚し、昭和九年（一九三四）、十年ころからは山口県から京都の丹後までの日本海側を、ハヤシカネの船に乗って何度も往来して、その時は天の橋立のそばの宮津の江尻漁業組合を基地にして、村の衆十人、朝鮮から八人ほど雇って巾着網をやっていました。ところがこの地方ではまだ使われていない新しい網だったので、米子の浜などオカの地曳の衆はうるさかったし、美保関ではトモ綱もとらせてくれないし水もくれず、仕方なく境港につけたなどということもありました。

若い連中ばかりだったので、港へ入ればじっとしていられる訳がない。そのころ境港には酌婦見習娼妓というのがいて、若い者の相手になっていました。船長も遊廓《ゆうかく》の行灯《あんどん》部屋へもぐりこんで、用があって呼びにいってもなかなか出てこないことがあった。こんなことなら、いっそ自分で船を持って巾着網をやってみたいと思い、自分なりに勉強することにしました。

昭和十四年（一九三九）の暮、宮津の私のところに、小海で育ててもらった家の兄さんとその子供が視察にやってきました。そこで網の作り方や使い方をそっくり見せてやると、その網を小海へ持っていって使いたいということになった。ちょうどそのころ、江尻の組合長が自分で巾着網を始めようとして船まで造ったが、たまたま京都と福井で規則が変って、個人の巾着網操業が認められなくなってしまったので、うまくその船を買うことができ、それで小海にもどることが決まりました。忘れもしない、昭和十五年（一九四〇）四月二十三日です。宮津を出て下関をまわり、夜の瀬戸内海を通ってぐるぐるまわりに小海に帰ってきた。長い間あちこちを旅してきたがやっぱり内浦ほど景色のいい所はない、朝鮮から台湾、日本海側と二十一年間の修業の旅をし、巾着網と技術を持って帰ってきた日、しみじみとそう思ったものでした。

小海では新しい網組が作られ、武田さんもその一員としてクジラからシラスまで獲ろうと頑張った。だが組はうまくまとまらずに解散してしまった。

房州から巾着網を持ってきて操業する組もあったが、すぐに駄目になった。しかし、内浦の海に巾着網が適さないはずはない。内浦の海に合った網さえ作ればきっとうまくいく。それに、いくらいい網ができても、それを使う人がうんと漁師が好きで勘が良くなければ駄目なんだ、と思ったという。

また戦後の一時期、米式巾着というのが入ってきたこともあった。戦争に負けたから米式などといっていばっていたが、大正の初めに朝鮮で使っていたのと変わらないので、驚きもしなかったそうだ。

こうして、いろいろな地方のものを参考にしながら、小海の巾着網も改良が加えられていったのである。

現在の小海には海勢《かいせ》組、神恵《じんえい》組、長宝《ちょうほう》組という三つの巾着網の組ができて、それぞれ活躍している。それとは別に、武田さんも昭和三十七年（一九六二）に海進丸をはじめ、規模は小さいながらなかなか成績は良いという。八十二歳の武田さんは、今日も息子さんやお孫さんと海に出ている。

「人間はあちこち歩いて、痛い目、かゆい目、うれしいこと、悲しいことに沢山出会わないとだめだよ。私は今までくそくらえと思いながら頑張ってきた。幸い息子も、孫も漁師が好きだが、漁業はこれからまだまだ大変だ。魚は確かに減ってきているのだから、漁師は獲ることだけを考えていては必ずだめになる。獲る漁業から育てる漁業へなどと言っているが、今やっている養殖漁業は獲ってきた魚に餌をやって太らせるだけだ。育てる漁業から増やす漁業にいけるような研究をしなければ。あんたみたいな若い者《もん》にやってもらいたいね」

たまたま出会ったおばあさん二人。三津

初穂料は一般には神社への御祝儀をいう。大瀬崎の神池に棲む鯉のえささだからか。

こちらにもあちらにも干し魚。左は馬込。右は江の浦

祖母と孫と近所の人。長浜

我入道での二つの会合

方言を聞く会

昭和五十年（一九七五）春、我入道《がにゅうどう》でおもしろい集会があった。我入道は狩野川の河口にある漁師町で、同じ沼津の中でもまたひとつまとまった強い住民意識をもっている所である。ここに我入道民俗研究会が生まれ、地域の文化誌の編さんをめざして活発な運動を行なってきている。この会が、「我入道の方言を聞く会」を催すという。会場は牛臥山《うしぶせやま》の麓にある日紹寺《にちめんじ》という日蓮宗のお寺である。寺の入口には大きな看板が立てられ、「そうたら、めためた来にゃんせな」と、どうぞいらっしゃいという意味の呼びかけの言葉が書かれていた。三々五々と、五十人ほどの人たちが集まってくる。その顔ぶれはいずれも我入道に住む漁師やその奥さんたち、じいさん、ばあさんたちであった。

会はまず住職から我入道の地名の由来にかかわる、日蓮上人の伝説についての話があり、続いて会の世話役の笹原俊雄さんから方言の話があった。笹原さんは我入道で鉄工場の経営をし、熱心に民俗研究会を推進している方である。氏にとっては大勢の聴衆を前に、黒板に字を書きながら講義をするようなことは、おそらく初めての経験だったにちがいない。方言の話がすすむうちに、五、六十の語彙が黒板に書き上げられた。そのころ沼津に住むようになって一年にもならない私にとっては、すべてが耳新しい言葉ばかりだった。

アンテェア、ワリャー、ヅツナシ・ヂチナシ、ミヤーバカ、オワー・オワーチャン、アレキチ、カッティヤーボー、ゴイセー、ダセン、ヒマッセヤァー……書いていったらきりがない。

もっとも、それらの中には我入道の人たちの間でもすでに使われなくなったり、忘れられかけている言葉も多いのだろう。やがてこれを聞いているお年寄りから大いに反応が出はじめた。その言葉はこう使ったとか、あれにはこんな思い出があるという話である。演壇は発言のたびに選手交代だ。特に私の印象に強く残ったのは「ダセン」という言葉にまつわる真野弥一さんの話と、「オワー」という言葉についての真野源作さんの話だった。

救難若と浮輪会

昔は、伊豆との交流はすべて船によっていた。伊豆から来る船はみな狩野川をさかのぼり、沼津の船付場で荷をあげたが、狩野川口はセンバといわれ三角波が立って波のもめる難所だった。そこではしばしば難破船が出たという。難破船を見つけたものは誰でも、大声で町内に触れてまわる。その時使う言葉が「ダセンダー・ダセンダエー」である。この声がかかれば、青年たちは、家から飛びだして救助に向かった。十七歳から二十五歳までの青年は、一戸から必ず一人は青年会（若者組）に入り、

1月2日の水祝儀で歌う祝い唄。江の浦

こんな時には救難若として救助に向うように決められていた。入らないと村八分されるので、泣き泣き入った者もあったそうだ。真野弥一さんは、若いころ（明治三十六年当時）この青年会の会長を経験した漁師であった。

西風が吹きはじめるころになると、「ダセンダエー」と呼ばわる声が、ことによると日に二度や三度も聞えることがある。そんな時はぬれた着物を着かえる暇もなく、また荒海に救助船をこぎ出さねばならなかった。八丁櫓の救助船は常に出動態勢を整えて、河口に近い浜にあげてあった。

難破船は一冬に必ず数回はあったし、時には行方不明者が出て、幾日も村中の人が出て捜索を続けることもあった。水難者が出ることは、今でも決して珍しくはない。つい最近の冬の夜、仕事を終えた私は御用邸の松林の向うの海が、妙に明るいのに気がついた。沢山の船が灯りをつけて浮んでいるが、いつもの漁火とはちがう。それは水難者を捜索する船の灯りだった。

青年たちは普段から厳しい規律の中で生活していたので、救助の時になって水に飛びこむのがいやだなどといいだす者は決してなかった。時には救助に向った青年の中で、高波にのまれて命をおとす者も出た。真野さんが会長をしていた時代から、八人の若い衆がその犠牲になっている。

河口で難破するのは、我入道の船ばかりとは限らない。もちろん他村の船の場合も出動した。危険に対する何の保証もない、この無償の行為に命をかけて、勇敢に海に飛びこんでいった青年たちがいたという事実、真野さんが「ダセン」という一つの方言を通して訴えたかったのは、そのことだったに違いない。

　真野さんは青年会の歴代の会長五十六人からなる浮輪会を組織したという。会の名は救助に向う若者たちが手にした浮輪にちなむ。この会では救難若から水難救済会へと発展していった。我入道の水難救助の記録を残していこうと努力している。そして果敢に働いた青年たちの心意気を多くの人に知ってもらい、今こそ我々の地域の生活に生かしていかなくてはいけないと、真野さんは熱心に語りかけた。

芹沢さんと我入道

　つい先日同じ我入道で今度は、作家の芹沢光治良《せりざわこうじろう》さんを招いて講演会が催されるから是非来るようにと、研究会の笹原さんから声がかかった。我入道で生まれ、少年時代をすごした芹沢さんのために、ここには文学館が設けられている。存命の作家の文学館は珍しいかもしれないが、沼津に縁の深い井上靖さんの文学館も愛鷹《あしたか》山麓にある。芹沢さんはたびたび文学館を訪ねられて、友の会の活動などには出席されている。そのことを私は知っていたから、今回の講演会のことを聞いて、「ああ、また来られるんだな」と思った。ところが、作家としての芹沢さんが我入道の人々の前に立って直接話をするのは、この会が初めての機会なのだそうだ。私は何とも意外な気持だったが、考えてみると思いあたることがないでもない。

　芹沢さんは、長編小説『人間の運命』をはじめ、いくつかの作品の中で、少年時代をすごした我入道の生活を描いているが、そこには、当時の漁村の生活の貧しさ、厳しさが卒直に語られている。たとえそれが小説であっても、当事者である我入道の住民の中には、自分たちの恥をさらすような文章が世に紹介されることを、快く思わない人がいたのは事実であった。今までは、必ずしも芹沢さんは我入道で歓迎されていなかったらしい。だからこそ、今回の催しは何か大切な意味を持つ会になるような気がした。

　その日、会場の我入道公会堂には二百人以上もの人々が集まり、入りきれないほどだった。

　市長や区の人々の挨拶のあと、演壇に立った白髪の芹沢さんは「我入道と私」と題して話を始められた。感慨をこめたしみじみとした語り口は、メモをとりながら聞く私に強い感銘を与えた。

　——この村で私が生まれたのは、明治二十九年（一八九六）とも三十年ともいわれる。私が生まれて中学にはいるころの村は、小さく貧しかった。電気もなく侘しい生活だった。二つの道が世間に通じているだけで、狩野川に面した所に僅かばかりの家が固まっている、閉された社会だった。そこで人々は共同して生きていたが、また古くからの習慣があって、目に見えぬ力が人々を縛りつけていた。しかし、狩野川は非常にきれいであった——。

　小学校にはいってみると、他処の子と比べて我入道の子の貧しさは際だっていた。しかしその頃の芹沢さんは、特にそれを苦とも思わず過していたようだった。

　——どうしても中学へはいりたいと言ったが、その頃

8月3日の浜施餓鬼。三津

浜施餓鬼のあと燈籠を海に流す。三津

私を育ててくれた祖父たちは相手にしてくれなかった。みな漁師になるのがあたりまえだったのだ。けれど私は船に乗れば波に酔って苦しみ、死んだ方がましだと思うような有様だった。

たまたま援助をしてくれる人が現われて、中学へ進むことができたが、村では皆が漁師の仲間に入り、自分ばかりが異人種になったことに負い目を感じながら生活していた。なるべく人の眼につかないように、海岸の岩の所で宿題をしたりしていたものだった——。

その頃から芹沢さんは、自由と文明のあるヨーロッパに憧れるようになった。中学を出て東京へ行ったとたん、自分にはもう故郷はないと思い定めた。我入道で世話になったおチカさんというおばさんも亡くなり、心をよせる人もいなくなったという。自分の行く先々を故郷と思い、心にふれる人々を父と思い朋友《はらから》と思って接していこう、そう思い続けてフランスでもスイスでも暮してきたそうだ。小説を書くようになって、なおさら沼津へ帰りにくくなった。小説などはヤクザな仕事だと言われた当時だったからだ。

戦後、芹沢さんはかつて強く故郷と感じていたフランスに住んだが、再び日本へ戻ってからは日本の歴史を感じさせる小説を書こうと、あちこちを取材して歩いたりした。ちょうどその頃、我入道に文学碑を建てようという話があった。

——我入道に戻ってみて、この明るい光の中で私は育ったのだと気がついた。ここでは行く先々で富士山が見える。かつてスイスで療養生活を送っていた時、ある晩富士が夢にあらわれて「頑張れよ、失望しちゃいけないよ」と激励してくれたことがあった。

その富士がここに見える。自分の心はこの光や空気の中に育まれてきたんだと思い、自分の長い小説の舞台にこの明るい光と駿河の美しい景色を書けば、どんな悲惨なことでも決して惨めな気持にならずに書けるだろう、そう思ったものだ——。

ヨーロッパには日本のことを研究している学者も多く、芹沢さんの小説を読んで我入道に関心を持つロシア人にも出会った。彼はとりわけ芹沢さんの描く我入道の風景は素晴しく、あれをスミエというのだろうが、是非訪ねてみたいものだと語ったという。

——文学館には芹沢という名がついている。しかし、これは我入道の文学館だと思って皆さんに利用していただき、守っていただければ本当に有難い——。

芹沢さんの言われる通り、芹沢文学館が、地域の文化活動の一つのセンターとして生かされていく日のことを、私も夢みる。我入道の人たちが、もっともっと頻繁に館に出入りするようになった時、きっと新しい我入道の文化が成長していくだろう。

波をうけて小型漁船がきしみあう狩野川口の船着場や内浦湾は、雨のあとなど我入道や牛臥から眺めると、まさに墨絵を見る思いがする。そんな風景を見た日には、私は果敢に救助船をこぎ出した若い漁師たちや、海の彼方に人生を賭けて我入道を出た芹沢さんのことを考えてみたいと思う。

母ちゃんたちが神社前に輪になって、大漁と父ちゃんたちの安全を祈る。志下・八幡神社　撮影・須藤　功

海での漁とオカでの信心

女衆《おんなし》の願い

民俗資料館の資料収集の仕事で村々を訪ねはじめた時に、まず必ずたち寄ってみたのが村の社や寺であった。

桃畑にかわいい花のさかりの頃、象山の斜面にある急な石段を登っていくと、島郷《とうごう》の人たちがビシャモンサマと呼んでいる社があった。瓦山《かわらやま》神社というのが正式の名前になっている。この山の斜面には窯の跡が残っていて、奈良時代に沼津の大岡にあったらしいまぼろしの大寺、日吉廃寺の瓦を焼いた窯ではないかといわれるが、はっきりしたことはわかっていない。この社に杉板に描かれている絵馬がかかっていた。牛臥《うしぶせ》から御用邸、そして学習院の遊泳場へと続く海岸線は、海水浴には最適の砂浜で、これはまた島郷や志下《しげ》の漁民にとっては格好の地曳網漁場であった。瓦山神社の絵馬はこの島郷浜の地曳網漁を描いたもので、明治二十五年に奉納されている。この年はよほど大漁だったらしく「大願成就　臺網壱千五百樽」と書かれ、魚でいっぱいにふくれあがった網や、これを浜で曳く人々、両手をあげたり、篝火を振って合図をする人々が描かれている。浜では曳き寄せられた網から魚を拾う人たちの姿がおもしろいし、子供を背負う女衆の姿も見える。

志下の八幡神社にも興味深い絵馬があった。沿岸の地曳網が明治の中ごろから衰退してくると、志下では、いちはやく沖合のまかせ網を導入した。まかせ網は大型のまき網で、カツオやマグロを対象にしたもので、沖揚繰《おきあぐり》網《あみ》とも呼ばれる。志下には最盛期にはこの網組が六つもでき、今まで浜で網を曳いていた漁師たちは遠く沖合まで出て行くようになった。中には紀州の海にまで出かける組もあったという。沖合での操業の様子が何枚もの絵馬になっている。網の一番最後についている魚とり部分の麻網《おあみ》を、二艘の船で両側から曳きあげる様子を描いている絵馬がある。これを見ていると、海面に曳きあげられた網の中で沢山のマグロが、勢いよく水しぶきをあげてはねる音が伝わってくるようだ。

私がこの社の絵馬を見てさらに興味を持ったのは、どの絵馬もその奉納者が網組の「婦人連」、つまり漁師のおかみさんたちであることだった。絵馬の一つは、社の前に円く陣どって座わる女衆たちが一心に祈願する様子を描いたものである。夫を海に送り出したあと、村を守る女衆の願いはどんなものだったのだろうか。海上での夫や父の安全を願い、大漁を祈っていたことは言うまでもない。それをただ心の中で祈願しているだけでは済まされないものが、女衆の気持の中にあったにちがいない。その一つの現われがこのような絵馬の形をとったのだろう。これらの絵馬を奉納した人たちに会って、ぜひ話を聞いてみたいものだと思った。

マグロはマモノ

ところが捜してみると、なかなか当時のことを覚えている人がいない。ようやくまかせ網東組の親方をした間宮藤市さんのお世話で、数人のお婆さんの話を聞くことができた。

まず聞いて驚いたのは、その信仰の熱心さである。まかせ網はマグロの来る夏が漁期だったが、男衆《おとこし》が海に出ている間は、女衆は毎日、信心にあけくれたものだという。

マグロは「マモノ」と言われ、今日一日は駿河湾内に無数にいた群が、その翌日に行ってみると、もうピシャッと姿を見せなくなる。まったく統制のよくとれた動きをして、少しでも網のかけ方をまちがえると絶対に入らないそうだ。「マモノ」だから決して人間の力だけでは獲れない。漁をするには神様の力を借りなくてはならないと考えられていたのである。

女衆たちは組ごとに毎晩集まった。そして村中の社を皆で一緒に拝んであるく。「東網一同どうか明日は大漁させて下さい。乗組員一同にご利益《りやく》を与えて下さい」と、氏神の八幡さまから金比羅さん、山の神さん、妙見さん、お天王さんなどを「六根清浄、何でも信心」と大声で唱えてあるいたという。また親方の家から触《ふれ》がまわって、子供たちがハダカマイリをすることもあった。女衆はまた、朝夕、浜の網小屋《アミヤ》の前に集まり、大瀬崎《おせざき》に向って「八大竜宮さん」を拝み、うちわ太鼓をたたいてお題目を唱えた。

漁師が自家用に魚を分配するダンワケ。小海

うまくすると、こうして信心している最中に大瀬崎から大漁旗をあげた船がズラッと姿を現すことがあった。「ノボリだよ、ノボリだよ」「どこの船だ」「志下の船だよ」村中の女衆が浜にとんできた。船はすぐに村には帰らずに、まっすぐ沼津港へ向う。港に入るとすぐに村へ電話がかかってきた。

「大漁だと聞くと、ご利益があって獲れたんだと、本当にうれしかったもんですよ」とお婆さんたちは目を細くして語ってくれた。

ただマグロの「マモノ」たるゆえんは、六組ある網組中、同じ海に出漁していながら少しも漁のない船があることだった。うちの網だけ入らないとなれば、すっかり気も沈んでしまい、翌日からの実際の生活にも大きな差が出てきてしまった。だから組ごとの対抗意識は男衆ばかりでなく、オカの女衆の間にも高まって、それがまた毎日、毎晩の信心の行動をエスカレートさせていったようだ。

漁がないとなれば、丑《うし》の刻参りさえ行なわれた。これはハダシマイリともいわれ、真夜中の二時頃、八幡社の境内で行なわれた。十数人の女衆が何日もかかって真夜中に素足で黙々とお百度をふむ姿は、もうとても私には信じられないような光景だ。

「お父さんは海で網をショブク（曳く）のに大変だったが、お母さんもオカで信心が大変でした。男衆と女衆が一つ心になって一生懸命漁をしていました」

お婆さんたちの話を聞いていて、私は海に賭けていた当時の生活がどれほど厳しかったものかを知った。だがその一面ではその頃の村や網組という社会、家や夫婦の人間関係に、喜びや悲しみを文字通り一心同体になって体得できた世界があったのではないかと思った。

お題目は今も

志下で聞いたような漁村の女性の信仰は、決して過去のものだけではなくて、今も海に生きる人々の心を支える一つの柱となっている。多比や小海で「お題目」の集まりを見せていただいてそれを知った。

現在はまかせ網ではなくて、巾着網の網組の女衆が毎月の漁はじめの三日間、行なっているものである。

巾着の網組は共同経営者の親方連中と、そこに雇われている乗子《のっこ》の衆とから構成されている。また浜で網つくりをする老人たちもこの仲間に入っている。小海の海勢《かいせ》組の場合、約四十人の構成員のうち十二人が網元である。「お題目」はこの網元の家々を月ごとにもちまわりの宿にして行なわれている。宿の家の床の間には愛鷹《あしたか》山の水神さん（八大龍王水神大神）の大きな木の札がご本尊として祀られており、そのまわりには金比羅さんや大瀬神社、三島大社などたくさんの神札が並べられていた。

愛鷹山の水神さんの信仰は、それほど古い歴史があるものではないらしい。桃沢の谷の奥にあるお堂に籠もって荒行を続けていた行者が、この一帯に布教してあるいたことを覚えている人もまだ多い。本尊として祀っている木の札は、この行者に書いてもらったものだという。多比の共進組の場合は板のご本尊とともに、アルコール漬けのウミヘビが竜神さまとして祀られている。巾着の

漁に出た父ちゃん頑張って、という気持ちもこめて唱えるお題目。多比

網組ができた頃、網にかかったウミヘビが何度捨てもかかってくるので、これを祀るようになったのだそうだ。

晩方、多比のお題目の宿を訪ねた時には、すでに数人のおばさんたちが集まっていた。女衆たちが十人ほどになったところで灯明がともされ、お題目がはじまった。うちわ太鼓と拍子木のリズムに合せて「南無妙法蓮華経」を唱える。これを何度もくりかえす間に富士教のお題目や「海上安全、大漁満足」が声高々と唱えられ、すこし早い調子で「テレック、テレック、テレック、テレック、ドッコイショ」「テンテン、とらせよ、テレック、テレック」などと唱えることもある。

小海では、お題目の最中に灯明のローソクの炎がポッと飛ぶように燃えあがった。残念ながら私はそれに気がつかなかったのだが、そんな時は不思議と魚が沢山獲れるのだという。めったに起らないことだが、大変よく当るのだという話だった。

小一時間ほど続けられたお題目は、なかなかの重労働に見えた。その真剣さには、ふだん信仰とは縁のない私にも、何か卒直に訴えかけてくる不思議な迫力を感じさせるものがあった。

漁船を浜にあげる。大瀬崎

山と海と人

姫田忠義
写真　杉本喜世恵

富士山はいつも思いがけないときに、思いがけない方向や位置にあらわれる。十年余り前、はじめて大瀬崎をたずねたときもそうであった。

沼津から大瀬崎《おおせざき》行きのバスに乗った。市街地を抜け、その南側にある山のかげを抜けた。そのときであった。いま通りすぎた後方の山の向うに、忽然と富士山があらわれたのである。まさかそれがそんなところにあらわれるとは思っていなかった私は、それこそ息をのんだ。私の想像では、それは、バスの右側に見える海の向うの丘陵性の山の上に見えるはずであった。後で考えると、これは全く私の見当ちがいで、丘陵性の山というのは清水辺りの山であった。沼津を出たばかりのバスから富士山がそんな方向に見えるはずはなかったのだが、なぜか私はそう思いこんでいた。前面に海があり、低い前山があり、その上に富士山がある。そういう絵や写真によくあるパターンが、私の頭のなかにこびりついていたのである。ときは三月下旬、沼津通りの桜はすでに花が開いていたが、富士山は全くの雪化粧、それが、暗灰色の空に毅然と聳えていたのである。

沼津の南でのこの富士山との出逢いは、私に全く予想外のことであった。が、バスが大瀬崎に近づくにつれ、富士山のある景観は、私の頭のなかにあったパターン通りになっていった。海の向う、沼津から吉原、富士とつづく町の後方に連なる丘陵性の山の上に、富士山がその壮麗な姿を見せてきたのである。

伊豆半島の西北端、大瀬崎。

天然記念物の柏槇《びゃくしん》の林を残すこの小さな岬は、四囲の展望の美しさからいっても、人里離れたその立地条件からいっても、正に別天地である。

延喜式内の古社（引手力命《ひきたじからのみこと》神社）がここに鎮まるのもむべなるかな。

岬の先端近くに真木の池。天武天皇紀に、白鳳十三年（七世紀）に大地震があり、土佐の国の田苑五十余万が海に没し、伊豆島の西北に三百余の島ができたとあり、それが大瀬崎だといい、伊豆の七不思議の一つに数えられている。真木の池も、たぶんその自然の造島活動の結果出現したものであろう。水際は大小無数の岩石の浜であり、海面とはさほど高さもかわらない岬の先端に、潮水ならぬ真水の池のあることは確かに不思議な感じがするし、またこの真水の湧出のあったことが、この地にたとえば延喜式内の古社をあらしめた理由かもしれない。海を隔てて富士山の正面に位置し、しかも清水の湧く岬、それはいろいろな意味で人間の活動や生活に大きい意味を持っていたであろう。

この真木の池に住む無数の魚はフナ。百数十本を数える柏槇の林のあることも、たぶん真木の池のあることと関連があるであろう。樹木は根で立つ。そしてその根に必要なのは真水だ。風が立ち海

柏槇の古木。大瀬崎

の波が騒げば、忽ち波と波しぶきの下になってしまいそうなこの岬の地下にどんな水脈があるというのだろう。それにまたここにあるのが柏槇の木だということも、不思議といえば不思議だ。和名では「いぶき」と呼ばれるこの樹木は、中国、朝鮮に多く日本には自生は少ないとされる。樹齢は、古いものは一二〇〇年位とされているが、そのこととこの木が中国、朝鮮に多い木だということと考え合わせると、何かこの地のはるかな時代のさまが偲ばれることである。

　この岬の東北方の三島には、三島手と呼ばれる古い朝鮮系の陶器作法が伝わり、また北九州の宇佐を発祥地とした八幡信仰の東国伝播の拠点である三島神社がある。それらのことも、古い時代のこの地の、遠い西方とのつながりを偲ばせる。草木のことでいえば、この岬の浜辺に叢生するハマユウのことも興味深い。柏槇とともに天然記念物に指定されているこのハマユウは、明らかに暖国のものだ。それといわば北方系の柏槇との共存。それが何を意味しているのか。私には非常に興味深い。

　四月四日、この岬の神社の例祭がある。

　集まる人の中心は、もちろんこの神社の崇敬者で、この人たちの範囲は、氏子である西浦の人たちをはじめ、由比、清水など駿河湾ぞいの町や村の人たちだが、さらに遠く、三重、和歌山、鹿児島などの遠洋漁業者にまでおよぶ。その数は数万。そして駿河湾ぞいの浦や町からは、大漁旗をひるがえした満艦飾の漁船が出る。その数は数百。太鼓、笛、鼓ではやしながら大瀬崎を目指す。そして帰途は、船中で馬鹿踊りに興じながら浦々をめぐりつつ帰る。

　浦々からの神社への奉納物は、杉の生葉と石（数は小海では七つ、静浦では五つ）をつめた俵。それに御洗米や鮮魚。

　奉納物の俵の中身が、杉の生葉と石というのはどういう意味だろう。杉の生葉といい石といい、古い時代の漁具である。その漁具を神前に供えて豊漁を祈る、そういうことであろうか。

　祭に先立って、氏子である西浦の浦々や、西浦の東の小海をまわってみた。どこも見事なみかんの山。

　聞くと、西浦の浦々（九つ）は、海に依存するのを止め、生活の中心はみかん栽培に移っていた。漁浦として尚活動しているのは、小海であった。

　小海では、漁師の青年たちの若者宿が残っていた。構成員は十五歳から二十五歳まで。私が訪ねたときは男二十三人、女子は七人であった。

　男の若者宿にへたりこんで話を聞いた。海辺の崖に、朽ちた魚見櫓が残っていた。青年たちがいった。

「房総で見えたというと、四、五日から一週間で魚が突っこんで来る」

　大瀬崎をうろつきながら、私は専ら西方や南方とのつながりだけを思いえがい

大勢を乗せて鳥居前に着いた大瀬崎祭の漁船

ていた。それだけに東方の房総半島の方から来る魚の話は非常に興味深かった。駿河の海は、西方や南方とのつながりだけでなく、東方や東北方とのつながりがあるのだ。私は自分の思いが、ひたすら西方や南方のみに向いていたことに何か胸を衝かれる思いであった。

日本一甘いとさえいわれるみかんの産地である西浦が、漁浦からみかん生産地へ変わる歴史もまたきわめて興味深いことであった。西浦で一番西の端にある江《え》梨《なし》では主としてその話を聞いた。

江梨でみかんづくりがはじまったのは明治三十八、九年ごろ、西浦の役場が各家にネーブルの木を一、二本ずつ配ったのがはじまりだという。が、それで何とか生活のメドがついたのは、大正四、五年ごろからであった。その間の二十年ほどは、特に江梨の青年たちは盛んにアメリカへ出稼移民している。話をしてくれた杉山邦弥さんのお父さんもその一人であった。明治二十四年（一八九一）生まれのその人は、十七歳から三十一歳まで移民生活をしている。江梨の青年十四、五人と一緒だったという。

船内を楽しくするおかめ

江梨というところは、西浦のなかでも一番生活の苦しい浦だったようで、大正九年（一九二〇）までは、ここには衆議院の選挙有権者が一人もいなかった。当時、有権者になるには、一定額以上の直接国税を納めなければならなかった。大正八年までは十円以上、それが一年後に三円以上に改められ、はじめて江梨に有権者ができた。それも一挙に二十四人できているのだが、それにはたぶん出稼者たちの力もおおいにあずかったことであろう。

海に生きた西浦の人たちが、山でみかんをつくる農民になった。その展開は一見非常な飛躍だが、しかし海を通じて絶えず広い世界に目を注いでいたここの人たちにとっては、これもまた一つの必然的な展開であったのかもしれない。

4月3日の大瀬崎祭。満艦飾の漁船が駿河湾をにぎやかに大瀬崎に向かう。

編者あとがき

『あるくみるきく』は、幻あるいは伝説の旅の雑誌などといわれる。日本観光文化研究所、通称「観文研」で執筆や編集、発行にかかわった者には、むろんそのような意識はない。

それならなぜ、幻とか伝説とかいわれるのだろうか。

理由のひとつは、書店に出ていなかったことだろう。のちに地方小出版流通センターや神田にある岩波書店の本棚に並べられるが、それは創刊から十数年あとのことで、初期の『あるくみるきく』を手に入れたいと思っても手にはいらない。もうひとつは、宣伝らしいことをしなかったから、たまたま目にした人が読んだ。こうしたことが、あるいは幻とか伝説とかいうことにつながったのかもしれない。

毎月きちんとおいてあったのは観文研の母体である近畿日本ツーリスト株式会社の営業所だが、しかし手に取るのはその営業所を利用した人に限られる。お金の豊かでない学生や若い人が、しばしば営業所を利用するはずがないから、『あるくみるきく』は若い人や執筆者と同年代の人の目にはほとんどはいらなかったということも考えられる。といって年代はわからないが、営業所で見たといって定期購読を申しこんできた人もいるのは確かである。これは、知る人ぞ知る、ということになるかと思う。

では『あるくみるきく』はどんな方針で、どのくらい発行されていたのだろうか。

昭和四二年（一九六七）二月一三日付の文書、「パンフレット『あるく・みる・きく』の発行について」には、発行部数（三〇〇〇）、体裁（天地一七〇×左右一八〇、表紙共二四頁、カラー表紙共六頁、二色刷四頁）、発行経費（単価一〇八円）とある。この三〇〇〇部をどのように配布したのかは、わからない。後年の資料から推測すると、発行経費を振替えてもらう会社と会社の協定旅館連盟への配布がかなりあったと思われる。

この基本形に沿って、『あるくみるきく』は同年三月に創刊号が刊行される。その翌四月一七日付の「あるくみるきく内容基本線」にはつぎのようにある。

①旅を本当に楽しもうとする、あるいはより深い味わいの旅を求める旅客を対象とする。

②旅行者がもっと豊かな発見をし、見方を確立する助け・手がかりを与えると同時に、旅を楽しむ人たちのツーリストによる組織化（友の会など）への販売用具とする。

③取材姿勢としてはそれぞれの筆者・カメラマンが自由な目を持った旅人として、風土をより深く見つめて各地をとらえる。

④編集方針は総花的なガイドブックをねらうのではなく、一号ごとにテーマを変える総特集形式をとり、重点的

に取りあげた素材をもとに旅人の発見を語り、読者の発見をうながす。ポピュラーな見せ場からその周辺に存在するものを普遍的に平明に、しかし格調高く語る新しい紀行文をつくることを全体のスタイルとする。

この基本線は宮本千晴が書いたもので、『あるくみるきく』全二六三号（別に臨時号二冊）にほぼ変更されることなく受け継がれる。（『観文研二十三年のあゆみ』参照）

右は創刊号。中は臨時号の1冊。左は初期のなかの11編の合本

右は版形を変えた最初の24号で、この「あるくみるきく双書」と同じ版形。中はB5に変更した最初の201号。左は最終の263号

いうまでもなく書籍は発行経費に儲けを加算して一冊の価格を出す。それが『あるくみるきく』は、発行経費の単価が一〇八円にもかかわらず、創刊から二八号（昭和四十四年六月刊）まで、裏表紙に記された価格はわずか五〇円である。それから十五年後の二〇六号（昭和五十九年四月刊）の発行部数は一万一六〇〇部、その発行経費単価は約二一六円、価格は二五〇円としてあるが、地方小出版流通センターには一七〇円で、近畿日本ツーリストとツーリストの協定旅館連盟には二〇〇円で卸している。なおこの二〇六号のころの年間購読料は三〇〇〇円、その購読者は九八六人だった。二一四号（昭和五十九年十二月刊行）の発行部数は不明だが、配布先でもっとも多いのは協定旅館連盟で二九〇七部、ついで年間購読者一〇八五部、他の寄贈者二二二部などを含む合計は四六七二部で、それなりの部数が世の中に出ていたことになる。寄贈者は地方同人とともに、宮本常一が指名した広い分野の学者、研究者である。著名な学者もいたが、そうしたなかには、簡単ではあるが、かならずハガキで礼状をくれる人がいた。心して見習わなくてはいけないと思った。

須藤　功

著者・写真撮影者略歴（掲載順）

宮本常一（みやもと　つねいち）
一九〇七年、山口県周防大島の農家に生まれる。大阪府立天王寺師範学校卒。柳田國男の『旅と伝説』を手にしたことがきっかけとなり民俗学者への道を歩み始め、一九三九年に上京し、渋沢敬三の主宰するアチック・ミュージアムに入る。戦前、戦後の日本の農山漁村を訪ね歩き、民衆の歴史や文化を膨大な記録、著書にまとめるだけでなく、地域の未来を拓くため住民たちと膝を交えて語りあい、その振興策を説いた。一九六五年、武蔵野美術大学教授に就任。一九六六年、後進の育成のため近畿日本ツーリスト（株）・日本観光文化研究所を設立し、翌年より月間雑誌「あるくみるきく」を発刊。一九八一年、東京都府中市にて死去。著書に『忘れられた日本人』『日本の離島』『宮本常一著作集』など多数。

賀曽利隆（かそり　たかし）
一九四七年東京都生まれ。都立大泉高等学校卒。フリーライター、食文化研究家。バイクを愛好し、「生涯旅人」をモットーに、六度の日本一周をはじめ、これまでに世界一三三ヵ国、一三〇万キロを走破し、世界各地の土地・人・文化に出会う旅をつづけている。著書に『三〇〇日三〇〇〇湯めぐり』上下巻（昭文社）、『バイクで駆ける韓国三〇〇〇キロ』（JTB）、『世界を駆けるゾ！』全四巻（フィールド出版）などがある。

神保教子（じんぼ　のりこ）
一九二〇年山口県大島郡周防大島町（旧東和町）生まれ。旧制高等女学校卒。戦後まもなく大島郡の生活改良普及員時代に宮本常一と知り合い、以後『久賀町誌』編纂、全国離島振興協議会、武蔵野美術大学資料室などで、宮本の仕事を補佐。

清家順子（せいけ　じゅんこ　現姓　渡部）
一九四五年愛知県生まれ。武蔵野美術短期大学専攻科卒業。元杉野学園非常勤講師。著書に『雲南の生活と技術』（共著　慶友社）、『西南中国伝統生産工具図録』（共著　慶友社）などがある。

西村與一（にしむら　よいち）
一九一一年山口県周防大島町生まれ。山口師範学校卒。台湾、大阪府の小学校教諭を務める。宮本常一の姉と結婚し、宮本の書籍の写真撮影等を担当。地方誌『山王誌』の元編集長。一九九五年没。

中島竜美（なかじま　たつみ）
一九二八年東京都青山生まれ。本名、中島龍興（なかじま　たつおき）。早稲田大学文学部卒業後、フリージャーナリストとなり原爆被害者の補償・援護問題を中心に取材を続けた。二〇〇八年没。元在韓被爆者問題市民会議代表。著書に『日本原爆論大系』第2、3巻、編著書に『朝鮮人被爆者孫振斗裁判の記録』がある。

菅沼清美（すがぬま　きよみ）
一九四七年長野県小諸市生まれ。東京写真大学（現東京工芸大学）短期大学部写真撮影科卒業。一九六七年、日本観光文化研究所の雑誌「あるくみるきく」の創刊に参加し、以後ドキュメンタリー写真家として歩む。一九七六年映画「列車黄害」製作。著書に『胎内被爆者』（自費出版）『シルクロード紀行』（自費出版）『ファーム&ファンクションシリーズ①ジャパニーズバンブーバスケット「竹籠」』『ファーム&ファンクションシリーズ②ジャパニーズティポッド「土瓶・急須」』（講談社インターナショナル）がある。

須藤功（すとう　いさを）
一九三八年秋田県横手市生まれ。川口市立県陽高校卒。民俗学写真家。一九六七年より日本観光文化研究所所員となり、全国各地歩き庶民の暮らしや祭り、民俗芸能等の研究、写真撮影に当たる。著書に『西浦のまつり』（未來社）『山の標的—猪と山人の生活誌』（未來社）『花祭りのむら』（福音館書店）『写真ものがたり　昭和の暮らし』全一〇巻（農文協）『大絵馬ものがたり』全五巻（農文協）など多数。

須藤護（すどう　まもる）
一九四五年千葉県生まれ。武蔵野美術大学建築学科卒。龍谷大学国際文化学部教授（民俗学）。主な著書に『暮らしの中の木器』『東和町史各論編4—集落と住居』『木の文化の形成—日本の山野利用と木器の文化』などがある。

和嶋俊二（わじま　しゅんじ）
一九二一年石川県生まれ。一九五七年日本大学（通教、文学部史学科）卒。一九八一年石川県立穴水高等学校校長を退職。一九四九年珠洲郷土史研究会を組織。珠洲市文化財保護審議会委員。著書に『奥能登の研究　歴史・民俗・宗教』（平凡社）などがある。

本江信子（ほんごう　のぶこ　現姓　廣瀬）
一九四五年青森県生まれ。武蔵野美術大学美術学部油絵科卒。元武蔵野美術大学民俗学研究室・民具収集員。日本観光文化研究所所員時代に須藤功氏と奥三河の花祭りに訪れて以来、その虜になり通い続ける。國學院大學神道學科専攻科修了し神職の資格を取得し、現在、花祭りの継承・保存・指導に当たっている。

安田水樹（やすだ　みずき）
一九四三年東京都生まれ。観文研に入り里山に生きる人のおだやかな笑顔の意味をテーマに歩く。自然や植物の美しさや不思議さに魅入り、森林生態調査、染色、薬用・食用植物の栽培、研究などに勤しんでいる。

神野善治（かみの　よしはる）
一九四九年東京都生まれ。沼津市歴史民俗資料館学芸員、文化庁文化財調査官を務めた後、武蔵野美術大学教授。著書に『人形道祖神—境界神の原像—』（白水社）、『木霊論—家・船・橋の民俗—』（白水社）などがある。

杉本喜世恵（すぎもと　きよえ　現姓　増見）
一九五四年静岡県浜松市生まれ。東京写真大学（現東京工芸大学）短期大学部写真技術科卒業。日本観光文化研究所が収集した民具などの写真撮影に携わる。

姫田忠義（ひめだ　ただよし）
一九二八年兵庫県神戸市生まれ。旧制兵庫県立神戸経済専門学校卒業。民俗学者宮本常一に師事。一九六六年「日本観光文化研究所」の創立に参加し、中核所員として活動する一方、対馬や沖縄、アイヌの人々など日本各地の村々を取材する。一九七六年「民族文化映像研究所」を設立し、「アイヌの結婚式」「イヨマンテ—熊送り」「椿山—焼畑に生きる」「越後奥三面—山に生かされた日々」など二百本以上の映画作品を制作。著書に『ほんとうの自分を求めて』（筑摩書房）『忘れられた日本の文化』（岩波書店）『育ち行く純なるものへ—映像民俗学の贈物』（紀伊国屋書店）などがある。

監修者略歴

田村善次郎（たむら　ぜんじろう）

一九三四年、福岡県生まれ。一九五九年東京農業大学大学院農学研究科農業経済学専攻修士課程修了。一九八〇年武蔵野美術大学造形学部教授。武蔵野美術大学名誉教授。文化人類学・民俗学。

大学院時代より宮本常一氏の薫陶を受け、国内、海外のさまざまな民俗調査に従事。『宮本常一著作集』（未來社）の編集に当たる。著書に『ネパール周遊紀行』（武蔵野美術大学出版局）、『棚田の謎』（農文協）ほか。

宮本千晴（みやもと　ちはる）

一九三七年、宮本常一の長男として大阪府堺市鳳に生まれる。小・中・高校は常一の郷里周防大島で育つ。東京都立大学人文学部人文科学科卒。山岳部に在籍し、卒業後ネパールヒマラヤで探検の世界に目を開かれる。一九六六年より近畿日本ツーリスト・日本観光文化研究所（観文研）の事務局長兼『あるくみるきく』編集長として、所員の育成・指導に専念。

一九七九年江本嘉伸らと地平線会議設立。一九八二年観文研を辞して、向後元彦が取り組んでいた「（株）砂漠に緑を」に参加し、サウジアラビア・UAE・パキスタンなどをベースにマングローブについて学び、砂漠海岸での植林技術を開発する。一九九二年向後らとNGO「マングローブ植林行動計画」（ACTMANG）を設立し、サウジアラビアのマングローブ保護と修復、ベトナムの植林事業等に従事。現在も高齢登山を楽しむ。

あるくみるきく双書

宮本常一とあるいた昭和の日本 9 東海北陸 1

2011年7月30日第1刷発行

監修者　田村善次郎・宮本千晴
編　者　須藤　功

発行所　社団法人　農山漁村文化協会
郵便番号　107－8668　東京都港区赤坂7丁目6番1号
電話　03（3585）1141（営業）　03（3585）1147（編集）
FAX　03（3585）3668
振替　00120（3）144478
URL　http://www.ruralnet.or.jp/

ISBN978－4－540－10209－7
〈検印廃止〉

印刷・製本　（株）東京印書館